高职大学生职业人文素养

Vocational Humanistic Quality of Higher Vocational College Students

主　编　闫　颖

参　编　田　甜　胡文慧

邢泽静　郑培荣

内容提要

《高职大学生职业人文素养》以提高高职大学生人文素质教育为核心，针对高职学生的认知结构及思想特点，从“人文”与“职业”两大要素入手，为正在接受中国高等职业教育的莘莘学子提供一份精神备忘录。本书的编写贴近真实生活，以文学、哲学、美学、民俗、礼仪、心理健康、文化、求职技巧、写作技能、口语表达十个主题为着力点，更加适应当代大学生精神世界和人格塑造的需要。

本书每一讲都配有“经典案例”“知识导航”“阅读拓展”和“思考与实训”四个模块，每一模块都紧扣每讲的教学主题、着眼于锻炼学生能力，并能在课堂上引起专题式的讨论，以增加教学的可操作性，形成师生的双向互动，使学生由被动学习转向主动学习。

本书可作为高等职业院校人文类课程的教材，也可作为青年和职场新人的人文基础入门读物。

图书在版编目(CIP)数据

高职大学生职业人文素养/闫颖主编．—天津：天津大学出版社，2014.1(2017.9 重印)
ISBN 978-7-5618-4937-8

Ⅰ．①高…　Ⅱ．①闫…　Ⅲ．①人文素质教育－高等职业教育－教材　Ⅳ．①G40-012

中国版本图书馆 CIP 数据核字(2014)第 011711 号

出版发行　天津大学出版社
地　　址　天津市卫津路 92 号天津大学内(邮编：300072)
电　　话　发行部：022-27403647
网　　址　publish. tju. edu. cn
印　　刷　保定市中画美凯印刷有限公司
经　　销　全国各地新华书店
开　　本　169mm×239mm
印　　张　16. 5
字　　数　347 千
版　　次　2014 年 2 月第 1 版
印　　次　2017 年 9 月第 6 次
定　　价　32. 00 元

前　言

联合国教科文组织在第一次世界高等教育大会上指出，高等教育的首要任务是培养“高素质的毕业生和负责任的公民”。我国政府也早有“深化教育改革，全面推进素质教育”的重大战略决策。这里的素质教育的组成部分主要是指人文素质教育。然而，长期以来受到实用主义和应试教育的影响，我们的教育出现了削弱甚至取消人文素质教育的倾向。在职业院校，这种强化专业技术教育、忽略人文素质教育的现象尤为突出。众所周知，大学阶段是人生历程的黄金时期，在这一过程中，学生要完成“专业成才”和“精神成人”两大核心任务。但现在的高等职业院校教育越来越呈现出技术化、工具化的倾向，忽视学生人格发展和精神层面的需求，必然会导致学生在人生理想、价值取向、审美品位、心理调适等各方面的缺失，直接表现为精神空虚、情绪消极、生活盲目无序、缺乏爱心和情趣等。

本书旨在推进高等职业院校的素质教育工程，全面提高当代大学生的人文素养。本教材在编写中着重突出了以下几个特点。

体例上突出高职高专特色。该教材避免了本科人文类教材那样按部就班地排列知识，而是有序地将诸多领域的知识精髓浓缩为十次讲座，每次讲座涉及一个知识领域，具体到每次讲座，都设立了“经典案例”“知识导航”“阅读拓展”和“思考与实训”四个环节，既符合学生对知识的认知规律，又突出了职业教育重在思考和应用的教育目标。

内容上突出了新颖与实用相结合的特点。该教材在内容上精选了十个领域的知识，涉及文学、哲学、美学、民俗、礼仪、心理健康、文化、求职技巧、写作技能和口语表达等，使学生在有限的时间内对诸多领域都能有所涉猎。与众不同的是，我们还将天津独有的特色文化编辑成一讲，让广大学生进一步了解美丽津城的魅力。这些内容在编排上注重了知识的新颖性和实用性，使学生在轻松愉快的氛围中完成对知识的掌握。

本书由天津渤海职业技术学院闫颖主编，天津渤海职业技术学院田甜、胡文慧、邢泽静、郑培荣参与编写，由闫颖负责统稿，田甜负责排版，全书共十讲。闫颖编写第二讲、第三讲、第六讲、第七讲、第八讲、第十讲，邢泽静编写第一讲，胡文慧编写第四讲，郑培荣编写第五讲，田甜编写第九讲。

本书属于高等职业院校人文类课程教材。因此，在本书的编写过程中，参考了许多文献资料、网上信息与图片，在此向有关专家、学者及百度网的社会服务致以最诚挚的谢意！同时，也衷心地感谢天津大学出版社对本书出版给予的大力支持和热情指导！并限于时间和能力，书中尚有诸多不尽如人意之处，敬请广大同人、学者不吝赐教。

编者

2014 年 1 月

目录

第一讲

寻找诗意栖居的家园——文学殿堂

[经典案例]

浏览完厚厚一摞求职简历，我有点累了。求职者大都是北大、清华、北师大、人大等名校的研究生，看简历及各类材料，个个可谓人中翘楚，饱学多识，机敏踏实，实践经验丰富，深得导师和实习单位好评。我有摘取中国教育硕果的兴奋和忐忑。初试过的朋友称，整体素质不错，有气质，有口才，不知能否留下这些人才。

午后的阳光穿窗而入，在墙上钉了一堆斑驳的碎影。他们翩然降临。男的潇洒，女的优雅，咋看都有一种范儿。我决意从两个方面考查他们。一是基本阅读，二是价值观。

面试完，我不由自主地崩溃了。无知识，无立场，无求真之诚意，只剩下一张教育部发给的文凭。新闻系的同学一口咬定利比亚近邻是阿尔巴尼亚，《冰点周刊》是《北京青年报》的名牌产品，他们不知道钱钢、老榕、胡舒立；经济系的不知道里根经济学；哲学系的不知道李泽厚；跟随学术名流的思想史研究生，没读过梁启超的《饮冰室合集》，不知道朱维铮为何人；英文系的不知道翻译家方平、杨宪益，更不知道乔伊斯写过什么。毕业论文一概是那种无须动脑子的傻题目，一个自我循环论证的僵尸，他们不过是填格子完成一个程序罢了。不看书的理由是，做论文，找工作，读过的几本书都是本科阶段的了……该学的都没学会，却全然丧失了应有的纯真。可以说，他们两耳不闻窗外事，一心不读圣贤书。无知识谱系，无正当价值观。在回答政治问题时，他们应对有方，操着一套熟练的正确话语，眼神炯炯，话语滔滔，肢体语言丰富，堪比外交部发言人。一男性哲学生如此答复中日如何才能和谐相处的问题：只有中国做了老大，中日关系才会和谐，因为日本人只崇拜强者。新闻系的说，中国外宣效果不佳的原因在于采写技巧不够，与世界观无关……

——摘自《读者》2011 年第 13 期《面试研究生》

【思考】：目前大学生普遍存在哪方面的缺失？

【分析】：以上是一位面试官有感而发的文字。从中不难体会到笔者的失望。正如他的考查结果所示，当前的大学生普遍在“基本阅读”和“价值观”这两方面表现出很大程度的缺失。众所周知，阅读是一种复杂的心智活动，是人们获取知识的一条主要途径。而文学阅读可以开阔视野，提高认识能力，有利于在潜移默化中形成思想、陶冶情操、培养品德、发展个性。那些名家名篇、古今中外文道合一的好文章无论从家国情怀、友爱亲情到道德修养、人生感悟等各方面都蕴含了人类优秀的思想文化精华，既富思想性，又富形象性，大学生在阅读中可以得到精神哺育，提升人生境界，构建精神世界。

千百年来，古今中外优秀思想文化经过世代哲人先贤的琢磨锤炼，激浊扬清，升华凝聚，成为构建伦理道德大厦的基准和标尺，在经典文学中有集中表现。提起戴望舒，无人不会想起那个“结着愁怨”的丁香一样的姑娘，他在中国诗坛的成就，远非“雨巷诗人”这个美名所能锁定，他的诗句吸引和感动过多少个孤独的灵魂？提起高尔基的《海燕》，那是一首饱含着革命浪漫主义激情的散文诗，它不仅以强烈的时代精神和深邃的思想内容给人深刻的教益，而且在艺术上也是匠心独运，别具风格，感染力极强，不仅能使我们吸取丰富的精神营养，也能从中得到醇厚的美学享受。而在《哈姆雷特》古老的封建复仇故事中，我们看到欧洲文艺复兴时期人文主义者人性的巨大魅力，了解当时那个时代的混乱、丑恶与矛盾冲突，思考性格与命运的古老哲学命题。从《诗经》《离骚》到《边城》《呐喊》再到《春之声》《红高粱》等语文教材中选择的文质兼美的优秀文化资源，可以让大学生在文学阅读中陶冶情操，领悟真善美，学会怎样对待生活，怎样善待别人和自己，怎样做一个高尚的人，从而潜移默化地塑造具有健全人格、高尚思想的精神个性。

经典文学中有很多作品具有强化道德责任意识的作用，伴随阅读可以提升我们的历史使命感、时代责任感，培养每个人的国家民族情怀。当我们读到“国破山河在，城春草木深。感时花溅泪，恨别鸟惊心”这样的诗句，当我们理解范仲淹“先天下之忧而忧，后天下之乐而乐”，贾谊“国而忘家，公而忘私”，诸葛亮“鞠躬尽瘁，死而后已”，顾炎武“天下兴亡，匹夫有责”，陆游“位卑未敢忘忧国”，秋瑾“他年成败利钝不计较，但恃铁血主义报祖国”……这些都深深烙上了我们民族的、心理的、审美的等诸多人文精神痕迹，使爱国精神代代相传，中华文明得以薪火相传。

基于以上观点，这里选取一定量的文学作品作为出发点，通过对名著名篇的阅读与欣赏，分析和探讨作品的思想内容、艺术特色和语言风格等，从思想高度和审美角度对学生进行教育，引导其塑造良好人格，树立远大目标，做一个对社会有用的人。虽然人文精神的培养是一个漫长的过程，并非上几十节大学语文课就能一蹴而就，但在整个教学过程中贯穿人文精神、培养意志品质、提高人格修养还是切实可行的。

[知识导航]

著名的美学专家叶朗先生在给北大学生作报告时曾经有过这样一段话：人生有三个层面，第一层面是俗务，即柴米油盐，或者是各种应酬，是每个人都免不了的。第二个层面是事业，人生总是要成就一番事业，实现自我价值的。第三个层面是审美观，也可以说是诗意的层面。这个层面是超越俗务和功利的。正如朱光潜讲过三种态度：对一棵树，科学家研究其植物学上有何特征；木材商考虑这棵树怎样砍下来卖钱或盖房子；画家则是欣赏这棵树的形象。三者一个是科学的，一个是功利的，一个则是欣赏性的。

大学阶段是人生非常宝贵的阶段。这是因为一个人在大学阶段要完成两项任务。其一是“专业成才”，每位学生要学习与掌握一门具体的专业知识、专业技能，以备工作之需；其二是“精神成人”，大学阶段，一个人的主体情感与意识空前觉醒，借助“文学”这一艺术形式来认识现实、思考人生，可以为大学生的“精神成人”注入积极、健康的力量，从而使生物层面的个体生命真正成为人文层面的主体角色。为此，让我们一起走进文学的殿堂，共同寻找那个诗意栖居的家园吧！

什么是文学？

文学的源头是从口语开始的，最早的神话传说、上古的歌谣都是我们古代先人的口头创作，并一代一代口口相传。后来产生了文字，文字使“文学”的一部分成为可视的“文学”传承。一般认为，文学可分为广义文学、狭义文学和折中文学三种。

广义文学：在古代，中国和外国都把一切文字书写的书籍文献统称为文学，包括现今所谓的文学、政治、哲学、历史和宗教等一般文化形态。

狭义文学从广义文学中分离出来，在中国大致完成于魏晋时期，在西方大约完成于 18 世纪。现代所谓的文学，是指用语言塑造形象以反映社会生活、表达作者思想感情的艺术，通常分为诗歌、散文、小说和戏剧等。因此，狭义文学是一种审美意识形态层面的文学观念。

折中文学是指介于广义文学和狭义文学之间而难以归类的作品。例如《史记》既属于历史文献（广义），又可视为文学作品（狭义）。鲁迅的杂文既是政论文（广义），又是风格化作品（狭义）。这是一种作品的两属现象。从这个角度看，折中文学是一种惯例型的文学概念。

总之，文学作为一种语言艺术，是对社会生活能动的形象的反映。

什么是文学欣赏？

所谓文学欣赏，是指读者在阅读文学作品时的一种审美精神活动。在这种审美精神活动中，读者通过语言媒介，获得对文学作品所塑造艺术形象的具体感受和体验，引起思想感情上的强烈共鸣，从而感受美、体验美、领悟美、获得美，并在精神上得到极大的满足和愉悦。在文学的殿堂，那些经典的作品用形象的语言展示着一幅幅生动可感的生活画卷。那深邃广远的社会内容，那动人魂魄的思想感情，那细腻传神的文字描写，无不令人凝神观照而不旁骛他涉。这些作品唤起我们遥远的记忆，激荡起我们心底最柔软的温情。跟随着作品，我们的思想开始活跃，理解力空前膨胀，想象和联想也插上了翅膀自由飞翔。这种浸润着情感的审美精神活动，会令人主动割舍世俗的功利之心，摆脱日常的芜杂意识，内心逐渐进入一个相对和谐又无比亢奋的状态，在文学对象的引导下追寻某种美的境界，在这个美丽的心灵王国里获得全身心的感动，或舒畅愉悦，或惊心动魄，或留恋不舍，或痛不欲生……读者一旦进入文学欣赏的状态，就可以暂时忘却现实世界，进入到纯粹的艺术世界里，从而尽情地释放内心深处积存已久的情感能量，并不断地与作品、作家进行情感交流。

这种情感交流一般会呈现感动、移情和共鸣三种状态。

用审美意识观照文学作品

爱因斯坦曾经说:“艺术作品给我最高的幸福感受,我从中汲取的精神力量是任何其他领域所不及的。”文学欣赏就是要用审美意识去观照作品,从中发现美、追寻美、体验美、享受美。这种以审美为目的的文学欣赏与以获取知识为目的的科学阅读有所不同。同样是面对《诗经》,历史学家会从中了解当时的社会历史发展状况、社会制度和阶级关系等;语言学家可以从中了解当时的语言状况和语言发展规律。这些都不是审美的范畴。真正的审美应该像美学家宗白华所说,从巧笑倩兮、美目盼兮中感受到清水出芙蓉般的美,感受到生活的情趣和生命的力量。而且,以审美为目的的文学欣赏和以辨别善恶为目的的道德评判也是不同的。在现实生活中,我们对那些虚假、丑恶、粗俗、鄙陋的东西嗤之以鼻,争相避之,更勿论去欣赏和把玩了。但是,文学作品中那些“丑”的艺术形象,却是融入了作家否定性的情感评价态度,并获得了一种特殊的审美价值,是值得我们去欣赏,去体味的。因此,在文学作品中,无论是“美”还是“丑”,都为读者提供了一片广阔的自由审美的天地,人们可以神游其间,穿越时空的束缚,尽情享受独有的精神自由和情感境界的升华。

文学欣赏中的感知、判断和体悟

一谈到文学欣赏,很多同学会认为这是一个复杂又神秘的过程,从文化储备到艺术感悟,从阅读理解到情感交流,从主观创造到理性评判,不一而足,因此会对文学作品望而却步。其实,只要掌握了文学欣赏的步骤和技巧,用一颗敏感又细腻的心去充分感知、判断和体悟你眼前的文字,就一定能领略到“入乎其内”,又“出乎其外”的美妙。

众所周知,文学作品的产生不可能脱离当时的社会背景。因此,每一部作品必然是一定历史时期的社会生活、风俗习惯、地域风情、文化传承以及作家思想情感、审美观念和艺术修养等各方面因素的综合艺术体现。对作家和作品的创作背景了解得越深入,对作品的理解就会越深入。鲁迅先生就曾经说过:“不过我总以为倘要论文,最好是顾及全篇,并且顾及作者的全人,以及他所处的社会状态,这才较为确凿。要不然,是很容易近乎说梦的。”很多同学觉得外国文学和中国的古典文学不太好理解,这与我们不熟悉作品产生的背景是有很大关系的。所以,文学欣赏之初,熟悉作品产生时的政治、经济、文化等方面的特色,并尽可能全面地、近距离地认识作家,对于深入理解和准确把握作品内涵是很有帮助的。

读者在文学欣赏中,不是消极被动地接受艺术形象,而是会主动结合自己的生活经验和审美能力,对作品中的艺术形象进行“再创造”。读者可以通过“想象”和“联想”的方法将作品中的形象或扩大,或丰富,或转移,从而使其更加典型、更加饱满、更具感染力。有时候,读者还可以通过想象和情感的交流,将文学的语言符号转换成生动的画面,这也是一种能动的艺术“再创造”活动。面对同样一句“万绿丛中一点红”，不同生活经历、不同审美情趣的人会想象出不同的画面。从这个角度看，文学欣赏的妙处正在于“仁者见仁，智者见智”了。

歌德说：“优秀的作品无论你怎样去探测它，都是探不到底的。”文学作品的语言具有间接性和表现性的特点，有些作品更是追求语言的含蓄内敛，幽约悱恻。因此读者只有深入到字里行间，甚至游离到文字之外，对精彩动人之处反复品读玩味，才能悟到言外之意，弦外之音，从而豁然开朗，领会到作品蕴含的审美意蕴，深得文学欣赏的妙意。

晋代陶渊明的作品中多有“飞鸟”“秋菊”“松柏”等表象。一句“采菊东篱下”貌似只是描写了一种散淡恬适的生活态度，又岂知不是大诗人在愤然辞官，坚定归隐信念后对污浊官场的傲视，对自我高洁性情的彰显呢？

用比较的眼光看文学

文学欣赏是一个融阅读、思考和实践于一体的综合过程，认真比较东西方的文化背景，对于提高文学欣赏能力，不失为一个有效的途径。

中外文学产生的背景不同，作品风格各异，但它们却有一个共同点，即探索文学艺术的审美特征，追寻文学艺术的本质规律，概括为两个字就是“求美”。基于这样的共同点，还要注意存在的差异。在价值取向方面，中国文学坚持以善为美的原则，其核心是“赏善”。千百年来，孔子“尽善尽美”的艺术思想为中国文学设定了最高的评判标准。在“诗言志”的表现模式下，中国文学多表现为揭露社会的黑暗、抒发爱国情怀以及追求高洁的人格。而西方古典文学则坚持“以真为美”的原则，其核心是“求真”。正如亚里士多德所推崇的，艺术之所以为艺术，就在于它惟妙惟肖地复制自然。在艺术手法上，中国古代文学崇尚“意境”，在虚实相生的原则下，作品多呈现含蓄隽永的风格。而西方文学多直白坦言，率意表达。在文学的功效方面，中国文学更强调对民众的教化熏染功能，西方文学却多关注其审美愉悦的功效。

著名学者钱伟长指出：“我们培养的学生首先应该是一个全面的人，是一个爱国者，一个辩证唯物主义者，一个有文化艺术修养、道德品质高尚、心灵美好的人；其次，才是一个拥有学科、专业知识的人，一个未来的工程师、专门家。”

在中国文学史的漫长画卷中，经典作品云集，历经年代的洗涤依然熠熠生辉。它们表现“真、善、美”，用生动可感的艺术形象将你领入一个感性的、充满了人性光辉的审美境界。作为大学生，应逐步超越以娱乐为目的的消遣性阅读，在正确欣赏技巧的指导下，主动对作品所蕴含的审美价值进行判断和思考，用自己的审美观念和审美经验对作品进行诠释和升华，在这一过程中，完成自我心灵的愉悦和性情的陶冶，并以此反观自我和社会，形成良好的人文素养。

[阅读拓展]

例文 1

普通人

梁晓声

父亲去世已经一个月了。

我仍为我的父亲戴着黑纱。

有几次出门前,我将黑纱摘了下来,但倏忽间,内心里涌起一种怅然若失的情感。戚戚地,我便又戴上了。我不可能永不摘下。我想,这是一种纯粹的个人情感。尽管这一种个人情感在我有不可殚言的虔意。我必得从伤绪之中解脱。也是无须凭别人劝慰我自己明白的。然而怀念是一种相会的形式。我们人人的情感都曾一度依赖于它……

这一个月里,又有电影或电视剧制片人员,到我家来请父亲去当群众演员。他们走后,我就独自静坐,回想起父亲当群众演员的一些微事……

1984 年至 1986 年,父亲栖居北京的两年,曾在五六部电影和电视剧中当过群众演员。在北影院内,甚至范围缩小到我当年居住的十九号楼内,这是司空见惯的事。

父亲被选去当群众演员,毫无疑问地最初是由于他那十分惹人注目的胡子。父亲的胡子留得很长,长及上衣第二颗纽扣。总体银白。谁见了谁都对我说:“梁晓声,你老父亲的一把大胡子真帅。”

父亲生前极爱惜他的胡子,兜里常揣着一柄木质小梳。闲来无事,就梳理。

记得有一次,我的儿子梁爽,天真发问:“爷爷,你睡觉的时候,胡子是在被窝里,还是在被窝外呀?”

父亲一时答不上来。

那天晚上,父亲竟至于因为他的胡子而几乎彻夜失眠。竟至于捅醒我的母亲,问自己一向睡觉的时候,胡子究竟是在被窝里还是在被窝外?因无论他将胡子放在被窝里还是放在被窝外,总觉得不那么对劲……

父亲第一次当群众演员,在《泥人常传奇》剧组。导演是李文化。副导演先找了父亲。父亲说得征求我的意见。父亲大概将当群众演员这回事看得太重,以为便等于投身了艺术。所以希望我替他做主,判断他到底能不能胜任。父亲从来不做自己胜任不了之事。他一生不喜欢那种滥竽充数的人。

我替父亲拒绝了。那时群众演员的酬金才 2 元。我之所以拒绝不是因为酬金低,而是因为我不愿我的老父亲在摄影机前被人呼来挥去的。

李文化亲自来找我——说他这部影片的群众演员中,少了一位长胡子老头儿。

“放心,我吩咐对老人家要格外尊重,像尊重老演员们一样还不行吗?”——他这么保证。

无奈,我只好违心同意。

从此,父亲便开始了他的“演员生涯”—— 更准确地说,是“群众演员”生涯——在他 74 岁的时候……

父亲演的尽是迎着镜头走过来或背着镜头走过去的“角色”。说那也算“角色”,是太夸大其词了。不同的服装,使我的老父亲在镜头前成为老绅士、老乞丐、摆烟摊的或挑菜行卖的……

不久,便常有人对我说:“哎呀晓声,你父亲真好。演戏认真极了!”

父亲做什么事都认真极了。

但那也算“演戏”吗?

我每每地一笑置之。然而听到别人夸奖自己的父亲,内心里总是高兴的。

一次,我从办公室回家,经过北影一条街——就是那条旧北京假景街,见父亲端端地坐在台阶上,而导演们在摄影机前指手画脚地议论什么,不像再有群众场面要拍的样子。

时已中午,我走到父亲跟前,说:“爸爸,你还坐在这儿干什么呀? 回家吃饭吧。”

父亲说:“不行。我不能离开。”

我问:“为什么?”

父亲回答:“我们导演说了——别的群众演员没事儿了,可以打发走了。但这位老人不能走,我还用得着他!”

父亲的语调中,很有一种自豪感似的。

父亲坐得很特别,那是一种正襟危坐。他身上的演员服,是一件褐色绸质长袍。他将长袍的后摆,掀起来搭在背上。而将长袍的前摆,卷起来放在膝上。他不倚墙,也不靠什么。就那样子端端地坐着,也不知已经坐了多久。分明的,他惟恐使那长袍沾了灰土或弄褶皱了……

父亲不肯离开,我只好去问导演。

导演却已经把我的老父亲忘在脑后了,一个劲儿地向我道歉……

中国之电影电视剧,群众演员的问题,对任何一位导演,都是很沮丧的事。往往的,需要十个群众演员,预先得组织十五六个,真开拍了,剩下一半就算不错。有些群众演员,钱一到手,人也便脚底板抹油,溜了。群众演员,在这一点上,倒可谓相当出色地演着我们现实中的些个“群众”,些个中国人。

难得有父亲这样的群众演员。

我细思忖:都愿请我的老父亲当群众演员,当然并不完全因为他的胡子……

那两年内,父亲睡在我的办公室。有时我因写作到深夜,常和父亲一块儿睡在办公室。

有一天夜里,下起了大雨。我被雷声惊醒,翻了个身,黑暗中,恍恍地,发现父亲披着衣服坐在折叠床上吸烟。

我好生奇怪,不安地询问:“爸,你怎么了? 你为什么夜里不睡吸烟? 爸,你是不是有什么心事啊?”

黑暗之中,但闻父亲叹了口气。许久,才听他说:“唉,我为我们导演发愁哇。他就怕这几天下雨……”

父亲不论在哪一个剧组当群众演员，都一概地称导演为“我们导演”。从这种称谓中我听得出来，他是把他自己——一个迎着镜头走过来或背着镜头走过去的群众演员，与一位导演之间联得太紧密了。或者反过来说，他是太把一位导演，与一个迎着镜头走过来或背着镜头走过去的群众演员联得那么紧密。

而我认为这是荒唐的。

而我认为这实实在在是很犯不上的。

我嘟哝地说：“爸，你替他操这份心干吗？下雨不下雨的，与你有什么关系？睡吧睡吧。”

“有你这么说话的吗？”父亲教训我道，“全厂2 000来人，等着这一部电影早拍完，早收了，才好发工资，发奖金，你不明白？你一点儿不关心？”

我佯装没听到，不吭声。

父亲刚来时，对于北影的事，常以“你们厂”如何如何而发议论，而发感慨。不知从什么时候开始，他不说“你们厂”了，只说“厂里”了。倒好像，他就是北影的一员。甚至倒好像，他就是北影的厂长……

天亮后，我起来，见父亲站在窗前发怔。

我也不说什么。怕一说，使他觉得听了逆耳，惹他不高兴。

后来父亲东找西找的。我问找什么。他说找雨具。他说要亲自到拍摄现场去，看看今天究竟是能拍还是不能拍。

他自言自语：“雨小多了嘛，万一能拍呢？万一能拍，我们导演找不到我，我们导演岂不是发急吗？……”

听他那口气，仿佛他是主角。

我说：“爸，我替你打个电话，向你们剧组问问不就行了吗？”

父亲不语，算是默许了。

于是我就到走廊去打电话。其实是为我自己的事打电话。

回到办公室，我对父亲说：“电话打过了。你们组里今天不拍戏。”——我明知今天准拍不成。

父亲火了，冲我吼：“你怎么骗我？你明明不是给我剧组打电话，我听得清清楚楚。你当我耳聋吗？”

父亲他怒冲冲地就走出去了。

我站在办公室窗口，见父亲在雨中大步疾行，不免地羞愧。

对于这样一位太认真的老父亲，我一筹莫展……

父亲还在朝鲜选景于中国的一个什么影片中担当过群众演员。当父亲穿上一身朝鲜民族服装后，别提多么像一位朝鲜老人了。那位朝鲜导演也一直把他视为一位朝鲜老人。后来得知他不是，表示了很大的惊讶。也对父亲表示了很大的谢意，并单独同父亲合影留念。

那一天父亲特别高兴，对我说：“我们中国的古人，主张干什么事都认真。要当群众演员，咱们就认认真真地当群众演员。咱们这样的中国人，外国人能不看重你吗？”

记得有天晚上，是一个星期六的晚上。我和妻子、老父母一块儿包饺子。父亲擀皮儿。

忽然父亲喟叹一声，喃喃地说：“唉，人啊，活着活着，就老了……”

一句话，使我、妻、母亲面面相觑。

母亲说：“人，谁没老的时候，老了就老了呗！”

父亲说：“你不懂。”

妻煮饺子时，小声对我说：“爸今天是怎么了？你问问他。一句话说得全家怪纳闷怪伤感的……”

吃过晚饭，我和父亲一同去办公室休息。睡前，我试探地问：“爸，你今天又不高兴了吗？”

父亲说：“高兴啊，有什么不高兴的。”

我说：“那怎么包饺子的时候叹气，还自言自语老了老了。”

父亲笑了，说：“昨天，我们导演指示——给这老爷子一句台词，连台词都让我说了，那不真算演员了吗？我那么说你听着可以吗？……”

我恍然大悟——原来父亲是在背台词。

我就说：“爸，我的话，也许你又不爱听。其实你愿怎么说都行，反正到时候，不会让你自己配音，得找个人替你再说一遍这句话……”

父亲果然又不高兴了。

父亲又以教训的口吻说：“要是都像你这种态度，那电影，能拍好吗？老百姓当然不愿意看。一句台词，光是说说的事吗？脸上的模样要是不对劲，不就成了嘴里说阴，脸上作晴了吗？”

父亲的一番话，倒使我哑口无言。

惭愧的是，我连父亲不但在其中当群众演员，而且说过一句台词的这部电影，究竟是哪个厂拍的，片名是什么，至今一无所知。

我说得出片名的，仅仅三部电影——《泥人常传奇》《四世同堂》《白龙剑》。

前几天，电视里重播电影《白龙剑》，妻忽指着屏幕说：“梁爽，你看你爷爷。”

我正在看书，目光立刻从书上移开，投向屏幕——哪里有父亲的影子……

我急问：“在哪儿在哪儿？”

妻说：“走过去了。”

是啊，父亲所“演”的，不过就是些迎着镜头走过来或背着镜头走过去的群众角色，走得时间最长的，也不过就十几秒钟。然而父亲的确是一位极认真极投入的群众演员——与父亲“合作”过的导演们都这么说……

在我写这篇文字间又有人打来电话——

“梁晓声？”

“是我。”

“我们想请你父亲演个群众角色啊？……”

“这……我父亲已经去世了……”

“去世了？……对不起……”

对方的失望大大多于对方的歉意。

如今之中国人，认真做事认真做人的，实在不是太多了。如今之中国人，仿佛对一切事都没了责任感。连当着官的人，都不肯愿意认真地当官了。

有些事，在我，也渐渐地开始不很认真了，似乎认真首先是对自己很吃亏的事。

父亲一生认真做人，认真做事，连当群众演员，也认真到可爱的程度。这大概首先与他愿意是分不开的。一个退了休的老建筑工人，忽然在摄影机前走来走去，肯定的是他的一份愉悦。人对自己极反感之事，想要认真也是认真不起来的。这样解释，是完全解释得通的。但是我——他的儿子，如果仅仅得出这样的解释，则证明我对自己的父亲太缺乏了解了。

我想——“认真”二字，之所以成为父亲性格的主要特点，也许更因为他是一位建筑工人，几乎一辈子都是一位建筑工人，而且是一位优秀得获得过无数次奖状的建筑工人。

一种几乎终生的行业，必然铸成一个明显的性格特点。建筑师们，是不会将他们设计的蓝图给予建筑工人——也即那些砖瓦灰泥匠们过目的。然而哪一座伟大的宏伟建筑，不是建筑工人们一砖一瓦盖起来的呢？正是那每一砖每一瓦，日复一日、月复一月、年复一年地，十几年、几十年地，培养成了一种认认真真的责任感，一种对未来之大厦矗立的高度的可敬的责任感。他们虽然明知，他们所参与的，不过一砖一瓦之劳，却甘愿通过他们的一砖一瓦之劳，促成别人的冠环之功。

他们的认真乃因为这正是他们的愉悦。

愿我们的生活中，对他人之事的认真，并能从中油然引出自己愉悦的品格，发扬光大起来吧。

父亲是一个普通得不能再普通的人。父亲曾是一个认真的群众演员。或者说，父亲是一个“本色”的群众演员。

以我的父亲为镜，我常不免问我自己——在生活这大舞台上，我也是演员吗？我是一个什么样的演员呢？就表演艺术而言，我崇敬性格演员。就现实中人而言，恰恰相反，我崇敬每一个“本色”的人，而十分警惕“性格演员”……

——摘自百度网

梁晓声资料

梁晓声，原名梁绍生。1949 年 9 月 22 日出生于黑龙江省哈尔滨市，祖籍山东荣成市泊于镇温泉寨。汉族。汉语文学专业。曾创作出版过大量有影响的小说、散文、随笔及影视作品，是中国现当代以青春文学成名的代表作家之一。

梁晓声曾经当过知青，于 1968 年下乡赴黑龙江生产建设兵团。1974 年进入上海复旦大学中文系，1977 年毕业后分配至北京电影制片厂。1988 年调至中国儿童电影制片厂任艺术厂长。2002 年调至北京语言大学，任人文学院教授。

1979 年开始发表作品，著有短篇小说集《天若有情》《白桦树皮灯罩》《死神》，中篇小说集《人间烟火》，长篇小说《浮城》《一个红卫兵的自白》《从复旦到北影》《雪城》和《生非》等。其短篇小说《这是一片神奇的土地》《父亲》及中篇小说《今夜有暴风雪》分获全国优秀小说奖。文章《慈母情深》(《母亲》的节选)被选入人教版 5 年级上册语文课本第六单元第 18 课。小说《为了收获》《学者之死》《一只风筝的一生》《双琴祭》分获《小说月报》百花奖。现任教于北京语言大学人文学院，中国作家协会会员。2012 年 6 月被聘任为中央文史研究馆馆员。

——作者资料及照片来自百度网

例文 2

谁是真正的大师

黄　薇

1994 年，钱钟书住进医院，缠绵病榻，全靠杨绛一人悉心照料。不久，女儿钱瑗因病住院，与钱钟书相隔大半个北京城，当时 80 多岁的杨绛来回奔波，辛苦异常。

钱钟书已病到不能进食，只能靠鼻饲，医院提供的匀浆不适宜吃，杨绛就亲自来做，做各种鸡鱼蔬菜泥，炖各种汤，鸡胸肉要剔得一根筋没有，鱼肉一根小刺都不能有。

"钟书病中，我只求比他多活一年。照顾人，男不如女。我尽力保养自己，争求'夫在先，妻在后'，错了次序就糟糕了。"1997 年，被杨绛称为"我平生唯一杰作"的爱女钱瑗去世。

一年后，钱钟书临终，一眼未合好，杨绛附他耳边说："你放心，有我！"内心之沉稳和强大，令人肃然起敬。"钟书逃走了，我也想逃走，但是逃到哪里去呢？我压根儿不能逃，得留在人世间，打扫现场，尽我应尽的责任。"

当年已近九十高龄的杨绛开始翻译柏拉图的《斐多篇》。2003 年，《我们仨》出版问世，这本书写尽了她对丈夫和女儿最深切绵长的怀念，感动了无数中国人。

而时隔 4 年，96 岁高龄的杨绛又意想不到地推出一本散文集《走到人生边上》，探讨人生的价值和灵魂的去向，被评论家称赞："96 岁的文字，竟具有初生婴儿的纯真和美丽。"

钱钟书留下的几麻袋天书般的手稿与中外文笔记，多达 7 万余页，也被杨绛接手过来，整理得井井有条，陆续出版了 3 卷《容安馆札记》，178 册外文笔记，20 卷的《钱钟书手稿集·中文笔记》。

杨绛的亲戚讲述，她严格控制饮食，少吃油腻，喜欢买了大棒骨敲碎煮汤，再将汤煮黑木耳，每天一小碗，以保持骨骼硬朗。她还习惯每日早上散步、做大雁功，时常徘徊树下，低吟浅咏，呼吸新鲜空气。

高龄后，她改为每天在家里慢走 7 000 步，直到现在还能弯腰将手碰到地面，腿脚也很灵活。当然更多的秘诀来自内心的安宁与淡泊。

杨绛有篇散文名为《隐身衣》，文中直抒她和钱钟书最想要的“仙家法宝”莫过于“隐身衣”，隐于世事喧哗之外，陶陶然专心治学。生活中的她的确几近“隐身”，低调至极，几乎婉拒一切媒体的采访。

2004 年《杨绛文集》出版，出版社准备大张旗鼓筹划其作品研讨会，杨绛打了个比方风趣回绝：“稿子交出去了，卖书就不是我该管的事了。我只是一滴清水，不是肥皂水，不能吹泡泡。”

钱钟书去世后，杨绛以全家三人的名义，将高达八百多万元的稿费和版税全部捐赠给母校清华大学，设立了“好读书”奖学金。90 岁寿辰时，她专门躲进清华大学招待所住了几日“避寿”。

她早就借翻译英国诗人兰德那首著名的诗，写下了自己无声的心语：“我和谁都不争、和谁争我都不屑；我爱大自然，其次就是艺术；我双手烤着生命之火取暖；火萎了，我也准备走了。”

——摘自《读者》2013 年第 18 期

杨绛资料

杨绛(1911—)，原名杨季康，江苏省无锡人，生于 7 月 17 日，中国社会科学院外国文学研究员，作家、评论家、翻译家、剧作家、学者。丈夫钱钟书是著名文学研究家和作家。

1932 年毕业于苏州东吴大学，成为清华大学研究院外国语文研究生，此间认识钱钟书，二人结成夫妇。

1935 年至 1938 年与丈夫钱钟书一同前往英国牛津大学求学，后转往法国巴黎大学进修。育有一女钱瑗(1937—1997)。1938 年，杨绛随钱钟书带着一岁的女儿回国。1953 年，任北京大学文学研究所、中国科学院文学研究所、中国社会科学院外国文学研究所的研究员。

杨绛剧本有《称心如意》《弄真成假》《风絮》等；小说有《倒影集》《洗澡》；专论集有《春泥集》《关于小说》；散文集有《将饮茶》和《干校六记》；译作有《1939 年以来的英国散文选》《小癞子》《吉尔・布拉斯》《堂・吉诃德》等。杨绛本身通晓英、法两国语言，为使《堂・吉诃德》翻译得更准确，她又学习了西班牙语，并最终在“文革”中将书稿保护下来。杨绛《堂·吉诃德》的译本被公认为优秀的翻译佳作。迄今已累计发行70万册。1978年《堂·吉诃德》中译本出版时，正好西班牙国王访问中国，邓小平把它作为礼物送给了西班牙国王。20世纪80年代以后的杨绛，没有再将精力放在大作品上，而是偶尔地写写散文，杂文、回忆短文一类的。虽然都比较短小，但从平淡的文字中透露出来的一种朴素而真挚的情感，从大白话中显现出的智慧，至今还被喜爱她的读者津津乐道。20世纪90年代后因为钱钟书先生和钱瑗相继生病住院，杨绛基本停止了各种工作，在父女两人相继去世后，她更是隐入深居。一直到她92岁高龄之时，才重新提笔，打开尘封多年的记忆，其中不仅仅用梦幻文学的方式讲述了钱钟书和钱瑗生前的最后一段时光，而且回忆了很多当年夫妇游学欧洲以及新中国成立后的种种往事。

沉定简洁是杨绛作品的语言特色。看起来平平淡淡，无阴无晴。然而平淡不是贫乏，阴晴隐于其中，经过漂洗的苦心经营的朴素中，有着本色的绚烂华丽。干净明晰的语言在杨绛笔下变得有巨大的表现力。

——人物资料及照片来自百度网

例文3

黑暗的剪影

林清玄

在新公园散步，看到一个“剪影”的中年人。他摆的摊子很小，工具也非常简单，只有一把小剪刀、几张纸，但是他剪影的技巧十分熟练，只要三两分钟就能把一个人的形象剪在纸上，而且大部分非常地酷肖。仔细地看，他的剪影上只有两三道线条，一个人的表情五官就在那三两道线条中活生生地跳跃出来。

那是一个冬日清冷的午后，即使在公园里，人也是稀少的，偶有路过的人好奇地望望剪影者的摊位，然后默默地离去；要经过好久，才有一些人抱着姑且一试的心理，让他剪影，因为一张二十元，比在相馆拍张失败的照片还要廉价得多。我坐在剪影者对面的铁椅上，看到他生意的清淡，不禁令我觉得他是一个人间的孤独者。他终日用剪刀和纸捕捉人们脸上的神采，而那些人只像一条河从他身边匆匆流去，除了他摆在架子上一些特别传神的，用来做样本的名人的侧影以外，他几乎一无所有。

走上前去，我让剪影者为我剪一张侧脸，在他工作的时候，我淡淡地说：“生意不太好呀?”没想到却引起剪影者一长串的牢骚。他说，自从摄影普遍了以后，剪影的生意几乎做不下去了，因为摄影是彩色的，那么真实而明确；而剪影是黑白的，只有几道小小的线条。

他说：“当人们太依赖摄影照片时，这个世界就减少了一些可以想象的美感，不管一个人多么天真烂漫，他站在照相机的前面时，就变得虚假而不自在了。因此，摄影往往只留下一个人的形象，却不能真正有一个人的神采；剪影不是这样，它只捕捉神采，不太注意形象。”我想，那位孤独的剪影者所说的话，有很深切的道理，尤其是人坐在照相馆灯下所拍的那种照片。

他很快地剪好了我的影，我看着自己黑黑的侧影，感觉那个“影”是陌生的，带着一种连我自己都不敢相信的忧郁，因为“他”嘴角紧闭，眉头深结，我询问着剪影者，他说：“我刚刚看你坐在对面的椅子上，就觉得你是个忧郁的人，你知道要剪出一个人的影像，技术固然重要，更重要的是观察。”

剪影者从事剪影的行业已经有二十年了，一直过着流浪的生活，以前是在各地的观光区为观光客剪影，后来观光区也被照相师傅取代了，他只好从一个小镇到另一个小镇出卖自己的技艺，他的感慨不仅仅是生活的，而是“我走的地方愈多，看过的人愈多，我剪影的技术就日益成熟，捕捉住人最传神的面貌，可惜我的生意却一天不如一天，有时在南部乡下，一天还不到十个人上门。”

作为一个剪影者，他最大的兴趣是在观察，早先是对人的观察，后来生意清淡了，他开始揣摩自然，剪花鸟树木，剪山光水色。

“那不是和剪纸一样了吗？”我说。

“剪影本来就是剪纸的一种，不同的是剪纸务求精细，色彩繁多，是中国的写实画；剪影务求精简，只有黑白两色，就像是写意了。”

因为他夸说什么事物都可以剪影，我就请他剪一幅题名为“黑暗”的影子。

剪影者用黑纸和剪刀，剪了一个小小的上弦月和几粒闪耀的星星，他告诉我：“本来，真正的黑暗是没有月亮和星星的，但是世间没有真正的黑暗，我们总可以在最角落的地方看到一线光明，如果没有光明，黑暗就不成其黑暗了。”

我离开剪影者的时候，不禁反复地回味他说过的话。因为有光明的对照，黑暗才显得可怕，如果真是没有光明，黑暗又有什么可怕呢？问题是，一个人处在最黑暗的时刻，如何还能保有对光明的一片向往。

现在这张名为“黑暗”的剪影正摆在我的书桌上，星月疏疏淡淡地埋在黑纸里，好像很不在意似的，“光明”也许正是如此，并未为某一个特定的对象照耀，而是每一个有心人都可以追求。

后来我有几次到公园去，想找那一位剪影的人，却再也没有他的踪迹了，我知道他在某一个角落里继续过着漂泊的生活，捕捉光明或黑暗的人所显现的神采，也许他早就忘记曾经剪过我的影子，这丝毫不重要，重要的是我们在一个悠闲的下午相遇，而他用二十年的流浪告诉我：世间没有真正的黑暗，即使无人顾惜的剪影也是如此。

——摘自《读者》2010 年第 7 期

林清玄资料

林清玄，当代著名作家、散文家、诗人、学者。笔名秦情、林漓、林大悲、林晚啼、侠安、晴轩、远亭等。

林清玄的散文创作大体上可以划分为三个阶段，第一个阶段是在 20 世纪 70 年代他初登文坛的7~8年间,散文集有《莲花开落》《冷月钟笛》等;第二个阶段是他从1980年结集《温一壶月光下酒》起,相继出版了《白雪少年》《鸳鸯香炉》《迷路的云》《金色印象》《玫瑰海洋》等;20世纪80年代后期迄今,是林清玄散文写作最辛苦和产量最多的第三阶段,在这个阶段里他以10本"菩提系列"震撼了文学界内外。

——作者资料及照片来自百度网

例文4

倾听荒漠的声音

迩半坡

2011年4月,南京市的高中生万欣考上了美国深泉学院,成为媒体的头条新闻。

在美国,还有比哈佛更难考的学校?来自美国权威的《普林斯顿评论》数据显示,有一所默默无名的学院在招考新生时更加苛刻,正是少有人知的美国深泉学院。

这所大学十分神秘,几乎与世隔绝,自创办至今已近百年,一直特立独行。

它坐落于美国加利福尼亚州东边沙漠深处,被称为世界优秀学生的"乌托邦",目前全校师生加起来还不足40人,学制只有2年,每年的招收计划不超过15名学生,且是名副其实的男校,所有女生禁止入内,牛仔式的校园生活是它的最大特色。学院创办者是一个名叫卢西恩·卢修斯·纳恩的美国电力大亨,1917年初建时,就定下了影响至今的六字校训"劳动,学术,自治"。

第一是劳动,整座学院位于山谷中,如同世外桃源,自给自足,一切运作都要靠所有学生和老师的劳动获得。第二是学术,援引学院网站上的解释:"在这里,过量的工作是一种特权,我们不会轻易地发放。"学术声誉也毫不逊色,平均每年都有学生获得美国国家级学术奖。第三是自治,即学生对学校的高度自治,包括老师聘用与招生都由学生们负责,而每年都会讨论要不要招女生,结果到目前为止,都还没有最终确定下来。

对于南京的万欣而言,这将是生命的奇妙之旅。

今年1月,为参加现场面试,南京考生万欣由上海起程,12小时后飞抵美国,再向深山和大漠深处继续进发,从洛杉矶向北驱车5小时,转乘3小时大巴抵达大山脚下,最后坐上学院专车,翻越海拔2 000多米的高山,到达茫茫沙漠深处的深泉学院。这里距离最近的小城镇也有30多英里。一路耗费36个小时,兴奋的万欣没有合过眼。

面试时,一张偌大的长方桌摆在一间更大的教室里,15名"面试官"围坐在桌子的三面,其中3名是老师,其余都是在校生—能否被学院录取,在校生更具有发言权。

面试并不太难,答辩如同儿戏般轻松愉快,加之万欣英文不错,让"考官们"都很满意。

接下来,四天的体验生活开始。内容就是生活,种地、喂牛、做饭……除了盖房子,什么都得体验一番。这正是该所学院的特别之处,因为有可能在某个冬天的凌晨4点,校长会不期然地敲响学生宿舍的门,大声宣布:"牛奶场被淹了,快去帮忙!"

学院极少招收国际生,一旦被录取,可拥有全额助学金,省下每年大约5万美金的学费和生活费，其代价是每个星期必须要干完20个小时的苦力劳动。不经允许，学生绝不得离开校园，严禁接触酒精，不提倡看电视，电话和互联网经常由于恶劣天气而中断，报纸则通过邮局寄过来，通常都要晚两天才能看到。

据说在2006年，只有一位来自苏州的中国男生体验过这世界上独一无二的教育。

万欣接到被录取的消息，自然欣喜若狂，他将在一个上千公顷的大学校园里，与世隔绝地耕种和放牧两年。

学院创始人纳恩曾说："沙漠有着深邃的性格。它有一个声音，需要仔细倾听。先生们，为了什么，你们才来到这旷野？不是为了传统的学术训练，亦不是为了田园牧歌的生活；不是为了在商业中成功，或是在职业的道路上追求个人的利益。你们来，是为了准备好用你们的生命去服务，心中了然，过人的能力和高贵的信念是对你们的期望。"

就是这所学院，成为美国高等教育实验的成功典范。近80%的毕业生离开它后，直接转学到哈佛、耶鲁、哥伦比亚和牛津大学等名校读大三，超过半数学生最终取得博士学位。在职业道路上，这里的学生很少选择为赚钱而赚钱，超过40%的学生成为律师、医生或是教授。

从荒漠深处走出的学生们，牢记着校旨：真正的伟人，能在浮躁和喧嚣的物质世界，静心倾听"荒漠的声音"。

——摘自《读者》2011年第16期

例文5

爱情故事

陈 宇

找个机会去拜访金岳霖先生，是心仪已久的事。这不仅仅因他是中国现代哲学和逻辑学开山祖师式人物，还因为他有许多奇闻逸事令我好奇与疑惑。

金岳霖一九一四年毕业于清华学校，后留学美国、英国，又游学欧洲诸国，回国后主要执教于清华和北大。他从青年时代起就饱受欧风美雨的沐浴，生活相当西化。西装革履，加上一米八的高个头，仪表堂堂，极富绅士气度。然而他又常常不像绅士。他酷爱养大斗鸡，屋角还摆着许多蛐蛐缸。吃饭时，大斗鸡堂而皇之地伸脖啄食桌上菜肴，他竟安之若素，与鸡平等共餐。听说他眼疾怕光，长年戴着像网球运动员的一圈大檐儿帽子，连上课也不例外。他的眼镜，据传两边不一样，一边竟是黑的。而在所有关于金岳霖的传闻中，最引人注目的一件事，是他终生未娶。阐释的版本相当一致：他一直恋着建筑学家、诗人林徽因。

一九八三年，我跟我的老师陈钟英先生开始着手林徽因诗文首次编纂结集工作。林徽因已于五十年代去世，其文学作品几乎湮没于世。为收集作品，了解作者生平，这年夏天我们到北京访问金岳霖。这时他已八十八高龄，跟他同辈的几位老人说，他有冠心病，几年来，因肺炎住院已是几进几出了。他身体衰弱，行动不便，记性也不佳，一次交谈只能十来分钟，谈长点就睡着了。几年前，在老友们的怂恿催促下，他开始写些回忆文字，但每天只能写百多字。这一年由于体力精力不济，已停笔了。听了这些话，我的心凉了半截。不过，一位熟知他的老太太的话却给了我们一丝希望与鼓舞："那个老金呀，早年的事情是近代史，现在的事情是古代史。"

我们找到北京东城区干面胡同金岳霖寓所。进了他的房间，见他深坐在一张低矮宽扶手大沙发里。头上依旧戴着一圈宽檐遮光帽，头顶上露出绺绺白发，架着黑框眼镜。瘦长的双手摊在扶手上，手背上暴起一根根青筋。两脚套着短袜，伸直搁在一张矮凳上。他的听力不佳，对我们进来似乎没有什么反应。我们坐近他身边，对着他耳朵，一字一句地说明来意。我趁陈钟英先生跟他慢慢解释的当儿，打量着屋里的摆设。屋里右边，一张老式横案桌上摆着一些书，桌边挂着一根手杖，还斜靠着一根拳头粗、一人多高、顶端雕有兽头的漆金权杖，大概是学生们送的。作为哲学界和逻辑学界的权威与泰斗，这根金色的权杖，于他是颇具象征性的礼品。屋子右边，则摆着一个有靠背的坐式马桶。他要靠人扶着就此如厕。这金色的权杖与暗淡的马桶所形成的巨大反差，顿令我感到人生易老，时光无情。

我们对着他耳边问谁了解林徽因的作品时，他显得黯然，用浓重沙哑的喉音缓缓地说："可惜有些人已经过去了！"我们把一本用毛笔大楷抄录的林徽因诗集给他看，希望从他的回忆里，得到一点诠释的启迪。他轻轻地翻着，回忆道："林徽因啊，这个人很特别，我常常不知道她在想什么。好多次她在急，好像作诗她没作出来。有句诗叫什么，哦，好像叫'黄水塘的白鸭'，大概后来诗没做成……"慢慢地，他翻到了另一页，忽然高喊起来："哎呀，八月的忧愁！"我吃了一惊，怀疑那高八度的惊叹声，竟是从那衰弱的躯体里发出的。只听他接着念下去："哎呀，'黄水塘里游着白鸭，高粱梗油青的刚过了头……'"他居然一句一句把诗读下去。末了，他扬起头，欣慰地说："她终于写成了，她终于写成了！"林徽因这首《八月的忧愁》是优美的田园诗，发表于一九三六年，构思当是更早。事隔已半个世纪，金岳霖怎么对第一句记得这么牢？定是他时时关注着林徽因的创作，林徽因酝酿中反复吟咏这第一句，被他熟记心间。我看他慢慢兴奋了起来，兴奋催发了他的记忆与联想，他又断断续续地记起一些诗句，谈起林徽因的写作情况。翻完那本抄录的诗，他连连说："好事情啊，你们做了一件好事情！你们是从哪儿来的？"我们刚刚告诉过他，是从林徽因家乡福州来的，显然他倏忽间就忘了。已经谈了十来分钟，他并没瞌睡，我庆幸地看着小录音机一直在转动着。我们取出一张泛黄的32开大的林徽因照片，问他拍照的时间背景。他接过手，大概以前从未见过，凝视着，嘴角渐渐往下弯，像是要哭的样子。他的喉头微微动着，像有千言万语梗在那里。他一语不发，紧紧捏着照片，生怕影中人飞走似的。许久，他才抬起头，像小孩求情似地对我们说："给我吧！"我真担心老人犯起犟劲，赶忙反复解释说，这是从上海林徽因堂妹处借用的，以后翻拍了，一定送他一张。待他听明白后，生怕我们食言或忘了，作拱手状，郑重地说："那好，那好，那我先向你们道个谢！"继而，他的眼皮慢慢耷拉下来，累了，我们便退了出来。

很久以来，关于金岳霖对林徽因感情上的依恋我听了不少。林徽因、梁思成夫妇都曾留学美国，加之家学渊源，他们中西文化造诣都很深，在知识界交游也广，家里几乎每周都有沙龙聚会。而金岳霖孑然一身，无牵无挂，始终是梁家沙龙座上常客。他们文化背景相同，志趣相投，交情也深，长期以来，一直是毗邻而居，常常是各踞一幢房子的前后进。

偶尔不在一地，例如抗战时在昆明、重庆，金岳霖每有休假，总是跑到梁家居住。金岳霖对林徽因人品才华赞美至极，十分呵护；林徽因对他亦十分钦佩敬爱，他们之间的心灵沟通可谓非同一般，这是我早有所闻的。不过，后来看了梁思成的续弦林洙先生的文章，更增添了具体了解。据她说，一次林徽因哭丧着脸对梁思成说，她苦恼极了，因为自己同时爱上了两个人，不知如何是好。林徽因对梁思成毫不隐讳，坦诚得如同小妹求兄长指点迷津一般。梁思成自然矛盾痛苦至极，苦思一夜，比较了金岳霖优于自己的地方，他终于告诉妻子：她是自由的，如果她选择金岳霖，祝他们永远幸福。林徽因又原原本本把一切告诉了金岳霖。金岳霖的回答更是率直坦诚得令凡人惊异："看来思成是真正爱你的。我不能去伤害一个真正爱你的人。我应该退出。"

从那以后，他们三人毫无芥蒂，金岳霖仍旧跟他们毗邻而居，相互间更加信任，甚至梁思成林徽因吵架，也是找理性冷静的金岳霖仲裁。

几天后，我跟陈钟英先生再次访问了金岳霖。进了屋，刚刚跟护理阿姨寒暄几句，想不到金岳霖闻声竟以相当纯正的福州方言喊我们："福州人！"我们不胜惊讶。这肯定是当年受林徽因"耳濡目染"的结果。我们的话题自然从林徽因谈起。他讲着他们毗邻而居生活的种种琐事，讲梁家沙龙谈诗论艺的情况，讲当年出入梁家的新朋旧友。我发现他称赞人时喜欢竖起大拇指。他夸奖道："林徽因这个人了不起啊，她写了篇叫《窗子以外》还是《窗子以内》的文章，还有《在九十九度中》，那完全是反映劳动人民境况的，她的感觉比我们快多了。她有多方面的才能，在建筑设计上也很有才干，参加过国徽和人民英雄纪念碑设计，不要抹杀了她其他方面的创作啊……"讲着，讲着，他声音渐小，渐慢，断断续续。我们赶紧劝他歇一歇。他闭目养了一会儿神。我们取出另一张林徽因照片问他。他看了一会儿回忆道："那是在伦敦照的，那时徐志摩也在伦敦。——哦，忘了告诉你们，我认识林徽因还是通过徐志摩的。"于是，话题转到了徐志摩。徐志摩在伦敦邂逅了才貌双全的林徽因，不禁为之倾倒，竟然下决心跟发妻离婚，后来追林徽因不成，失意之下又掉头追求陆小曼。金岳霖谈了自己的感触："徐志摩是我的老朋友，但我总感到他滑油，油油油，滑滑滑——"我不免有点愕然，他竟说得有点像顺口溜。我拉长耳朵听他讲下去，"当然不是说他滑头。"经他解释，我们才领会，他是指徐志摩感情放纵，没遮没拦。他接着说："林徽因被他父亲带回国后，徐志摩又追到北京。临离伦敦时他说了两句话，前面那句忘了，后面是'销魂今日进燕京'。看，他满脑子林徽因，我觉得他不自量啊。林徽因梁思成早就认识，他们是两小无猜，两小无猜啊。两家又是世交，连政治上也算世交。两人父亲都是研究系的。徐志摩总是跟着要钻进去，钻也没用！徐志摩不知趣，我很可惜徐志摩这个朋友。"他说："比较起来，林徽因思想活跃，主意多，但构思画图，梁思成是高手，他画线，不看尺度，一分一毫不差，林徽因没那本事。他们俩的结合，结合得好，这也是不容易的啊！”

徐志摩、金岳霖、梁思成和林徽因之间都有过感情纠葛，但行止却大相径庭。徐志摩完全为诗人气质所驱遣，致使狂烈的感情之火烧熔了理智。而金岳霖自始至终都以最高的理智驾驭自己的感情，显出一种超脱凡俗的襟怀与品格，这使我想起了柏拉图的那句话：“理性是灵魂中最高贵的因素。”

后来，我们的话题渐渐转到了林徽因的病和死。他眯缝着眼，坠入沉思，慢慢地说：“林徽因死在同仁医院，就在过去哈德门的附近。对她的死，我的心情难以描述。对她的评价，可用一句话概括：‘极赞欲何词’啊。”林徽因一九五五年去世，时年五十一岁。那年，建筑界正在批判“以梁思成为代表的唯美主义的复古主义建筑思想”，林徽因自然脱不了干系。虽然林徽因头上还顶着北京市人大代表等几个头衔，但追悼会的规模和气氛都是有节制的，甚至带上几分冷清。亲朋送的挽联中，金岳霖的别有一种炽热颂赞与激情飞泻的不凡气势。上联是：“一身诗意千寻瀑”，下联是：“万古人间四月天”。此处的“四月天”，取自林徽因一首诗的题目《你是人间四月天》。这“四月天”在西方通常指艳日、丰硕与富饶。金岳霖“极赞”之意，溢于言表。金岳霖回忆到追悼会时说：“追悼会是在贤良寺开的，我很悲哀，我的眼泪没有停过……”他沉默了下来，好像已把一本书翻到了最后一页。

金岳霖对林徽因的至情深藏于一生。林徽因死后多年，一天金岳霖郑重其事地邀请一些至交好友到北京饭店赴宴，众人大惑不解。开席前他宣布说：“今天是林徽因的生日！”顿使举座感叹唏嘘。

林徽因死后金岳霖仍旧独身，我很想了解这一行为背后意识观念层面上的原因。但这纯属隐私，除非他主动说，我不能失礼去问。不过，后来了解到了一件事，却不无收获。有个金岳霖钟爱的学生，突受婚恋挫折打击，萌生了自杀念头。金岳霖多次亲去安慰，苦口婆心地开导，让那学生认识到：恋爱是一个过程，恋爱的结局，结婚或不结婚，只是恋爱过程中一个阶段，因此，恋爱的幸福与否，应从恋爱的全过程来看，而不应仅仅从恋爱的结局来衡量。最后，这个学生从痛不欲生的精神危机中解脱了出来。于是我联想到了金岳霖，对他的终生未娶，幡然产生了新的感悟。

一九八三年十二月，我们编纂好林徽因诗文样本，到北京人民文学出版社送书稿，又再次去拜望金岳霖先生。

天已转冷，金岳霖仍旧倚坐在那张大沙发里，腿上加盖了毛毯，显得更清瘦衰弱。我们坐近他身旁，见他每挪动一下身姿都皱一下眉，现出痛楚的样子，看了令人难过。待老人安定一会儿后，我们送他几颗福建水仙花头，还有一张复制的林徽因大照片。他捧着照片，凝视着，脸上的皱纹顿时舒展开了，喃喃自语：“啊，这个太好了！这个太好了！”他似乎又一次跟逝去三十年的林徽因“神会”了；神经又兴奋了起来。坐在这位垂垂老者的身边，你会感到，他虽已衰残病弱，但精神一直有所寄托。他现在跟林徽因的儿子梁从诫一家住在一起。我们不时听到他提高嗓门喊保姆：“从诫几时回来啊？”隔一会儿又亲昵地问：“从诫回来没有？”他的心境和情绪，没有独身老人的孤独常态。他对我们说：“过去我和梁思成林徽因住在北总布胡同，现在我和梁从诚住在一起。”我听从诚夫人叫他时都是称“金爸”。梁家后人以尊父之礼相待，难怪他不时显出一种欣慰的神情。

看着瘦骨嶙峋、已经衰老的金岳霖，我们想，见到他实不容易，趁他记忆尚清楚时交谈更不容易。于是取出编好的林徽因诗文样本请他过目。金岳霖摩挲着，爱不释手。陈钟英先生趁机凑近他耳边问，可否请他为文集写篇东西附于书中。然而，金岳霖金口迟迟不开。等待着，等待着，时间一秒一秒地过去了，我担心地看着录音磁带一圈又一圈地空转过去。我无法讲清当时他的表情，只能感觉到，半个世纪的情感风云在他脸上急剧蒸腾翻滚。终于，他一字一顿、毫不含糊地告诉我们：“我所有的话，都应该同她自己说，我不能说，”他停了一下，显得更加神圣与庄重，“我没有机会同她自己说的话，我不愿意说，也不愿意有这种话。”他说完，闭上眼，垂下了头，沉默了。

林徽因早已作古，对一切都不会感知了。但金岳霖仍要深藏心曲，要跟林徽因直接倾诉。大概，那是寄望大去之日后在另一个世界里两个灵魂的对语吧。啊，此情只应天上有，今闻竟在人世间。我想，林徽因若在天有灵，定当感念涕零，泪洒江天！

第二年的一天，偶然听到广播，好像说金岳霖去世，顿感怅然。找来报纸核对，几行黑字攫住了我的心。

也许是天意吧。林徽因一九九五年去世，因其参加国徽和人民英雄纪念碑设计有贡献，建坟立碑，安葬于八宝山革命公墓二墓区。梁思成“文革”中含冤去世，“文革”后平反，因其生前是全国人大常委，骨灰安放于党和国家领导人专用骨灰堂，跟林徽因墓只一箭之遥。最后去世的金岳霖，骨灰也安放于八宝山革命公墓。他们三个，在另一个世界里，又毗邻而居了。

金岳霖从人间带去的话，终有机会跟林徽因说了……

——摘自百度网

林徽因资料

林徽因，原名徽音，福建省闽侯人。1904 年 6 月 10 日生于杭州，1955 年 4 月 1 日病逝于北京。

1916 年入北京培华女子中学，1920 年 4 至 9 月随父林长民赴欧洲游历伦敦、巴黎、日内瓦、罗马、法兰克福、柏林、布鲁塞尔等地，同年入伦敦圣玛利女校学习。1921 年回国复入培华女中读书。1923 年参加新月社活动。1924 年留学美国，入宾夕法尼亚大学美术学院，选修建筑系课程，1927 年毕业，获美术学士学位。同年入耶鲁大学戏剧学院，在 G. P. 帕克教授工作室学习舞台美术设计。1928 年 3 月与梁思成在加拿大渥太华结婚，婚后去欧洲考察建筑，同年 8 月回国，并回福州探亲。在福州期间，曾为乌石山第一中学演讲“建筑与文学”，为仓前山英华中学演讲“园林建筑艺术”，1929 年出任东北大学建筑系副教授，讲授“雕塑史”和专业英语。是年，张学良出奖金征集东北大学校徽图案，林徽因设计的“白山黑水”图案中奖。1930年因患肺病到北京香山双清别墅疗养。1931年应聘到北京中国营造学社任参校。

从1931年到1946年在中国营造学社期间，参加调查研究中国古建筑，足迹遍及北京、河北、山西、浙江、河南、山东、陕西等地。

1946年后担任清华大学建筑系教授，讲授“中国建筑史”课并为研究生开设“住宅概说”等专题课。1949年参加中华人民共和国国徽设计工作，1951年为天安门广场人民英雄纪念碑碑座设计纹饰和浮雕图案，1951年调查研究景泰蓝生产工艺并设计一批具有民族风格的景泰蓝新图案，还亲自参与测试。

1950年兼任北京市都市计划委员会委员、工程师，1953年当选中国建筑学会第一届理事会理事、《建筑学报》编委、中国建筑研究委员会委员。

参与设计的工程有北京大学地质馆、灰楼学生宿舍、云南大学学生宿舍、清华大学教师住宅、中南海怀仁堂装修工程等。

林徽因发表的有关建筑的论文主要有《论中国建筑之几个特征》，《平郊建筑杂录》（与梁思成合著），《清式营造则例》第一章绪论，《晋汾古建筑预查纪略》（署名林徽因、梁思成），《由天宁寺谈到建筑年代的鉴别问题》（署名林徽因、梁思成），《中国建筑史》（辽、宋部分），《中国建筑发展的历史阶段》（与梁思成、莫宗江合著）。

林徽因的文学作品主要有《谁爱这不息的变幻》《笑》《情愿》《一天》《激昂》《昼梦》《瞑想》等诗篇几十首；话剧《梅真同他们》；短篇小说《窘》《九十九度中》等；散文《窗子以外》《一片阳光》等。人民文学出版社出版了《林徽因诗集》（1985年）；人民文学出版社与香港三联书店联合编辑出版了《林徽因》（中国现代作家选集丛书之一）。

——人物资料及照片来自百度网

例文6

关于友情

余秋雨

常听人说，人世间最纯净的友情只存在于孩童时代。这是一句极其悲凉的话，居然有那么多人赞成，人生之孤独和艰难，可想而知。

我并不赞成这句话。孩童时代的友情只是愉快的嬉戏，成年人靠着回忆追加给它的东西很不真实。友情的真正意义产生于成年之后，它不可能在尚未获得意义之时便抵达最佳状态。

其实，很多人都是在某次友情感受的突变中，猛然发现自己长大的。仿佛是哪一天的中午或傍晚，一位要好同学遇到的困难使你感到了一种不可推卸的责任，你放慢脚步忧思起来，开始懂得人生的重量。就在这一刻，你突然长大。

我的突变发生在十岁。从家乡到上海考中学，面对一座陌生的城市，心中只有乡间的小友，但已经找不到他们了。有一天，百无聊赖地到一个小书摊看连环画，正巧看到这一本。全身像被一种奇怪的法术罩住，一遍遍地重翻着，直到黄昏时分，管书摊的老大爷用手指轻轻敲了敲我的肩，说他要回家吃饭了，我才把书合拢，恭恭敬敬放在他手里。那本连环画的题目是：《俞伯牙和钟子期》。

纯粹的成人故事，却把艰深提升为单纯，能让我全然领悟。它分明是在说，不管你今后如何重要，总会有一天从热闹中逃亡，孤舟单骑，只想与高山流水对晤。走得远了，也许会遇到一个人，像樵夫，像隐士，像路人，出现在你与高山流水之间，短短几句话，使你大惊失色，引为终生莫逆。但是，天道容不下如此至善至美，你注定会失去他，同时也就失去了你的大半生命。

故事是由音乐来接引的，接引出万里孤独，接引出千古知音，接引出七弦琴的断弦碎片。一个无言的起点，指向一个无言的结局，这便是友情。人们无法用其他词汇来表述它的高远和珍罕，只能留住“高山流水”四个字，成为中国文化中强烈而飘渺的共同期待。

那天我当然还不知道这个故事在中国文化中的地位，只知道昨天的小友都已黯然失色，没有一个算得上“知音”。我还没有弹拨出像样的声音，何来知音？如果是知音，怎么可能舍却苍茫云水间的苦苦寻找，正巧降落在自己的身边、自己的班级？这些疑问，使我第一次认真地抬起头来，迷惑地注视街道和人群。

差不多整整注视了四十年，已经到了满目霜叶的年岁。如果有人问我：“你找到了吗？”我的回答有点艰难。也许只能说，我的七弦琴还没有摔碎。我想，艰难的远不止我。近年来参加了几位前辈的追悼会，注意到一个细节：悬挂在灵堂中间的挽联常常笔涉高山流水，但我知道，死者对于挽联撰写者的感觉并非如此。然而这又有什么用呢？在死者失去辩驳能力仅仅几天之后，在他唯一的人生总结仪式里，这一友情话语乌黑鲜亮，强硬得无法修正，让一切参加仪式的人都低头领受。

当七弦琴已经不可能再弹响的时候，钟子期来了，而且不止一位。或者是，热热闹闹的俞伯牙们全都哭泣在墓前，那哭声便成了“高山流水”。

没有恶意，只是错位。但恶意是可以颠覆的，错位却不能，因此错位更让人悲哀。在人生的诸多荒诞中，首当其冲的便是友情的错位。

……

他们说，友情来自于共同的事业。长辈们喜欢用大词，所说的事业其实也就是职业。置身于同一个职业难道是友情的基础？当然不是。如果偶尔有之，也不能本末倒置。情感岂能依附于事功，友谊岂能从属于谋生，朋友岂能局限于同僚。

他们说，在家靠父母，出外靠朋友。这种说法既表明了朋友的重要，又表明了朋友的价值在于被依靠。但是,没有可靠的实用价值能不能成为朋友？一切帮助过你的人是不是都能算作朋友？

他们说,患难见知己,烈火炼真金。这又对友情提出了一种要求,盼望它在危难之际及时出现。能够出现当然很好,但友情不是应急的储备,朋友更不应该被故意地考验。

……

真正的友情不依靠什么。不依靠事业、祸福和身份,不依靠经历、方位和处境,它在本性上拒绝功利,拒绝归属,拒绝契约,它是独立人格之间的互相呼应和确认。它使人们独而不孤,互相解读自己存在的意义。因此所谓朋友也只不过是互相使对方活得更加自在的那些人。

在古今中外有关友情的万千美言中,我特别赞成英国诗人赫巴德的说法:“一个不是我们有所求的朋友,才是真正的朋友。”真正的友情都应该具有“无所求”的性质,一旦有所求,“求”也就成了目的,友情却转化为一种外在的装点。我认为,世间的友情至少有一半是被有所求败坏的,即便所求的内容乍一看并不是坏东西;让友情分担忧愁,让友情推进工作……友情成了忙忙碌碌的工具,那它自身又是什么呢？应该为友情卸除重担,也让朋友们轻松起来。朋友就是朋友,除此之外,无所求。

其实,无所求的朋友最难得,不妨闭眼一试,把有所求的朋友一一删去,最后还剩几个？

李白与杜甫的友情,可能是中国文化史上除俞伯牙和钟子期之外最被推崇的了,但他们的交往,也是那么短暂。相识已是太晚,作别又是匆忙,李白的送别诗是:“飞蓬各自远,且尽手中杯”,从此再也没有见面。多情的杜甫在这以后一直处于对李白的思念之中,不管流落何地都写出了刻骨铭心的诗句;李白应该也在思念吧,但他步履放达、交游广泛,杜甫的名字再也没有在他的诗中出现。这里好像出现了一种巨大的不平衡,但天下的至情并不以平衡为条件。即使李白不再思念,杜甫也作出了单方面的美好承担。李白对他无所求,他对李白也无所求。

友情因无所求而深刻,不管彼此是平衡还是不平衡。诗人周涛描写过一种平衡的深刻:“两棵在夏天喧哗着聊了很久的树,彼此看见对方的黄叶飘落于秋风,它们沉静了片刻,互相道别说:明年夏天见!”

楚楚则写过一种不平衡的深刻:“真想为你好好活着,但我,疲惫已极。在我生命终结前,你没有抵达。只为最后看你一眼,我才飘落在这里。”

都是无所求的飘落,都是诗化的高贵。

真正的友情因为不企求什么不依靠什么,总是既纯净又脆弱。

世间的一切孤独者也都遭遇过友情,只是不知鉴别和维护,一一破碎了。

……

说了这么多,可能造成一个印象,人生在世要拥有真正的友情太不容易。其实,归结上文,问题恰恰在于人类给友情加添了太多别的东西,加添了太多的义务,加添了太多的杂质,又加添了太多因亲密而带来的阴影。如果能去除这些加添,一切就会变得比较容易。

友情应该扩大人生的空间，而不是缩小这个空间。可惜，上述种种悖论都表明，友情的企盼和实践极容易缩小我们的人生空间，从而产生适得其反的效果。

要扩大人生的空间，最终的动力应该是博大的爱心，这才是友情的真正本义。在这个问题上，谋虑太多，反而弄巧成拙。

诚如先哲所言，人因智慧制造种种界限，又因博爱冲破这些界限。友情的障碍，往往是智慧过度，好在还有爱的愿望，把障碍超越。

友情本是超越障碍的翅膀，但它自身也会背负障碍的沉重，因此，它在轻松人类的时候也在轻松自己，净化人类的时候也在净化自己。其结果应该是两相完满：当人类在最深刻地享受友情时，友情本身也获得最充分的实现。

现在，即便我们拥有不少友情，它也还是残缺的，原因在于我们自身还残缺。世界理应给我们更多的爱，我们理应给世界更多的爱，这在青年时代是一种小心翼翼的企盼，到了生命的秋季，仍然是一种小心翼翼的企盼。但是，秋季毕竟是秋季，生命已承受霜降，企盼已洒上寒露，友情的渴望灿如枫叶，却也已开始飘落。

生命传代的下一个季度，会是智慧强于博爱，还是博爱强于智慧？现今还是稚嫩的心灵，会发出多少友情的信号，又会受到多少友情的滋润？这是一个近乎宿命的难题，完全无法贸然作答。秋天的我们，只有祝祈。心中吹过的风，有点凉意。

想起了我远方的一位朋友写的一则小品：两只蚂蚁相遇，只是彼此碰了一下触须就向相反方向爬去。爬了很久之后突然都感到遗憾，在这样广大的时空中，体型如此微小的同类不期而遇，“可是我们竟没有彼此拥抱一下。”

是的，不应该再有这种遗憾。但是随着宇宙空间的新开拓，我们的体型更加微小了，什么时候，还能碰见几只可以碰一下触须的蚂蚁？

——且把期待留给下一代，让他们乐滋滋地爬去。

——摘自百度网，有删节

余秋雨资料

余秋雨，1946 年 8 月 23 日出生于浙江省余姚县桥头镇(今属慈溪市)，1962 年开始发表作品。著名文化史学者、文学家、散文家、作家、我国当代著名艺术理论家。现任中国艺术研究院秋雨书院院长、澳门科技大学人文艺术学院院长，曾任上海戏剧学院院长、上海剧协副主席、青歌赛评委。

2006 年第一届“中国作家富豪榜”首富，其文化散文集，在 20 世纪 90 年代至 21 世纪初的最畅销书籍中占据了非常重要的地位。著有系列散文集《文化苦旅》《山居笔记》《霜冷长河》《千年一叹》《行者无疆》《摩挲大地》《寻觅中华》《何谓文化》《中国文脉》等，文化通史《问学余秋雨》，长篇记忆文学《借我一生》《我等不到了》等，学术专著《戏剧理论史稿》《戏剧审美心理学》《中国戏剧文化史述》《艺术创造工程》《中国戏剧史》《艺术创造论》《观众心理学》等。其中，《信客》被选入人教版初二上册语文教科书，《都江堰》被选入新课标人教版高中选修《现代诗歌散文欣赏》语文教科书。

——作者资料及照片来自百度网

例文 7

灵魂深处

王小波

爱树，爱它整整一世的风景。它的美，自始至终，没有空缺。

从春日一棵破土而出的小苗开始，新鲜柔嫩的枝叶在阳光雨露下，一天一个姿态地生长；仲夏来临，昔日瘦小的枝条在不经意间，抽成一片绿海，跌宕起伏；金秋，自是黄叶飞卷，繁华落尽；待数九腊月，褪尽铅华，根根玉树琼枝在苍茫天地间傲然挺立又一年。

任一个晦暗的傍晚，斜风细雨，杨柳堆烟，为重重帘幕后的思念再添离愁，载进文人画士的名册佳作，代代流芳。然而它却从未在乎过这些，只是沉静地站着，汲取空中之露，涵养地下之泉，追求着自己平实的理想。而它却不自知，恰是那最淡泊的宁静，成全了它与哲人的深交——譬如竹林之于郑板桥，譬如堂前三松之于冯友兰，譬如枣树之于鲁迅先生。

曾见过一幅图画，主题是荒原中的一棵树，幕天席地的背景，孤独的姿态，似有呼啸风来，漫卷千古的愁绪刹那间湮没了观者。

而另一个深刻的记忆便是西部沙漠的精灵——胡杨。当胡杨林大片大片地死去时，枝干仍会屹立不倒。立体的死亡凝固了永恒的时空，展示着无边的壮烈，令观者震撼。

无论是傲岸还是虬曲，有着灵魂的生命，自有不可凌越的气势！

虽未亲见，却有耳闻——树的本色，在深山老林里，方才显现得最为淋漓尽致。可以想象，空山新雨后，寂静无人时，厚茸茸的苔藓铺满根茎，大地如同被漆上一层绿衣。人走在蒙蒙山雾里，耳边风涛阵阵，心神清净，空灵迷幻中，仿佛踏入一段与树之灵魂相交的，前世今生的缘。

其实，无所谓繁盛，无所谓衰逝；无所谓众，亦无所谓孤。赏树犹如赏阅生命本身，在心灵的对话中，在无限轮回的罅隙间，恍恍走过一世，留下的，是所见深处那挥之不去，永不衰朽的树之魂。树，犹如此；人，何以堪！

——摘自《读者》2011 年第 4 期

王小波资料

王小波(1952—1997),男。汉族。当代著名学者、作家。1952年5月13日生于北京,1968年去云南插队,1978年考入中国人民大学学习商品学专业。1984年至1988年在美国匹兹堡大学学习,获硕士学位后回国,曾任教于北京大学和中国人民大学,后辞职专事写作。1997年4月11日病逝于北京。出版小说诗歌文学作品有:《黄金时代》《白银时代》《青铜时代》《我的精神家园》《沉默的大多数》《黑铁时代》《地久天长》等。纪念、评论集有:《浪漫骑士》《不再沉默》《王小波画传》。电影剧本《东宫西宫》获阿根廷国际电影节最佳编剧奖,并且荣膺1997年的戛纳国际电影节入围小说诗歌文学作品,使王小波成为在国际电影节为中国取得最佳编剧奖的第一人。

王小波是中国富有创造性的作家之一。他的作品对我们生活中所有的荒谬和苦难作出最彻底的反讽刺。他还做了从来没有人想做和做也没能力做到的事:他唾弃中国现代文学那种“软”以及伤感和谄媚的传统,而秉承罗素、伊塔洛·卡尔维诺他们的批判、思考的精神,同时把这个传统和中国古代小说的游戏精神作了一个创造性的衔接。

王小波的文学创作独特,富于想象力之余,却不乏理性精神,特别是他的“时代三部曲”。“时代三部曲”是由三部作品组成,分别是《黄金时代》《白银时代》和《青铜时代》。在整个三部曲系列中,他以喜剧精神和幽默风格述说人类生存状况的荒谬故事,并透过故事描写权力对创造欲望和人性需求的扭曲及压制。至于故事背景则是跨越各种年代,展示中国知识分子的命运。事实上,王小波最过人之处,无疑是随心所欲地穿梭古往今来的对话体叙述,并变换多种视角。

大学里曾流传一句话:“男生不可不读王小波,女生不可不读周国平。”王小波的作品以其文采和哲思赢得了无数读者的青睐,无论花季还是老年,都能从他的文字中收获智慧和超然。

——作者资料及照片来自百度网

例文8

不知有花

张晓风

那时候,是五月,桐花在一夜之间,攻占了所有的山头。历史或许是由一个一个的英雄豪杰叠成的,但岁月——岁月对我而言是花和花的禅让所缔造的。

桐花极白,极矜持,花心却又泄露些许微红。我和我的朋友都认定这花有点诡秘——平日守口如瓶，一旦花开，则所向披靡，灿如一片低飞的云。

车子停在一个小客家山村，走过紫苏茂盛的小径，我们站在高大的桐树下。山路上落满白花，每一块石头都因花罩而极尽温柔。仿佛战马一旦披上了绣帔，也可以供女人骑乘。

而阳光那么好，像一种叫"桂花蜜酿"的酒，人走到林子深处，不免叹息气短，对着这惊心动魄的手笔感到无能为力，强大的美有时令人虚脱。

忽然有个妇人行来，赭红的皮肤特别像那一带泥土的色调。

"你们来找人？"

"我们——来看花。"

"花？"妇人匆匆往前赶路，一面丢下一句，"哪有花？"

由于她并不在求答案，我们也噤然不知如何接腔，只是相顾愕然，如此满山满林扑面迎鼻的桐花，她居然问我们："哪有花？"

但风过处花落如雨，似乎也并不反对她的说法。忽然，我懂了，这是她的家，这前山后山的桐树是他们的农作物，是大型的庄稼。而农人对他们的花，一向是视而不见的。在他们看来，玫瑰是花，剑兰是花，菊是花，至于稻花桐花，那是不算的。

使我们为之绝倒发痴的花，她竟然可以担着水怡然走过千遍，并且说："花？哪有花？"

我想起少年时游狮头山，站在庵前看晚霞落日，只觉如万艳争流竞渡，一片西天华美到几乎受伤的地步，忍不住返身对行过的老尼说："快看那落日！"

她安静垂眉道："天天都是这样！"

事隔二十年，这山村女子的口气，同那老尼竟如此相似，我不禁暗暗嫉妒起来。

不为花而目醉神迷，惊愕叹息的，才是花的主人吧！对那大声地问我"哪有花"的山村妇人而言，花是树的一部分，树是山林的一部分，山林是生活的一部分，而生活是浑然大化的一部分，她与花可以像山与云，相亲相融而不相知。

年年桐花开的时候，我总想起那妇人，步过花潮花汐而不知有花的妇人，并且暗暗嫉妒。

——摘自《读者》2011 年第 16 期

张晓风资料

张晓风，1941 年出生于浙江金华，江苏铜山人。曾创作过散文、新诗、小说、戏剧、杂文等多种不同的体裁，其中以散文最为著名。她的成名作《地毯的那一端》抒写婚前的喜悦，情感细腻动人，但她的成就并不止于此。她其后的作品在内容和技巧上都不断发展和突破，从描写生活琐事，渐渐转变为抒写家国情怀及社会世态，融入哲理，不断开拓。主要作品有《白手帕》《红手帕》《春之怀古》《地毯的那一端》《愁乡石》等。

——作者资料及照片来自百度网

[思考与实训]

(1)什么是文学?文学阅读在大学生的生活中起到怎样的作用?文学鉴赏的方法有哪些?

(2)《普通人》一文最后写道:就表演艺术而言,我崇敬性格演员。就现实中人而言,恰恰相反,我崇敬每一个"本色"的人,而十分警惕"性格演员"…… 谈谈你对这段话的理解和感悟。

(3)《谁是真正的大师》一文介绍的是杨绛先生。杨绛是钱钟书先生的夫人,请查找钱钟书的生平及学术作品,仔细品读。

(4)在《黑暗的剪影》一文中,一幅"黑暗的剪影",给了作者很多人生的启示。谈谈你对生活中"黑暗"与"光明"的认知和理解。

(5)《倾听荒漠的声音》一文中说深泉学院的校训是"劳动,学术,自治"。结合自己所在学校的校训谈谈你对这一校训的理解。

(6)阅读并鉴赏林徽因的诗歌《你是人间四月天》。

(7)孔子在《论语》中关于择友的标准有过精彩的论断。其中"益者三友"为"友直,友谅,友多闻,益矣"。"损者三友"为"友便辟,友善柔,友便佞,损矣"。结合《关于友情》一文,请你谈谈自己对"益友"和"损友"的看法。

(8)中外文学中有不少以"树"为题材的经典作品,如《一棵开花的树》《致橡树》等。请你选读其中几篇,与《灵魂深处》一文试作比较,体会不同作家的创作风格。

(9)阅读并鉴赏张晓风的成名作《地毯的那一端》。

第二讲 登攀人类智慧的高地——哲学之光

[经典案例]

枯井中的驴

有一天某个农夫的一头驴子,不小心掉进一口枯井里,农夫绞尽脑汁想办法救出驴子,但几个小时过去了,驴子还在井里痛苦地哀嚎着。最后,这位农夫决定放弃,他想这头驴子年纪大了,不值得大费周折去把它救出来,不过无论如何,这口井还是得填起来。于是农夫便请来左邻右舍帮忙一起将井中的驴子埋了,以免除它的痛苦。农夫的邻居们人手一把铲子,开始将泥土铲进枯井中。当这头驴子了解到自己的处境时,刚开始哭得很凄惨。但出人意料的是,一会儿之后这头驴子就安静下来了。农夫好奇地探头往井底一看,出现在眼前的景象令他大吃一惊:当铲进井里的泥土落在驴子的背部时,它将泥土抖落在一旁,然后站到铲进的泥土堆上面!很快地,这头驴子便得意地上升到井口,然后在众人惊讶的表情中快步地跑开了!

【思考】:驴子脱困的秘诀是什么?

【分析】:在生命的旅程中,有时候我们难免会陷入"枯井"里,会被各式各样的"泥沙"倾倒在我们身上,而想要从这些"枯井"脱困的秘诀就是:将"泥沙"抖落掉,让它们成为我们的垫脚石!人生不可能一帆风顺,总会遇到挫折、困难,总要面对不幸、灾难,对待它们的正确态度是:勇敢地面对它们并想方设法去战胜它们,跨越它们。

[知识导航]

哲学是什么?

有关哲学的定义一直存有争议,哲学二字源于希腊语,意为"热爱智慧",但是随着这个领域历史的不断扩张和各个时代对不同问题的兴趣而发生着改变。大部分人认为哲学是一门关于世界观的学说,是理论化、系统化的世界观,是自然知识、社会知识、思维知识的概括和总结，是世界观和方法论的统一。不仅理论晦涩难懂，而且读起来枯燥无味，但实际上，这种说法是有失公允的。哲学并非学院派的奢侈品，它既不是抽象复杂的教条，也不是漫无边际的高谈阔论。周国平先生曾经讲过："哲学的首要目标不是传授知识，而是引导人们追求智慧。"而方东美先生说得就更为生动了："哲学虽然不能烘面包，但是能使面包增加甜味。"

对于我们普通人来说，总会在平常的生活中遇到一些挫折和困难，而哲学虽然无法彻底把我们从困境中解救出来，但是它却能为我们指明前方的道路，沿着这条路，我们会慢慢懂得，原来挫折是另一种赠予。于是，挫折对我们来说不再是满腹牢骚的抱怨。这就是哲学的智慧。

生活不会依我们的意思而旋转，我们无法左右的东西太多了。不是每匹千里马都能遇到伯乐，不是每个机会都人人平等，不是每一次考试都会因为你的努力而成绩斐然。面对生活中的种种不如意，不是自暴自弃，而是凭借自己的智慧去改变人生。而哲学，就是存在于我们身边，激发我们智慧的源泉。

有一句老话，叫作"生活处处皆学问"。其实，"生活"即"人生"。如是，"人生"大于"哲学"，或者说"人生'包裹'着哲学"；或者说"人生处处皆哲学"。没有"人生"便没有"哲学"。"哲学"其实是从"人生"里"淘换"出来的东西。可见，哲学与人生有着密不可分的联系，甚至它对于人生的重大影响力超乎了我们的想象，所以我们必须了解它、运用它。也只有这样，我们才能发挥出自身价值，积攒更强大的力量。

哲学教会我们如何思考，学好哲学有助于培养我们的辩证思维能力，有助于拓宽我们视野、开阔心胸，有助于树立我们正确的人生观、价值观。哲学使我们更好地去认识社会、了解生命、阅读人生。

如果你不肯用心，是不会掌握到生活中的哲理的。因为哲学不同于日常生活中的知识，生活中的知识非常容易掌握，而哲学是需要你用心去体会的，只有这样你才能领悟到哲学的真谛。

悦色和容要自谦

在日常生活中，我们很容易产生一种骄傲、自满的情绪，这种情绪往往是我们前进道路上的绊脚石，它使我们变得自以为是，止步不前。所以，我们一定要将这种心理不断地压缩，直到能容进别人的眼睛里、走进别人心里，让别人的脑海中时常留有你的印象却不觉得有什么障碍。若能达到这样的程度，以一颗谦卑的心面对一切，那必定会有所成就。

曾经有一个老先知，他让自己的弟子到各地去修行，其中有一个弟子，在经过一番苦修后，练成了"在水面上行走"的绝技。

他好不得意！在其他弟子面前讲得眉飞色舞，并兴奋地问老先知："老师，如何？

我够厉害吧！大家是不是该向我多多学习呢？”

老先知一语不发，带着大家到河边叫了艘船，领着众人一起坐着船渡到对岸。

大家都不知道老先知要做什么，等到了对岸后，老先知问船家：“要多少钱呢？”船家说：“二块钱。”

这时，老先知微笑地对着那位心高气傲、不可一世的弟子说：“年轻人，你引以为傲的新本事也不过值‘二块钱’而已嘛。”

那位弟子听了之后满脸羞红，从此以后更努力地培养自己的品德，几年之后，成为了一位既谦虚又有能力的人。

谦卑，是许多有能者所缺乏的美德。无论你拥有多丰富的知识、取得多大的成绩，都应心胸宽广、博采众长，这样才能获得更大的成绩。否则，便成为“骄傲”的俘虏了！

“在水面上行走”这个绝技够神奇了吧！然而，套一句故事里老先知的话——也不过值两块钱。

想一想，如果连“在水面上行走”都只值两块钱，那么平凡的我们还有什么好夸口、自高的呢？

朋友家后园有一块空地，他撒了向阳花的种子。向阳花长势很好，发芽开花，花朵金黄金黄的，煞是美丽。朋友的儿子看到向阳花的花朵整天追随太阳转来转去，很是惊奇。终于有一天，黄灿灿的花朵里长满了瓜子，花朵不再骄傲地仰着头，它谦虚地低下了头。孩子猜想仰着脑袋的花朵朵，会不会比低着的更饱满。于是，他将其中的一朵花固定好，让它一直仰着头，高高地朝着太阳。

花朵里的果实在一天天的期盼中成熟了。孩子伸出胖乎乎的小手把最高的那个花朵摘下来。可出人意料的是，花朵里面已经全部都烂了，糜烂的气息扑鼻而来。

后来我们请教了有经验的花农，花农告诉我们：如果向阳花花朵一直高仰着头，里面积满了雨水和露水，它就没有办法排出。于是，本来应该是果实的摇篮的花朵，却变成了滋生细菌昆虫的温床。所以健康饱满的向阳花总是谦虚地低着头。

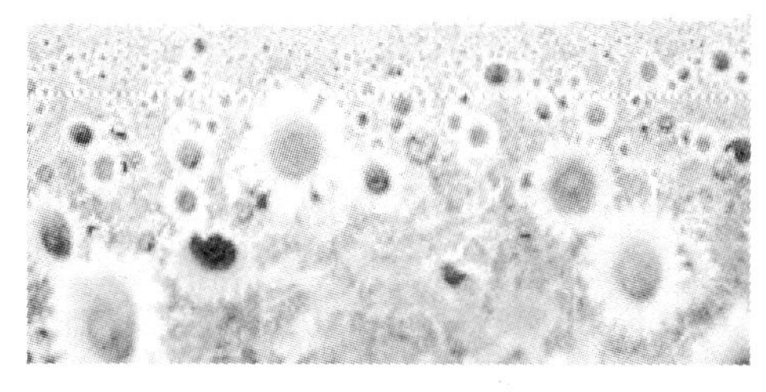

低头是一种智慧，一种气度。淮阴侯韩信曾经低头，忍受胯下之辱；三国刘备曾经低头，屈身恭请孔明出山；勾践曾经低头，卧薪尝胆。他们之所以低头，就是因为他们在低头那一刻，就坚信他们的头将来会高高仰起。

低头也是一种谦逊的态度。富兰克林年轻的时候，去一座低矮的茅屋请教一位老科学家。他挺胸昂首走进小茅屋，一进门，他的额头就撞在门框上，额头青肿了一大块。老科学家看他这副样子，笑道：“很痛吧，你知道吗，这是你今天拜访我最大的收获。一个人要想洞明世事，练达人情，就必须时刻记住低头。”富兰克林后来回忆他的成功之道时说，他的成功源于那次拜访，他懂得了谦虚。

所以我们要以诚挚、谦诚的心做人处事，这才是人生的大智慧。总是高高仰着头，走在前面，是很难在民众中汲取能量的。

人无自信，无人信

洛克菲勒说：“自信能给你勇气，使你敢于向任何困难挑战；自信也能使你急中生智，化险为夷；自信更能使你赢得别人的信任，从而帮助你成功。”

成功始于自信，这个道理人人皆知，但并非人人都能做到。试问：当艰巨的任务摆在你面前时，你能够充满信心地勇敢上前吗？当经受了许多次挫折后，你仍然能对自己最终达到目标的信心毫不动摇吗？当周围的人都瞧不起你，认为你是个“废物”“无能之辈”时，你仍然能坚信“天生我材必有用”吗？

如果你的回答是肯定的，就说明你有很强的自信心。

如果你的回答是含糊的，甚至是否定的，那你就需要锤炼你的自信心了。

“轻蔑自己”“自暴自弃”，都是由于缺乏自信心所致。许多人缺乏自信，常常跟童年的经历有关。“你怎么那么笨”“你真是没出息”等等这些外部评价会潜入你的头脑，使你慢慢变得畏缩、胆怯，不敢自我表现。许多人缺乏自信，也与胸无大志，只图舒服安逸有关。

中国古语说：“人皆可以为尧舜。”的确，不要轻视自己的信心，天地人三才都蕴藏在六尺之躯中。不要轻视自己这一辈子，千古的功业就在此奠定。

这是多么激励人心的话语，也是人对自身价值应有的判定。我们要努力抛弃自卑的想法、无所作为的想法、甘居下游的想法，充满自信地去发挥自己、推销自己、实现自己的成就。

有一个孤儿，向高僧请教如何获得自信，高僧指着块陋石说：“你把它拿到集市去，但无论谁要买这块石头你都不要卖。”孤儿来到集市卖石头，第一天、第二天无人问津，第三天有人来询问。第四天，石头已经能卖到一个很好的价钱了。

高僧又说：“你把石头拿到石器交易市场去卖。”第一天、第二天人们视而不见，第三天，有人围过来问，以后的几天，石头的价格已被抬得高出了石器的价格。高僧又说：“你再把石头拿到珠宝市场去卖……”

你可以想象得到，又出现了那种情况，甚至于到了最后，石头的价格已经比珠宝的价格还要高了。

其实世上的人与物皆如此，如果你认定自己是一个不起眼的陋石，那么你可能永远只是一块陋石；如果你坚信自己是一块无价的宝石，那么你可能就是一块宝石。

每个人的本性中都隐藏着信心，高僧其实就是在挖掘孤儿的信心和潜力。信心是一股巨大的力量，只要有一点点信心就可能产生神奇的效果。信心是人生最珍贵的宝藏之一，它可以使你免于失望；使你丢掉那些不知从何而来的黯淡的念头；使你有勇气去面对艰苦的人生。相反，如果丧失了这种信心，则是一件非常可悲的事情。你的前途之门似乎关闭了，它使你看不见远景，对一切都漠不关心，使你误以为自己已经不可救药了。

信心是人的一种本能，天下没有一种力量可以和它相提并论。所以，有信心的人，也会遭遇挫折危难，但他不会灰心丧气。自信也会使你感觉到自己的能力，其作用是其他任何东西都无法替代的。坚持自己的理念，有信心依照计划行事的人，比一遇到挫折就放弃的人更具优势。

有一次，一个兵士从前线归来，将战报递呈给拿破仑。因为路上赶得太急促，所以他的坐骑在还没有到达拿破仑那里时，就倒地气绝了。拿破仑看完战报后立刻下一手谕，交给这个兵士，叫他骑自己的坐骑火速赶回前线。

兵士看看那匹雄壮的坐骑及它华丽的马鞍，不觉脱口说："不，将军，对于我这样一个平凡的士兵，这坐骑实在是太高贵太好了。"

在这世界上，有许多人，他们总以为别人所有的种种幸福是不属于他们的，以为他们是不配有的，以为他们不能与那些命运好的人相提并论。然而他们不明白，这样的自卑自抑、自我抹杀，将会大大减弱自己的自信心，也同样会大大减少自己成功的机会。

没有自信，便没有成功。一个获得了巨大成功的人，首先是因为他自信。有人说，自信是成功的一半，但它毕竟还不是成功的全部。若不充分认识这一点，有一天你会连原来的一半也丧失。自信的人依靠自己的力量去实现目标；自卑的人则只有依赖侥幸去达到目的。自信者的失败是一种人生的悲壮，虽败犹荣。当你总是在问自己："我能成功吗？"这时，你还难以撷取成功的果实。当你满怀信心地对自己说："我一定能够成功。"这时，人生收获的季节离你已不太遥远了。

踏实奋斗成就无悔青春

人生在世，无非"奋斗"二字。奋斗是鹰就要搏击长空，是虎就要咆哮山林，是鱼就要畅游四海，对人而言就要努力拼搏。然而，奋斗的目标有许许多多，我们可以为祖国的强大而奋斗，可以为自己未来的生活而奋斗，也可以为发展事业打拼而奋斗……这些我们都要好好思考。

我们将来是要踏踏实实向奋斗的目标前进，还是要做无可事事的流浪汉都源于我们对"奋斗"二字的理解与认识。因为命运往往是掌握在自己手中的，我们自己将决定自己的未来，所以要好好把握住每一个机会去奋斗。一个人如果不知道奋斗的意义是什么，那么这样的人就是我们所说的流浪汉。

周总理曾经说过:“为中华之崛起而读书。”这就是他对自己定下的一个奋斗目标。他之所以成为中国伟大的总理,完全是他努力奋斗的成果。他怀着为中华崛起的决心确立了远大的目标,在读书的人生中开创一片未来的天地。相信大家都希望如伟人一样成为祖国的栋梁。那么,就需要我们好好建立自己的目标,去奋斗,去拼搏。

13 岁的邰丽华只身到武汉上中学,并开始在一些场合崭露头角。15 岁那年,中国残疾人艺术团的艺术家们挑中了她,让她到该团学习舞蹈。从此,她开始正式接受舞蹈训练。

刚进团的那会儿,她的舞蹈基本功是最差的,甚至连踢腿都不会。老师考验她的第一个舞就是《雀之灵》。毫无疑问,对于没有专业基础的邰丽华来说,这几乎是一个天堑。压腿不到位,提腿不准确,手位不协调——在老师看来,她关于舞蹈的一切似乎都不尽如人意,尽管邰丽华已付诸努力。最后,老师干脆将她一个人扔在了排练室里,自己拂袖而去。不管怎样,一切困难在她眼里都是正常的,外面的惊涛骇浪在她心中都只是一汪静水,无法阻止她继续跳舞。起初她只能原地转几个圈,半个月以后就转到二三百圈,这让老师对她重新燃起了希望。一曲《雀之灵》有多少节拍,她没有仔细计算过,但老师做过一次测试,邰丽华凭着感觉舞完这 700 多个节拍,竟丝丝入扣。她唯一的方法就是记忆、重复、再记忆,到最后她心里已经有了一支随时为她响起的乐队。

以后她每天都要挤时间练舞蹈,练得身上总是青一块、紫一块。她怕母亲看见了心痛,夏天总是捂着一条长裤子。有一天,妈妈趁女儿午睡时,悄悄地卷起她的长裤,震惊地发现女儿腿上伤痕累累,母亲心疼得哭了,而邰丽华却笑着指着自己的胸口告诉母亲:“我喜欢跳舞,一点儿不觉得疼。”15 岁第一次出国表演时,艺术团集训恰巧在冬天,邰丽华身穿棉袄进场,训练时只穿一件单衣仍汗流浃背,膝盖被磨得流血、红肿,可她却从不叫苦。她知道,自己没有语言能力,希望舞蹈能成为自己的一种语言。

正是凭着这种执着和天赋,邰丽华在众多的舞者中脱颖而出,她获得了一个又一个的舞蹈大奖,还获得了著名舞蹈家杨丽萍的赏识与指导。当杨丽萍亲眼看见邰丽华跳《雀之灵》时,感到无比惊讶:“我创编了《雀之灵》这么多年,如果听不见音乐,我都不知道自己还能不能跳出那种味道来,而你竟然跳得这么好,真不简单!”她情不自禁地为邰丽华做起示范来。

如今的邰丽华,已经把自己融入了《雀之灵》。每当大幕拉开,舞台灯光亮起,舒缓的音乐声徐徐飘来,轻灵舞动的,仿佛就是一只美丽而充满灵性的孔雀,在寂静的山林、在如茵的草坪、在潺潺的溪畔，徜徉、漫舞……一颦一笑、一举一止，都那样出神入化，都那样恰到好处。人们欣赏到的，并不只是美丽动人的雀之形，而是充满神魄和魅力的“雀之灵”。

如果说每个人都是一颗原石，只有通过奋斗的磨砺才能光彩夺目。那么，邰丽华的故事确确实实揭示了这一道理。只有自己努力与奋斗，才能获得最大的成就。有句歌词说得好：“三分天注定，七分靠打拼，爱拼才会赢。”从古至今，经过拼搏铸成伟绩的人不胜枚举，我们从他们的背后，看到的是拼搏，是奋斗，是汗水。不经一番彻骨寒，怎得梅花扑鼻香？

跳水名将伏明霞，当她在为亚特兰大奥运会作准备时，大大小小的伤出现在她的身上，但是，顽强的拼搏精神驱使着她，坚强的斗志激励着她，因此，她把一切都抛诸脑后，带伤训练，正是因为有了这种拼搏精神，才使得她取得了成功。由此可见，拼搏精神是一个人成功的主要因素，没有了拼搏精神，这个人就很难有一番成就。

孙康映雪读书，张骞不辞艰险深入西域，徐霞客踏破铁鞋览遍中国，司马迁受腐刑而作《史记》，《报任安书》里说得好：“盖西伯拘而演《周易》，仲尼厄而作《春秋》，屈原放逐，乃赋《离骚》，左丘失明，厥有《国语》。”这些伟人们的成功，背后隐藏的，难道不是拼搏，不是努力，不是奋斗吗？显而易见，要想成功，还需敢于拼搏，勇于挑战的精神。

细心观察，生活中的细微之处，其实，时时刻刻都需要这种拼搏的精神。每一件小事都要我们去拼；要想拥有更好的成绩就要去拼。拼搏永远是取胜的法宝，为你的前途，为你的人生，勇敢地拼搏，勇敢地冲吧！

只有感受饥饿，才能知道温饱幸福；只有历尽崎岖，才能全力奋起拼搏。在以后的生活中，我们还不知道会遇到多少坎坷，但是我们相信，我们会用尽全力征服挫折。

生活中的风雨不会阻止我们前进的步伐，地面的崎岖不会耽误我们行进的计划，心情的好坏也不会影响我们对世界的看法。相信我就是我，我们要脚踏实地地奋斗！

[阅读拓展]

例文1

人生的境界

冯友兰

哲学的任务是什么？我曾提出，按照中国哲学的传统，它的任务不是增加关于实际的积极的知识，而是提高人的精神境界。在这里更清楚地解释一下这个话的意思，似乎是恰当的。

我在《新原人》一书中曾说，人与其他动物的不同，在于人做某事时，他了解他在做什么，并且自觉地在做。正是这种觉解，使他正在做的事对于他有了意义。他做各种事，有各种意义，各种意义合成一个整体，就构成他的人生境界。如此构成各人

的人生境界，这是我的说法。不同的人可能做相同的事，但是各人的觉解程度不同，所做的事对于他们也就各有不同的意义。每个人各有自己的人生境界，与其他任何个人的都不完全相同。若是不管这些个人的差异，我们可以把各种不同的人生境界划分为四个等级。从最低的说起，它们是：自然境界，功利境界，道德境界，天地境界。

一个人做事，可能只是顺着他的本能或其社会的风俗习惯。就像小孩和原始人那样，他做他所做的事，然而并无觉解，或不甚觉解。这样，他所做的事，对于他就没有意义，或很少意义。他的人生境界，就是我所说的自然境界。

一个人可能意识到他自己，为自己而做各种事。这并不意味着他必然是不道德的人。他可以做些事，其后果有利于他人，其动机则是利己的。所以他所做的各种事，对于他，有功利的意义。他的人生境界，就是我所说的功利境界。

还有的人，可能了解到社会的存在，他是社会的一员。这个社会是一个整体，他是这个整体的一部分。有这种觉解，他就为社会的利益做各种事，或如儒家所说，他做事是为了"正其义不谋其利"。他真正是有道德的人，他所做的都是符合严格的道德意义的道德行为。他所做的各种事都有道德的意义。所以他的人生境界，是我所说的道德境界。

最后，一个人可能了解到超乎社会整体之上，还有一个更大的整体，即宇宙。他不仅是社会的一员，同时还是宇宙的一员。他是社会组织的公民，同时还是孟子所说的"天民"。有这种觉解，他就为宇宙的利益而做各种事。他了解他所做的事的意义，自觉他正在做他所做的事。这种觉解为他构成了最高的人生境界，就是我所说的天地境界。

这四种人生境界之中，自然境界、功利境界的人，是人现在就是的人；道德境界、天地境界的人，是人应该成为的人。前两者是自然的产物，后两者是精神的创造。自然境界最低，往上是功利境界，再往上是道德境界，最后是天地境界。它们之所以如此，是由于自然境界，几乎不需要觉解；功利境界、道德境界，需要较多的觉解；天地境界则需要最多的觉解。道德境界有道德价值，天地境界有超道德价值。

照中国哲学的传统，哲学的任务是帮助人达到道德境界和天地境界，特别是达到天地境界。天地境界又可以叫作哲学境界，因为只有通过哲学，获得对宇宙的某些了解，才能达到天地境界。但是道德境界，也是哲学的产物。道德认为，并不单纯是遵循道德律的行为；有道德的人也不单纯是养成某些道德习惯的人。他行动和生活，都必须觉解其中的道德原理，哲学的任务正是给予他这种觉解。

生活于道德境界的人是贤人，生活于天地境界的人是圣人。哲学教人以怎样成为圣人的方法。我在第一章中指出，成为圣人就是达到人作为人的最高成就。这是哲学的崇高任务。

在《理想国》中，柏拉图说，哲学家必须从感觉世界的"洞穴"上升到理智世界。

哲学家到了理智世界，也就是到了天地境界。可是天地境界的人，其最高成就，是自己与宇宙同一，而在这个同一中，他也就超越了理智。

中国哲学总是倾向于强调，为了成为圣人，并不需要做不同于平常的事。他不可能表演奇迹，也不需要表演奇迹。他做的都只是平常人所做的事，但是由于有高度的觉解，他所做的事对于他就有不同的意义。换句话说，他是在觉悟状态做他所做的事，别人是在无明状态做他们所做的事。禅宗有人说，觉字乃万妙之源。由觉产生的意义，构成了他的最高的人生境界。

所以中国的圣人是既入世而又出世的，中国的哲学也是既入世而又出世的。随着未来的科学进步，我相信，宗教及其教条和迷信，必将让位于科学；可是人的对于超越人世的渴望，必将由未来的哲学来满足。未来的哲学很可能是既入世而又出世的。在这方面，中国哲学可能有所贡献。

——摘自《冯友兰谈人生》

例文 2

生命的价值

不要让昨日的沮丧令明天的梦想黯然失色！在一次讨论会上，一位著名的演说家没讲一句开场白，手里却高举着一张 20 美元的钞票。

面对会议室里的 200 个人，他问："谁要这 20 美元？"一只只手举了起来。他接着说："我打算把这 20 美元送给你们中的一位，但在这之前，请准许我做一件事。"他说着将钞票揉成一团，然后问："谁还要？"仍有人举起手来。他又说："那么，假如我这样做又会怎么样呢？"他把钞票扔到地上，又踏上一只脚，并且用脚碾它。然后他拾起钞票，钞票已变得又脏又皱。"现在谁还要？"还是有人举起手来。

"朋友们，你们已经上了一堂很有意义的课。无论我如何对待那张钞票，你们还是想要它，因为它并没贬值，它依旧值 20 美元。人生路上，我们会无数次被自己的决定或碰到的逆境击倒、欺凌甚至碾得粉身碎骨。这会让我们觉得自己似乎一文不值。但无论发生什么，或将要发生什么，在上帝的眼中，你们永远不会丧失价值。在他看来，无论肮脏或洁净，衣着齐整或不齐整，你们依然是无价之宝。"

【分析】：生命的价值不依赖我们的所作所为，也不仰仗我们结交的人物，而是取决于我们本身！"我们是独特的"，永远不要忘记这一点！

——摘自《农药市场信息》

例文 3

让你更杰出的 40 个人生哲理

你应该用这种态度看待生活，将生活看成是在你面前无限延伸的、漫长的、渺无尽头的道路，你只有不断地努力向前走，善于思考和动脑，才不会在中途迷失。

（1）人活着，第一要紧的事情就是要有眼光。有了眼光，并相应确定应该为之努力的目的和目标，工作就会出现乐趣，这样才有希望最终成为一个事业和生活的成功者，生命就会丰富多彩。

(2)强烈的学习欲望，加上肯于动脑和不怕困难的执着精神，常常是成就大事业的基础。

(3)也许我们无论担负什么责任较重的工作都会害怕——怕得很，可是一放手去干就不怕了。

(4)能够赢得别人的理解当然好，但是，你不可能在所有的时候被所有人理解。当你试图干些什么自以为有意义的事情的时候，不要指望会有那么多人能理解你，珍惜自己的一切，放手去尝试一下吧！

(5)一旦确定了一个目标，如果你把精力全部集中在“怎样去做到”而不是“为什么做不到”上面，情形会完全不同——你就能攻无不克、战无不胜。

(6)科学家认为人50%的个性与能力来自基因遗传，这意味着另外的50%不取决于遗传，而取决于创造与发展。当然我们必须承认，有些事情是我们无论如何积极思维也无法改变的，比如身高，肤色等等，但是我们却可以改变对它们的看法，通过自身努力，让自己强壮起来。

(7)万物之中，只有人会意识到自己的缺点，只有人有自卑感，只有人要设法改正自己的缺陷。人之所以为人，正在于此。你可能一辈子都会隐隐约约觉得自卑感在作祟，而不知道原因是怎么样种下的。可是你只要试一试，就能发现其中的原因，加以克服。你只消彻底分析自己，承认自己最大的缺点，再设法补救。这当然是件难事，但是如果找到线索，便能解决一切疑难。

(8)唯一的阻碍，不是不能改变自己，也不是改变的困难，而是我们不要改变。现在就是开始的时候了——你可以像一般成功快乐的人那样，好好地发挥自卑感原有的作用，利用它，不懈努力，获得更多彩更丰富的生活。

(9)有些人成就不大，不在于智力或能力不够，而在于没有克服自己心理上的弱点和谬见，没有充分发挥自己既有的潜力和才能。只有不断向自己挑战，向生活挑战，才能取得更大的成功。

(10)即使在某些方面有一些缺陷，也不要忘了自己还可能有其他方面的特长。胜利者都是依靠着激情来工作，靠毅力战胜自己的弱点，靠努力把握机会的。

(11)如果我们能在遭受苦难时聪明一些，使精神创伤迅速地成为过去，将不幸视为生命的一部分，接受它，那么苦难是不会胜利的，尽管它还缠在我们身上。

(12)我闷闷不乐，因为我少了一双鞋；直到我在街上见到有人缺了两条腿。

(13)要是你的牛陷在沟里，哪怕是天冻得连眼珠都感觉会裂开，或者下雨，再或者不论你喜不喜欢，甚至你不舒服，总是要把牛拉上来。但没有人会像奇迹一般出现来救你，能救你的只有你苦干的决心和奋斗出头的决心。

(14)由于主客观条件的限制，对于每个人，“想做”和“应该做”的事往往并不都有实现的可能。这时候，为了使自己的生命价值对社会有切实的贡献，必须做自己“可能做”的事。

(15)人生如花开花谢,潮起潮落,有得便有失,有苦也有乐。如果谁总自以为失去的太多,总受到这个意念的折磨,谁才是最不幸的人。记住:境由心生——问题本身都不是问题,如何对待它才是最大的问题。

(16)如果每个人都制定些具体可行的目标,把计划都落实到实处,把眼下能着手的事做好,那多好啊!

(17)最富有成就的人拥有依靠他们自己的自信、智能和能力取得成功的信念,好比航标灯射出的光芒,在浩瀚的人生海洋中,牵引着人们战胜一切灾难和苦难,一步步走向辉煌。

(18)对于胸怀大志的有志之士和勤奋努力的人来说,障碍是不会起什么作用的。他们会说:不会再有什么困难能拦得住我了。只要有百折不挠的信念,就会战胜许多强大的阻力。

(19)在通往目标的历程中遭遇挫折并不可怕,可怕的是因挫折产生的对自我能力的怀疑。只要精神不倒,敢于放手一搏,就有胜利的希望。

(20)在生活中,每个人都难免遭受变故,每个人都会遇到这样或那样的危机。如果能够抱持"我是危机克星"的想法,还有什么不能克服的呢?

(21)反复回想发生在我们生活中的事有没有什么意义,看看我们怎样做才能改变生活,从而走向成功才是最重要的。

(22)当我们感到生活艰苦难耐的时候,要咬牙坚持,学会在困境中对自己说:"瞧,我能应付过去!"

(23)世上有许多事情等待我们去做,有大事,也有小事,但只要对成功有益,我们就要努力去做。假如做不了太阳,那就做一颗星星吧,但要尽量使自己明亮;假如不能成为一棵参天大树,那就做一棵小草吧,但要努力使自己茁壮。不可能每个人都当船长,必须有人来当水手,问题不在于你干什么,重要的是能够做一个最好的你。

(24)人生需要忍耐,但是一味退缩也不是办法,该反击的时候就要适时采取行动,这样才能保障自己的根本利益。

(25)面对别人的反对意见,如果你针锋相对地进行争执和批驳,对方很难从内心真正接受,在表达方式上委婉一些,效果就好多了。

(26)消极的信息会影响人的信念,为了积极地面对生活,尽量远离那些消极的信息,让自己振奋起来吧。

(27)不是因为有些事情难以做到我们才失去自信,而是因为我们失去了自信,有些事情才显得难以做到。

(28)成功地推销自己是迈向成功的第一步。在推销自己的过程中,多动脑筋,设计一些小花样,就容易引起别人的兴趣和关注。

(29)在真相肯定永无人知的情况下,一个人的所作所为能显示他的品格。有些事情的确没有人知道,除你之外,没有人知道,但是你必须对得起自己,最好能问心无愧。因为问心无愧可生自信,而自信会让你生活得更从容。

(30)诚实就像其他美德一样,需要谨慎。为了保持自己人格的完整性和独立性,要避免模棱两可的事情,不明不白地处理事情会把一切都弄得一塌糊涂。

(31)一个人成功的要素是什么? 大脑? 精力? 实际能力? 肯定,这一切都是需要的,但这些只能使一个人获得某种程度的成功,如果他要攀上高峰,担当起指挥决策的重任,那么还必须加上一条因素。有了它,一个人的能量可以发挥出双倍、三倍的效力。这一奇迹的品格就是:正直。

(32)当我们放眼这个世界的时候,如果以自我为中心,很可能会以为自己了不起,可一旦我们把心歇下来,用赤子之心来观察,就会发现我们是多么渺小。我们什么时候都能看清自己不如人的地方,那就是对生命真正有信心的时候。

(33)小事显示人的品德。在日常生活中,不管是工作还是娱乐中,你的一言一行都是别人衡量你人品的心码,所以,不能不谨小慎微地恪守正直之道。

(34)越是伟大的人物越谦逊,越是谦逊的人世人就越是觉得他伟大。

(35)一位著名学者说:“只为自己打算的人并不幸福,幸福的人是那些也为别人的事情打算者。”一个人有了骨气,不抢占那些不属于自己的东西,就等于有了一大笔财富,在生活中就会感到非常轻松和自由。

(36)“别人怎样对待你,你就怎样对待别人”的原则是不足取的——尤其是当别人欺骗或辜负了你的时候,想让别人如何对待你,你就如何去对待别人吧。

(37)绝大多数人都喜欢嘲笑别人,而不愿意被别人嘲笑。在别人处于尴尬境遇时,你如果能通过自己出丑来减少他的难堪,他一定对你非常感激。

(38)对于一个人来说,摧毁他的声誉是相对容易的事情,而要重建一份已经失去的声誉却相当困难。

(39)人都会犯错误,对错误的态度常常显示一个人的品格。敢于忏悔,勇敢地面对自己的错误,才有机会改正和进步。

(40)要身体力行不容易,一个人在任何场合都要保持良好的道德,“慎独”是一个人获得成功的重要条件。不管有没有人看着你,在任何情况下,都要保持良好的道德。

——摘自百度文库

例文4

用时间与用金钱

刘　墉

在这个速度的时代，同一时间永远只能做一件事的人，将可能被淘汰！

你问我“用时间的方法”，我的答案是：用时间好比用金钱，如果你知道怎样用钱，也就应该知道怎样用时间。

金钱与时间，在“会用”与“不会用”者的手中，是可能产生天渊之别的。善于理财的人，能够用有限的金钱，买到他所需要的东西，甚至以钱滚钱，创造更多的财富。至于不懂理财的人，则可能毫无计划地使用，东投一点、西添一样，到头来买的东西不少，却可能该有的没有，既买的又无用处。

同样的，会用时间的人，懂得安排时间，按照事情的缓急来支取，到头来，不但完成了他要做的，而且能够留下多余的时间。至于不会用的人，则东摸摸、西磨磨，时间一分一秒地过去，浪费的比利用的多，犹豫的比决断的多，时间永远不够用，事情永远做不成。

这样说，或许你还不懂。那么，让我举个例子吧！

如果我今天给你几千块钱美金，要你自己出去生活，你要怎样使用这些钱？你不会先去买电脑游戏，也不至于先去看百老汇舞台秀，而是在解决了食衣住行的问题，并缴完学杂费之后，才开始考虑电视和其他娱乐支出，对不对？

于是，当你把自己的开销做成统计图时，会看到有大笔的开支，也有小笔的花费，有必要的支出在先，也有非必要的支出在后。

同样的道理，今天上帝给了你时间，你不能先拿去打电脑游戏和看电影，也不可以先去整理相簿、看小说和胡思乱想，而应该先安排出自己睡眠、上课、读书和通学的时间，因为没有充足的睡眠，你的身体状况不可能好；不花时间乘车，你到不了学校；至于上课、读书，则是你现阶段最重要的事。当然，除此之外，你必须吃饭、交际、消遣，并处理生活上的琐事。只是在整个时间的分配上，前面几项占的分量大，后面几项占的时间少。

我为什么会特别提出所占比例的问题呢？很简单，当你有一笔巨款，你可以考虑买贵的东西；相反地，你有的款子少时，自然是买小的东西。一个永远只买小东西，钱多的时候也不买房子、汽车的人，不能算是懂得用钱的人。同样的，如果你支配每一段时间，都用来做小事，也不能算是会用时间。必须既会利用长时间，完成较大的工作，又知道掌握零碎的时间，做小事情。譬如当有两个月的暑假时，你可以计划作一个参加西屋科学奖的大研究报告。当有一个星期的假日时，你可以为校刊写篇专访。当你只有周末两天的时间时，你就只能做做功课、出去看场电影或邀几个朋友聚会一下。如果你在暑假的“大时间”里天天用来聊天、看电影，在周末却想写大的研究报告，就是大小时间不分了！

有一个人总是急急忙忙地做事，朋友问他为什么这么赶，何不轻轻松松慢慢来。他回答：“我做事快，正是为了争取多余的时间。你们看到的固然是我忙碌的一面，其实当我回到家，却有比你们更多的休闲时间，也利用它完成了许多本业之外的理想。”这个人是以速度来争取时间，他把零零碎碎的“小时间”集中，成为大时间，也就能做较大的用处。比起那些做事总是拖拖拉拉，永远没有较大“空闲”的人，当然要算是知道利用时间的。

我们也时常看见主妇们一边聊天、看电视，一边织毛衣，由于这两种事都属于较轻松的，不必百分之百地集中精神于其中一项，所以她们在同一时间，做两件事。

不过我也知道，有一位著名的女作家，在她年轻时为了争取时间写作，甚至一边煮菜、一边写稿，国画大师黄君璧更总是一面跟来访的朋友聊天，一面作画。这就非要高人一等的功力不可了，由于上帝给每个人的时间都一样，那有过人成就的，往往都懂得这种一时两用的方法。

所以，当你假日起床之后，坐在桌前发呆，说是要想想那一天的时间该怎么安排，就已经是在浪费时间了。你何不一边洗脸、刷牙、吃早餐，一边想这些事呢？

我过去作画到深夜，总是先把调色盘和砚台洗净，才安心地去睡觉，但是后来改成了每天起床之后做这些事，因为前一夜已经疲惫，洗砚合时，脑海里一团迷糊，无法再想事情，不如省下时间，早早上床。第二日脑子清醒的时候，再一面洗一面想，许多写作和绘画的灵感，也就在这一刻产生。

或许你要说，做事应该专心，同一时间只能做一件。我想对于念书、算数这件需要高度精神集中的事，确实如此，但如果讲：等公共汽车时不能一边看报，就没有道理了！在何种情况下一时两用、一心两用、必须由你自己去决定。但我要强调，在这个讲求速度的时代，同一时间永远只能做一件事的人，将可能被淘汰。

综合我以上所说的，掌握时间的原则应该是：

一、决定事情缓急、轻重，以优先顺序来安排时间，免得该做的到头来没有做。

二、以大的时间做大的事情，以小的时间做小事，绝不将大时间打碎，用来处理琐事。

三、以速度争取时间，将争取到的小时间集中为较大的。

四、如果可能，在同一时间，做更多的事情，使时间多元化。你细细想想，这用时间与用钱的道理岂非相去不远吗？

——摘自《超越自己》

例文 5

哲学令人生更智慧
——访原北京大学哲学系系主任朱德生

林以勤

爱国情感皆源自少年

1931 年，朱德生出生在前黄乡的西朱村，家中兄弟三个，他排老大。

“关于童年至少年，我在学习方面留下的记忆并不多，反倒是有一点刻骨铭心，那就是强烈的爱国主义情感。”老人强调着。

朱德生读小学的年代，正是日本帝国主义侵略中华的苦难岁月。“乡亲们挨家挨户都挖地窖，把值钱的东西藏到地窖里，防着日本人。我跟二弟那会儿经常帮着乡邻看地窖。有一次，我跟弟弟去上学，半路上碰到日本鬼子，鬼子把我们带到另一个村，圈了一大帮人，一看，原来是日本人抓到一名新四军战士，让大家看他们如何杀害抗日战士。几个鬼子将刺刀轮流刺向那名抗日战士，那种情景对一个孩子的心灵是多么大的震撼。”

“我们的课程表上有一门外语课。按日伪的规定应上日语，但平时都是上英语，而所谓日语课，也就是在学完了假名以后，学了几句‘你好’、‘再见’等日常用语，以便日伪来检查时说明我们是学习了日语的。书包里也没有日语课本，只有英语课本。不过，有天早晨上学时，半路上遇到日军。当时怕他们检查我们书包中的课本，所以便把英语课本藏在水稻地里了，谁知早晨地里是干的，白天却灌了水，等下午我们放学回来找书时，书已经泡得不像样了。于是，平时埋藏在心中的仇恨，一下子便暴发出来了。第二天早晨上学时同村的小伙伴们，便在上学必经的田间土路上，用粉笔写下了‘打倒日本帝国主义’等口号，断断续续有一公里多。日伪军发现后，以为是新四军、游击队来写的，就在乡间进行了一次扫荡。”

日本鬼子在华的暴行，现在的青年人大约是无法想象和理解的了。但是经历了这些血腥年代的朱德生，一回忆起半个世纪以前的这些旧事，仍然满腔热血沸腾。

“在作文课上，我曾写过一首诗《鸡肉的味道我们吃够了》。在农村，一般每家都要养几只鸡。鸡蛋可以补油酱醋的不足。但日寇来后，家家都把鸡全杀了。因为，日本鬼子爱吃鸡，与其给这些坏蛋吃还不如我们自己吃！结果我和二弟在野外的地窖里天天吃鸡，鸡肉成了培养强烈爱国主义情感的催化剂。”

也许正是这种爱国主义情感，成了朱德生后来不断追求超越的一种内在因素。

一本《社会意识形态》引领哲学之路

“1946 年的时候解放战争开始，国民党到处抓壮丁，不过在校学生却不抓，家里人一合计，还是让我继续读书吧，就进了常州西郊中学，也就是现在的五中。”

“我在新园中学也就是现在的前黄中学只读了两年的初中，但那时的新园中学革命气氛非常活跃。记得当地有一位地主家庭出身的钱先生参加了革命，经常回乡给大家讲革命形势，而教员中又有一部分是避难来到乡下的，学业水平都非常高。西郊中学的老师也具有相似的特点，如当时教我英语的马清槐老师，新中国成立后任商务印书馆社科编辑室三编室主任，我在北大工作时常去看望老师，又如教史地的陈志安，新中国成立后任苏州大学教授。这些老师当时经常讲国内外形势，政治倾向都是反国民党的，我后来选择文科跟这些因素都有关联。”

1949 年，朱德生高中毕业。“那时我买了一本小册子《社会意识形态》，觉得很新鲜。文章中引用了列宁的一段话，让我保留了足够的好奇心。”

这份好奇两年后才发挥作用，朱德生高中毕业后先当了两年小学教员，在农村帮着搞土改。1951年有位同村人想报考大学，便拉着朱德生做个伴。这下子，朱德生考进了南大哲学系。后来，国内的几所综合大学的哲学系并入了北大，朱德生研究生班毕业后留在了北大。

“那时候，我留下最深记忆的是每个星期六下午的教研室活动日，有的人带的是德文版的哲学书，有的人带的是英文版的，有的人带的是法文版的，各自说着翻译的优劣，尤其是对专业名词的理解。我专注于哲学内容，而前辈们的功底都很深，那时全校公共外语只有俄语，在他们眼里由德文译成的俄文质量不高。一直到‘文革’前，北大哲学系坚持着这项充满民主自由精神的活动，令我至今非常怀念，可以说那是我一生中最能感受学习快乐的时光。”

在朱德生的记忆里，后来能独立开展教学及研究离不开上世纪60年代初组织全国统编教材活动。“那时跟苏联关系不好了，从1964年至1966年，我被抽去当编西方哲学史教材的负责人。虽然当时由于政治气氛压倒了学术气氛，大家就是编了教材也不敢随意交上去，浪费了3年时光，不过，对自己的学术倒是有帮助的，可以说编教材极大地提升了自己的专业能力。”

从1978年至1994年，朱德生担任北大哲学系主任。“工作重点有两项，其一是尽可能形成系里安定团结的局面，其二是促进学术正常化并不断发展。经历‘文革’，人与人之间往往不仅仅是见解的不一，涉及的很可能是由政治带来的人与人的敌视。记得当时走访了每个教员的家庭，听了每位教员的课，在胡耀邦同志的指示支持下，做了清理档案的工作，把那些没来由彼此攻击乱说一通的材料从档案中全部销毁。这项工作极得人心，我也一直对耀邦同志钦佩不已。多项努力之下，系里的局面逐渐安定了下来。当时国家重点项目经费不能超过5万元，科研项目负责人只有5%的审批权，我那会儿尽可能多地让系里同人参加各项学术活动，进行广泛交流。”

政治和哲学别混为一谈

朱德生强调着，哲学是对人自身存在方式的一种反思，搞哲学的人不能不关心政治，但绝对不能把哲学当成政治来搞。

“在马克思主义指导下，我国政治上取得了很大的成就，但是哲学上是否也取得了很大成就呢？事实是，由于对马克思主义关于意识形态理论的错误理解，教条主义思潮曾恶性发展，直到‘文革’结束，事情才有了根本变化。不过在我看来，独立性的研究在中国传统哲学研究及西方哲学研究中表现得比较明显，而在马克思主义哲学的研究中反映得并不充分。中国哲学学科如何发展，在很大程度上取决于我们目前对马克思主义哲学的看法。虽然就其理论内容说有着普遍意义，但无论如何，马克思主义哲学是在西方文化传统的基础上，研究西方现实问题的过程中形成的，它要在中国生根、发芽、开花、结果，必须有一个与中国传统文化及现实结合的过程。从政治上看，这种结合已取得创造性的进展，但就哲学学科而言，这种探索还处在开始阶段。”

紧接着，朱德生回答了一个必不可少的问题——哲学到底有什么用呢？在很多人看来，搞哲学的就如芭蕾演员般脚跟不着地，就喜欢转圈。

“改造客观世界的物质活动有一个基本特性就是超越性，它既要从肯定现状出发，又要否定现状，指向未来，这就意味着人在自己的物质活动中又把客观世界二重化了，形成了现实的世界与理想的世界，而人又总是不断追求更高的理想。哲学就是要不断反思人存在方式的根据何在，价值何在，意义何在。在哲学学科中，特别提倡的两种精神是独立思考，即分析批判的精神、善于听取不同意见的百家争鸣的精神。信仰马克思主义哲学的人，应当成为提倡这两种精神的典范。即便在科技高度发达的今天，哲学仍然有它不可替代的作用。如果因为科技而忘了人，那么人难免就将成为自己创造发明的奴隶。”

在阐述哲学重要性的同时，朱德生并没有回避理论无病呻吟这个话题。“说真话要有勇气，要付出代价。但是，不说真话就不可能有学术研究，学术就会变成追名逐利的权术。现在的理论界，真正理论联系实际的东西不多，见风使舵、吹捧权贵的东西过多。从这个角度看，人品比知识更重要。记得有一届本科生毕业，班长把全班几十本同学录抱到我家，让我写上几句，我就把费尔巴哈的一句话重复写了几十遍。这句话是：哲学家在学会写书以前，先要学会做人。”

——摘自《常州日报》

例文 6

有一对兄弟，他们的家住在 80 层楼上。有一天他们外出旅行回家，发现大楼停电了！虽然他们背着大包的行李，但看来没有什么别的选择，于是哥哥对弟弟说，我们就爬楼梯上去！于是，他们背着两大包行李开始爬楼梯。爬到 20 楼的时候他们开始累了，哥哥说：“包太重了，不如这样吧，我们把包放在这里，等来电后坐电梯来拿。”于是，他们把行李放在了 20 楼，轻松多了，继续向上爬。他们有说有笑地往上爬，但是好景不长，到了 40 楼，两人实在累了。想到还只爬了一半，两人开始互相埋怨，指责对方不注意大楼的停电公告，才会落得如此下场。他们边吵边爬，就这样一路爬到了 60 楼。到了 60 楼，他们累得连吵架的力气也没有了。弟弟对哥哥说：“我们不要吵了，爬完它吧。”于是他们默默地继续爬楼，终于 80 楼到了！兴奋地来到家门口兄弟俩才发现他们的钥匙放在留在 20 楼的包里了……

有人说，这个故事其实就是反映了我们的人生：20 岁之前，我们活在家人、老师的期望之下，背负着很多的压力、包袱，自己也不够成熟、能力不足，因此步履难免不稳。20 岁之后，离开了众人的压力，卸下了包袱，开始全力以赴地追求自己的梦想，就这样愉快地过了 20 年。可是到了 40 岁，发现青春已逝，不免产生许多的遗憾和追悔，于是开始遗憾这个、惋惜那个、抱怨这个、嫉恨那个……就这样在抱怨中度过了 20 年。到了 60 岁，发现人生已所剩不多，于是告诉自己不要再抱怨了，就珍惜剩下的日子吧！于是默默地走完了自己的余年。到了生命的尽头，才想起自己好像有什么事情没有完成……原来，我们所有的梦想都留在了 20 岁的青春岁月，还没有来得及完成……

——摘自百度文库

例文7

国王与三个儿子

很久以前,有一位年老的国王,他决定不久后就将王位传给三个儿子中的一个。一天国王把三个儿子叫到跟前说:"我老了,决定把王位传给你们三兄弟中的一个,但你们三个都要到外面去游历一年。一年后回来告诉我,你们在这一年内所做过的最高尚的事情。只有那个真正做过高尚事情的人,才能继承我的王位。"

一年后,三个儿子回到了国王跟前,告诉国王自己这一年来在外面的收获。

大儿子先说:"我在游历期间,曾经遇到一个陌生人,他十分信任我,托我把他的一袋金币交给他住在另一个镇上的儿子,当我游历到那个镇上时,我把金币原封不动地交给了他的儿子。"

国王说:"你做得很对,但诚实是你做人应有的品德,不能称得上是高尚的事情。"

二儿子接着说:"我旅行到一个村庄,刚好碰上一伙强盗打劫,我冲上去帮村民们赶走了强盗,保护了他们的财产。"

国王说:"你做得很好,但救人是你的责任,还称不上是高尚的事情。"

三儿子迟疑地说:"我有一个仇人,他千方百计地想陷害我,有好几次,我差点就死在他的手上。在我的旅行中,有一个夜晚,我独自骑马走在悬崖边,发现我的仇人正睡在一棵大树下,我只要轻轻地一推,他就掉下悬崖摔死了。但我没有这样做,而是叫醒了他,告诉他睡在这里很危险,并劝告他继续赶路。后来,当我下马准备过一条河时,一只老虎突然从旁边的树林里蹿出来,扑向我,正在我绝望时,我的仇人从后面赶过来,他一刀就结果了老虎的命。我问他为什么要救我的命,他说:'是你救我在先,你的仁爱化解了我的仇恨。'这……这实在是不算做了什么大事。"

"不,孩子,能帮助自己的仇人,是一件高尚而神圣的事。"国王严肃地说,"来,孩子你做了一件高尚的事,从今天起,我就把王位传给你。"

大道理:不要长久地仇视他人,要懂得用宽容的心、用爱去看待仇视自己的人,爱能化解仇恨。这样的人才是高尚的人,才是一个大写的人。

——摘自百度文库

例文8

上海两条地铁的天壤之别

——没有细节,便没有效益

上海地铁一号线是由德国人设计的,看上去并没有什么特别的地方。直到中国设计师设计的二号线投入运营,人们才发现其中有那么多的细节被二号线忽略了。结果,二号线运营成本远远高于一号线,至今尚未实现收支平衡。

三级台阶的作用

上海地处华东,地势平均高出海平面就那么有限的一点点,一到夏天,雨水经常会使一些建筑物受困。德国的设计师就注意到了这一细节。所以地铁一号线的每一个室外出口都设计了三级台阶，而进入地铁口，必须踏上台阶，然后再往下进入地铁站。就是这三级台阶，在下雨天可以阻挡雨水倒灌，从而减轻地铁的防洪压力。而地铁二号线就因为缺了这几级台阶，曾在大雨天被淹，造成巨大的经济损失。

出口转弯的作用

德国设计师根据地形、地势，在每一个地铁出口处都设计了一个转弯，这样做不是增加出入口的麻烦吗？不是增加了施工成本吗？当二号线地铁投入使用后，人们才发现了这一转弯的奥秘。其实道理很简单：如果你家里开着空调，同时又开着门窗，你一定会心疼你每月多付的电费，想想看，一条地铁增加些转弯出口，省下了多少电？每天又省下了多少运营成本？

一条装饰线的作用

每个坐过地铁的人都知道，当你距离轨道太近的时候，机车一来，你就会有一种危险感。在北京、广州的地铁都发生过乘客掉下站台的危险事件。德国设计师在设计上体现着“以人为本”的思想，他们把靠近站台约 50 厘米处铺上金属装饰，又用黑色大理石嵌了一条边，这样，当乘客走近站台边时，就会有了“警惕”，意识到离站台边的远近。而二号线的设计师们就没想到这一点，地面全部用同一色的瓷砖，乘客一不注意就靠近轨道，吓出一身冷汗！因此，地铁公司不得不安排专人整天喊破嗓子来提醒乘客注意安全。

故事的哲理：中国人绝不乏聪明才智，缺少的就是对“精细”的执着。想想我们的城市规划建设中留下了多少遗憾？请问：我们城市的道路有多少条没有被“开膛破肚”过？我们的设计者有谁想到了供残疾人使用的无障碍通道？我们的城市的立交桥有多少刚刚“胜利完工”就成为新的拥堵点，从而不得不进行一遍遍的改造？我们城市里鳞次栉比的高楼中，真正有创意的有多少？火柴盒楼，四方塔楼，一片片地被克隆着……一个没有细节、没有创新的群体中，怎么会诞生强大的企业？

——摘自百度文库

例文 9

把木梳卖给和尚

有一家效益相当好的大公司，决定进一步扩大经营规模，高薪招聘营销主管。广告一打出来，报名者云集。

面对众多应聘者，招聘工作的负责人说：“相马不如赛马。为了能选拔出高素质的营销人员，我们出一道实践性的试题，就是想办法把木梳卖给和尚。”

绝大多数应聘者感到困惑不解，甚至愤怒：出家人剃度为僧，要木梳有何用？岂不是神经错乱，拿人开涮？过一会儿，应聘者接连拂袖而去，几乎散尽。最后只剩下三个应聘者：小尹、小石和小钱。

负责人对剩下的三个应聘者交代："以 10 日为限，届时请各位将销售成果向我汇报。"

10 日期到。

负责人问小尹："卖出多少？"答："一把。"

"怎么卖的？"小尹讲述了历尽的辛苦以及受到众和尚的责骂和追打的委屈。好在下山途中遇到一个小和尚，一边晒着太阳一边使劲挠着又脏又厚的头皮。小尹灵机一动，赶忙递上了木梳，小和尚用后满心欢喜，于是买下一把。

负责人又问小石："卖出多少？"答："10 把。""怎么卖的？"小石说他去了一座名山古寺。由于山高风大，进香者的头发都被吹乱了。小石找到了寺院的住持说："蓬头垢面是对佛的不敬。应在每座庙的香案前放把木梳，供善男善女梳理鬓发。"住持采纳了小石的建议。那山共有 10 座庙，于是买下 10 把木梳。

负责人又问小钱："卖出多少？"答："1 000 把。"负责人惊问："怎么卖的？"

小钱说他到一个颇具盛名、香火极旺的深山宝刹，朝圣者如云，施主络绎不绝。小钱对住持说："凡来进香朝拜者，多有一颗虔诚的心，宝刹应有所回赠，以做纪念，保佑其平安吉祥，鼓励其多做善事。我有一批木梳，你的书法超群。可先刻上'积善梳'三个字，然后便可做赠品。"住持大喜，立即买下 1 000 把木梳，并请小钱小住几天，共同出席了首次赠送"积善梳"的仪式。得到"积善梳"的施主和香客，很是高兴，一传十，十传百，朝圣者更多，香火也更旺。这还不算完，好戏跟在后头。住持希望小钱再多卖一些不同档次的木梳，以便分层次地赠给各种类型的施主与香客。

——摘自百度文库

[思考与实训]

（1）通过对这一讲的学习，谈谈你感悟到了哪些人生真谛？

（2）作为一名大学生，如何让自己的人生变得更加完美？

第三讲 浸润生命灵性的花朵——美学世界

[经典案例]

有一天草对花说:“你很美。”

而花则谦逊地摇了摇头,她回答说道:“其实,我只是一种存在,美是你心里的感觉。”

听一段音乐是美的享受,读一本好书是美的享受,品一壶浓茶是美的享受。

美,源自生活,源自人们的澄澈心灵,美是具体的,又是抽象的……

【思考】:你心中的美是什么?

【分析】:每个人都能够感受到美,每个人对于美都有不同的评判标准,每个人的眼里都有自己最爱的风景。不用去附和别人的想法,也不用去强求别人与你的意见一致,每个人都能发现这个世界中独一无二的美,我们对美的追求源自于我们对生活的热爱。

[知识导航]

美学是什么?

美学一词来源于希腊语,最初的意义是“对感观的感受”。自从人类开始懂得装饰自己的时候,人类的审美观念和最初的美学思想就产生了。按照审美对象的不同可以把美划分为自然美、艺术美和社会美。

1. 自然美

自然美包括日月星云、山川草木等。大自然给人类提供了无限广阔的审美领域,比如雄伟的泰山、秀美的西湖、险峻的华山等等,这些美景让人叹为观止,流连忘返。具体来说包括壮丽美、秀丽美和奇险美。

1)壮丽美

壮丽美也可以称为雄伟美,比如巍峨的高山、辽阔的大海、浩瀚的沙漠和无边的草原。在壮美的自然景观前,人们可以直观大自然的巨大创造力,激发人们的巨大热情和克服困难的无畏勇气。

(1)泰山。

泰山享有“五岳之首”的称号,位于山东省中部,主峰玉皇顶海拔 1 545 米。泰山之所以被奉为五岳之尊,除了其自身的雄奇高大外,最主要的原因是泰山历来是帝王们的朝拜之地，第一个在此封禅的就是秦始皇。登封泰山，被视为国家鼎盛、天下太平的象征，封禅泰山也就成了历史上每一个皇帝都渴望的荣耀。并且，名人骚客也都对泰山情有独钟，以在泰山铭文刻石为荣耀。1987 年泰山被联合国教科文组织列入世界自然文化遗产名录。

(2)长江三峡。

三峡是长江中的一段大峡谷，它西起重庆奉节的白帝城，东至湖北宜昌，全长 193 千米。三峡曾是三国古战场，这有许多名胜古迹，比如白帝城和张飞庙。白帝城为历代兵家必争之地，西汉末年公孙述在山上筑城，因城中有一口井常冒白气，宛如白龙，他便自称白帝，此城也就被命名为白帝城。白帝城后来之所以名声大噪，是因为与三国英豪搭上了关系，公元 222 年，刘备兵败退至白帝城，不久郁闷而死，刘备临死前把政权和儿子刘禅托付给丞相诸葛亮，史称“刘备托孤”。三峡工程建成后，水位抬高，白帝城四面环水，景色更加迷人，游船可直达城中。关于张飞庙有这样一段故事，当年张飞急于为关羽报仇，被部将所害，其头颅被抛于江中。有渔人夜得张飞托梦，到江中打捞张飞头颅，意外捞到一罐金子，于是用此金造了张飞庙。据史载，张飞庙始建于蜀汉末年，后经宋、元、明、清历代扩建，已有 1 700 多年的历史。后来因为三峡工程建设，张飞庙进行了整体搬迁，从原云阳老县城对岸的飞凤山搬迁至盘石镇龙安村，溯江而上 30 公里。

(3)西藏布达拉宫。

在神秘的青藏高原，有一组当今世界海拔最高、规模最大的宫堡式建筑群，它就是布达拉宫。布达拉宫主楼高 117 米，全部为石木结构，金光灿烂，气势雄伟，被称为“世界屋脊明珠”。布达拉宫始是藏王松赞干布为唐朝文成公主而建，在布达拉宫法王洞内供奉的佛像里，就有公元 7 世纪进藏和亲的大唐文成公主的塑像。

相传当年松赞干布向唐朝文成公主求婚，唐太宗向使臣禄东赞出了三道题，第一道题是，区分一根粗细相同的木头的根部及尾部，聪明的禄东赞将木头放入水中，因为树木根部密度大，所以向水里倾斜，于是他就分出了木头的头和尾。唐太宗又出了第二道题，他拿出一块玉，玉中间有一个转了九道弯的细孔，要将细线穿过去，大家都眯着眼往孔里插线，只有禄东赞在孔的一头涂上蜂蜜，又将细线拴到蚂蚁的腰上，于是蚂蚁把细线带到了孔的那一头。第三道题，一百匹母马和一百匹马驹混在一起，区分哪匹马驹是哪匹母马生的。使臣们有的按颜色分，有的按长相分，都不

对。禄东赞将母马和马驹分开关起来，第二天才都放出来，马驹都奔向自己的妈妈去吃奶。禄东赞答对了全部问题，唐太宗心想使臣都这么聪明，那赞普肯定差不了，于是将文成公主许配给松赞干布。松赞干布喜出望外，下令修建布达拉宫迎娶文成公主。而松赞干布派使臣禄东赞向文成公主求婚的故事，也被生动地描绘在了布达拉宫的壁画上。

2）秀丽美

秀丽美一般是浓荫绿树，花草茂盛，并伴有一定水面的。如著名的杭州西湖、云南丽江，都是秀丽美的典型。

（1）杭州西湖。

西湖素有“人间天堂”的美誉，它以秀丽的湖光山色和众多的名胜古迹而闻名中外，是中国十大名胜古迹之一。西湖的美，在于晴中见潋滟，雨中显空蒙，无论雨雪晴阴都能成景，宋代苏轼留下了“欲把西湖比西子，淡妆浓抹总相宜”的千古绝唱，而许仙与白娘子的传奇故事更使西湖增添了无限的神秘色彩。白娘子也是一个追求爱情的女人，却被法海禅师镇于雷峰塔下。如果没有这个脍炙人口的传说，或许雷峰塔还孤零零地屹立在西湖之滨，至今不会引人注意。“雷峰夕照”是西湖十景之一，坐落在杭州西湖南岸夕照山上，四周分别与“南屏晚钟”“苏堤春晓”“花港观鱼”“三潭印月”“柳浪闻莺”等著名景点相望。

（2）云南丽江。

丽江处于云南省西北部，山河交错、峰奇谷秀，天造地设的山川胜景让人应接不暇。其中最主要景区有“两山一江一城一湖”，即老君山、玉龙山、长江第一湾、丽江古城、泸沽湖。丽江古城与四川阆中、山西平遥、安徽歙县并称为“保存最为完好的中国四大古城”。丽江古城是中国历史文化名城，而木府可称为丽江古城文化之“大观园”。丽江纳西族人原来没有汉族的姓氏，朱元璋建立明王朝后，纳西族土司阿甲阿得率从归顺，由此大获朱元璋赏识，他将自己的姓去掉一撇和一横，钦赐其“木”姓。木氏土司家族历经元、明、清三个朝代，是丽江地区政治和文化的中心。古代著名旅行家徐霞客曾叹木府曰：“宫室之丽，拟于王者。”电视剧《木府风云》就是在这里拍摄的。

3)奇险美

奇险美如悬崖峭壁、古树参天、惊涛骇浪、电闪雷鸣。奇在于与众不同,是自然界中很吸引人的一种美,比如:云南昆明的石林风景区,黄山的奇石、奇松、云海、温泉。险给人惊心动魄的感觉,一般自然特征是危崖峭壁耸立,人们攀登险峻的山峰,能够从中得到战胜困难的信心及胜利的喜悦。

华山是我国著名的五岳之一,古称"西岳",在西安市以东 120 公里处。华山以其险峻吸引了无数游览者,最惊险的就是凌空架设的长空栈道以及三面临空的鹞子翻身,在经过长空栈道时,游人需手握铁索,手足并用,沿陡峭的山路攀登,脚下就是万丈悬崖,那感觉真是既惊险又刺激。

人对自然美都会喜欢欣赏,但更多、更经常、更普遍的是喜欢欣赏秀丽美和壮丽美,对于奇险美只能是作为陶冶或好奇偶尔欣赏、历险体验一下。

"自然美"三个字,从美学观点看,是自相矛盾的,是"美"就不"自然",只是"自然"就还没有成为"美"。如果你觉得自然美,自然就已经艺术化过,成为你的作品,不复是粗糙的自然了。

——朱光潜

2. 艺术美

艺术美是艺术家对现实生活进行创造所体现出来的各种艺术作品的美。艺术美源于生活,高于生活。欣赏艺术美需要了解其基础知识、时代背景、民族风格、创作意图和提高自身的文化艺术修养。具体来说包括书法、绘画、音乐、舞蹈和电影。

1)书法

书法是中国的国粹,博大精深,源远流长。世界上数千种文字仅用于记事传言,只有汉字的书写上升为一门特别高深的艺术。书法被誉为无言的诗,无行的舞,无图的画,无声的乐。中国书法历史悠久,从甲骨文、金文演变而为大篆、小篆、隶书,至东汉、魏、晋的草书、楷书、行书诸体,书法一直散发着艺术的魅力。

(1)小篆。

小篆又称秦篆,是秦始皇统一六国后,在"书同文"的过程中,命李斯对秦国原来使用的大篆进行简化后而创制的。小篆的笔画首尾匀圆,结构对称,给人以刚柔并济,圆浑挺健的感觉。由于其字体优美,始终被书法家所青睐;又因为其笔画复杂,而且可以随意添加曲折,所以过去的官方印章一直采用篆书,直到封建王朝覆灭。

(2)隶书。

隶书起源于秦朝,在东汉时期达到顶峰。相传秦代有一个叫程邈的狱吏,因得罪始皇而下狱,在狱十年中,他把篆书简化,变圆形为方形,变曲笔为方笔,从而创造出隶书。隶书书写效果略微宽扁,横画长而直画短,风格也趋多样化,极具艺术欣赏价值。

(3)楷书。

楷书是由隶书演变而来的,就是现在通行的汉字手写正体字。孕育于汉代,唐代是鼎盛时期,一直沿用至今。《辞海》解释说它"形体方正,笔画平直,可作楷模"。故名楷书。

(4)行书。

行书是介于草书与楷书之间的一种书体,自汉代以来一直风行于世。"行"是"行走"的意思,是为了弥补楷书的书写速度太慢和草书的难于辨认而产生的,因此它不像草书那样潦草,也不像楷书那样端正。王羲之创作了被誉为"天下第一行书"的《兰亭序》,颜真卿创作了"天下第二行书"《祭侄季明文稿》,苏轼创作了"天下第三行书"《寒食帖》。

东晋书法家王羲之的《兰亭序》被誉为"天下第一行书",其笔势飘若浮云,矫若惊龙。《兰亭序》中记叙兰亭周围山水之美和聚会的欢乐之情,全文三百二十四字,凡是重复的字都各不相同,其中 21 个"之"字,各具风韵,皆无雷同。王羲之酒醒之后,过几天又把原文重写了好多本,但终究没有在兰亭集会时所写的好。《兰亭序》始终珍藏在王氏家族之中,后被唐太宗李世民得到。唐太宗得到《兰亭序》后,如获至宝,并下遗诏在其死后将《兰亭序》真迹作为殉葬品埋藏在昭陵。现传世的《兰亭序》已非王羲之真迹,或木石刻本,或为摹本,或为临本。现北京故宫博物院收藏的当年唐太宗命冯承素摹的纸本,被公认为最好的摹本,被视为珍品。

(5)草书。

草书形成于汉代,是为了书写简便而在隶书的基础上演变出来的,特点是结构简省、笔画连绵、运笔放纵。唐代张旭《肚痛帖》和怀素《自叙帖》是草书的代表作,都是现存的珍品。

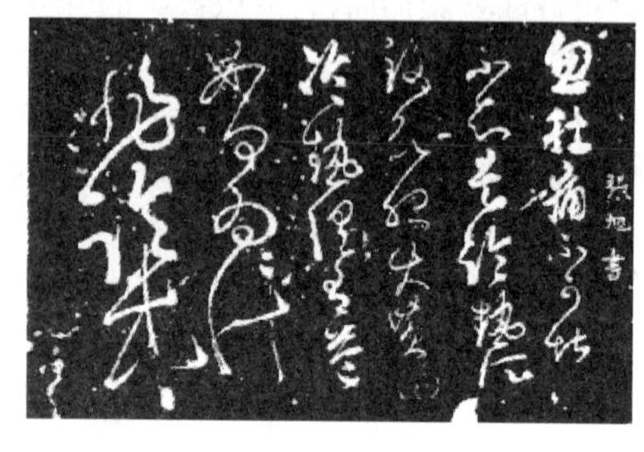

唐朝的张旭喜欢喝得大醉后作书，有时竟以头发濡墨作书，如醉如痴，世人称之为“张颠”。他的代表作《肚痛帖》六行30字，似是张旭肚痛时自诊的一纸医案。文曰：“忽肚痛不可堪，不知是冷热所致，欲服大黄汤，冷热俱有益。如何为计，非临床。”这幅作品开头的三个字，写得还比较规正。从第四个字开始，便每行一笔到底，越写越快，越写越狂，越写越奇，将草书的情境表现发挥到了极致，让观者惊心动魄。

2）绘画

绘画是造型艺术中最主要的一种艺术形式，它可以生动具体地展现广阔的社会生活。画家之所以称之为艺术家而不是现实图景的绘制者，就在于他不但写形，而且传神。

在题材上，中国绘画多为山水，而西方绘画多为人物，尤其多以圣经故事为题材。在表现形式上，中国绘画讲究“以线造形”，而西方绘画则注重透视法，讲究运用光线、色彩来塑造形象，力求作品同真物一样。简言之：国画以意为主，西画以形为主。

中国画简称“国画”，主要指的是画在绢、宣纸、帛上并加以装裱的卷轴画。中国画历史悠久，远在2 000多年前的战国时期就出现了画在丝织品上的帛画。中国山水画最能集中体味中国画的意境、气韵和色调。山水画蕴含了许多更深层的东西，比如中国的文化、精神。早期的山水画主要是呈现真实的景物，在逐步发展的过程中画家们把自己的思想情感也融入了其中。

2013年热播的一部电影《富春山居图》讲述的是争抢中国元代传世之作《富春山居图》的故事。该画被誉为“中国十大传世名画”之一，其以浙江富春江为背景，全图用墨淡雅。明朝末年《富春山居图》辗转到收藏家吴洪裕手中，吴洪裕极爱此画，临死前将此画焚烧，被其侄子从火中抢救出，但此时画已被烧成一大一小两段。乾隆年间，一幅富春山居图被征入宫，乾隆皇帝爱不释手，但在隔年又一幅富春山居图进入清宫。前者称“子明卷”，系后人伪造，后者是“无用师卷”，这才是真迹。但乾隆皇帝认定前者“子明卷”为真，并在假画上加盖玉玺，和大臣在留白处赋诗题词。直到近代才有学者对此翻案，认为是乾隆皇帝搞错了，“无用师卷”也由此被完整保存。

油画是西方绘画史中的主体绘画方式，存世的西方绘画作品主要是油画作品。它用快干性的植物油调和颜料进行制作，覆盖力强，所以绘画时可以逐层覆盖，色彩丰富，使绘画产生立体感，并且能长期保持光泽。油画的种类按题材划分为历史画、宗教故事画、肖像、风景画、静物画、风俗画等。最著名的油画当属达·芬奇的《蒙娜丽莎》，这幅画是罗浮宫博物馆的镇馆三宝之一。据说当时蒙娜丽莎的幼子刚刚夭折，她一直处于哀痛之中，为了让女主人高兴起来，特地请来喜剧演员。这幅画完成

后，蒙娜丽莎脸上那神秘的微笑使无数人为之倾倒，在不同角度不同光线下欣赏这幅画，人们都会得到不同的感受。那微笑时而温柔，时而严肃，时而略带哀伤，荷兰阿姆斯特丹的一所大学应用“情感识别软件”分析出蒙娜丽莎的微笑包含的内容及比例为高兴83%，厌恶9%，恐惧6%，愤怒2%。

3）音乐

音乐是一门抒发情感的艺术，音乐犹如人的生命一样流动着，它的节奏和旋律与人的生命和谐共振。从绚丽多彩的音乐作品中可以学习历史、了解社会、认识生活，成为具有一定音乐欣赏水平的音乐爱好者。

《高山流水》是中国十大古曲之一。传说春秋时的楚国人伯牙在荒山野地弹琴，樵夫钟子期竟能领会这是描绘“巍巍乎志在高山”和“洋洋乎志在流水”。伯牙惊道：“子之心而与吾心同。”钟子期死后，伯牙痛失知音，将琴摔断，终身不再弹琴，后来大家就用“高山流水”来比喻知己或知音。

贝多芬1770年出生于德国波恩的一个贫穷的家庭，他从小就有音乐天赋，他的父亲希望他成为像莫扎特一样的音乐神童，从四岁起就逼着他学习扬琴，8岁时贝多芬首次登台，获得了巨大的成功。他一生创作了大量的艺术歌曲、舞曲。这些作品对音乐的发展有着深远的影响，因此他被尊称为乐圣。

贝多芬的故事(月光曲)

200多年前,德国有个音乐家叫贝多芬,他谱写了许多著名的乐曲。其中有一首著名的钢琴曲叫《月光曲》,传说是这样谱成的。

有一年秋天,贝多芬去各地旅行演出,来到莱茵河边的一个小镇上。一天夜晚,他在幽静的小路上散步,听到断断续续的钢琴声从一所茅屋里传出来,弹的正是他的曲子。

贝多芬走近茅屋,琴声突然停了,屋子里有人在谈话。一个姑娘说:“这首曲子多难弹啊!我只听别人弹过几遍,总是记不住该怎样弹。要是能听一听贝多芬自己是怎样弹的,那有多好啊!”一个男的说:“是啊,可是音乐会的入场券太贵了,咱们又太穷。”姑娘说:“哥哥,你别难过,我不过随便说说罢了。”

贝多芬听到这里,推开门,轻轻地走了进去。茅屋里点着一支蜡烛。在微弱的烛光下,男的正在做皮鞋。窗前有架旧钢琴,前面坐着一个十六七岁的姑娘,脸很清秀,可是眼睛失明了。

皮鞋匠看见进来个陌生人,站起来问:“先生,您找谁?走错门了吧?”贝多芬说:“不,我是来弹一首曲子给这位姑娘听的。”

姑娘连忙站起来让座。贝多芬坐在钢琴前面,弹起盲姑娘刚才弹的那首曲子。盲姑娘听得入了神,一曲弹完,她激动地说:“弹得多纯熟啊!感情多深啊!您,您就是贝多芬先生吧?”

贝多芬没有回答,他问盲姑娘:“您爱听吗?我再给您弹一首吧。”

一阵风把蜡烛吹灭了。月光照进窗子,茅屋里的一切好像披上了银纱,显得格外清幽。贝多芬望了望站在他身旁的兄妹俩,借着清幽的月光,按起了琴键。

皮鞋匠静静地听着。他好像面对着大海,月亮正从水天相接的地方升起来。微波粼粼的海面上,霎时间洒满了银光。月亮越升越高,穿过一缕一缕轻纱似的微云。忽然,海面上刮起了大风,卷起了巨浪。被月光照得雪亮的浪花,一个连一个朝着岸边涌过来……皮鞋匠看看妹妹,月光正照在她那恬静的脸上,照着她睁得大大的眼睛。她仿佛也看到了,看到了她从来没有看到过的景象,月光照耀下的波涛汹涌的大海。

兄妹俩被美妙的琴声陶醉了。等他们苏醒过来,贝多芬早已离开了。他飞奔回客店,花了一夜工夫,把刚才弹的曲子——《月光曲》记录了下来。

4)舞蹈

舞蹈是人体动作的艺术。它是通过人体动作的语汇,结合音乐、服装、道具、布景、灯光等艺术手段来表达人们的思想感情、反映社会生活的一门艺术。

(1)古典舞芭蕾。

芭蕾为欧洲古典舞蹈,由法语 ballet 音译而来。芭蕾舞孕育于意大利文艺复兴时期,它最重要的一个特征就是表演时以脚尖点地,故又称脚尖舞。具有代表性的芭蕾作品有《天鹅湖》《仙女》《胡桃夹子》等。

《天鹅湖》舞剧的故事情节

序幕：美丽的奥杰塔公主在恶魔罗特巴特统治的天鹅湖畔游玩时，被恶魔用妖法变成了天鹅。

第一幕：英俊勇敢的西格夫利德王子与朋友们一起跳舞游玩之际，看到一群天鹅飞过，遂带弓箭追逐而去。

第二幕：王子赶到天鹅湖畔，看到水中的天鹅竟然变成一群女郎，她们在月下跳着优美的舞蹈，王子爱上了其中最美丽的奥杰塔公主。公主告诉王子，只有真诚的爱情才能除去魔法解救她们，而现在只有在夜半时她们才能恢复人形。王子表示了爱的坚贞，并立下了婚姻的盟誓。临行时王子得到一根洁白的羽毛作为留念。

第三幕：王后为王子举行挑选未婚妻的舞会，所有候选的姑娘都未打动王子的心，他只钟情于奥杰塔公主。恶魔为破坏王子对公主的盟誓，带女儿化妆成黑天鹅，并伪装成奥杰塔公主的相貌，从而骗得了王子的爱情，遂把白色羽毛作为爱情标志交给她。当城堡上出现了悲痛欲绝的白天鹅时，王子才知受骗，即刻向天鹅湖追去。

第四幕：天鹅湖畔，天鹅们都怨恨王子，她们围着公主不让王子接近，王子最后终于得到公主的谅解。恶魔出现在悬崖上，王子向它扑去，但被妖术的风浪所冲击并吞没，公主到水中相救。忽然悬崖与恶魔一起崩毁，忠贞的爱情战胜了邪恶，公主恢复人形，他们获得了自由和幸福。

(2)民族舞。

民族舞泛指产生并流传于民间，以自娱为主要功能的舞蹈形式。由于各地人民的风俗习惯以及自然环境的差异，因而形成了不同的舞蹈风格。民族舞是一个民族的标志物，比较著名的如傣族的孔雀舞。

舞蹈艺术家杨丽萍以跳孔雀舞而闻名国内外，2012 央视春晚，她梦幻般演绎的舞蹈《雀之恋》被誉为“2012 年春晚最美节目”。幽静的蓝色舞台上，两只相恋的优雅的孔雀翩翩起舞，特制的紫蓝色燕尾长裙和优美的舞姿，配以绚丽的舞台效果，惊世骇俗，让人如置身于仙境一般。

5)电影

电影是由活动照相术和幻灯放映术结合发展起来的一种现代艺术。一部好的电影作品需要有好的题材、好的剧本、具有独特表演艺术的演员，最重要的是要有一位具有好的创意与意图的导演。以下为几部具有特色的电影。

真实的励志故事——《当幸福来敲门》:当你刚拿到大学文凭,雄心勃勃,准备在社会上大展身手时,却发现比你有学历、有能力的人多如牛毛,四处碰壁后你该怎么办? 这时候,你可以看这部片子。这部电影取材于真实的故事,故事的主角就是当今美国黑人投资专家克里斯·加德纳。电影讲述了一个濒临破产、老婆离家的落魄业务员的励志故事,克里斯和儿子因为贫穷过着东奔西跑的生活,有时躲在地铁站的公共厕所里,有时住在教堂的收容所里。他一边卖骨密度扫描仪,一边做实习生,后来还必须去教堂排队争取教堂救济的住房。但是,克里斯一直很乐观,他坚信,幸福明天就会来临。终于,克里斯凭借自己的努力获得了股票经纪人的工作,后来还创办了自己的公司,最后成为了知名的金融投资家。

最贫穷的哈佛女孩——《风雨哈佛路》:影片讲述了一个贫穷苦难的女孩用她的执着信念和顽强的毅力改变人生的故事。莉斯生长在一个不幸的家庭,母亲因吸毒染上艾滋病而离开人世,父亲酗酒最后进入了收容所,她流浪街头开始乞讨,生活的苦难似乎无穷无尽。然而,在成长的过程中莉斯知道,只有读书才能改变自己的命运。她争取到了读书的机会,开始了漫漫求学路,她 17 岁开始用 2 年的时间学完高中 4 年的课程,她申请了 12 000 美金的纽约时报一等奖学金,面试时候却连一件像样的衣服也没有,但最后她获得了进入哈佛的通行证,最终走进了最高学府——哈佛大学。

无须多言的经典——《阿甘正传》:电影荣获 1995 年奥斯卡最佳影片奖、奥斯卡最佳男主角奖、奥斯卡最佳导演奖等 6 项大奖。阿甘的智商只有 75,然而他的妈妈是一个伟大的母亲,她常常鼓励阿甘,从不因为阿甘智力上的残缺而吝啬他应得的那份爱。阿甘拥有一颗纯洁无瑕的心,虽然智力低下,但他的身上却具有这个社会已经远离许久的诚实、守信、勇敢、真诚等美德。最后,阿甘取得了许多难以置信的成功,他是一个橄榄球明星、一名越战英雄、一名乒乓球外交使者和一个亿万富翁!

震撼性的科幻片——《盗梦空间》:影片一上映就大获好评,连续三周蝉联北美票房冠军。电影带观众游走于梦境与现实之间,离奇的层层梦境和盗梦专家的特异功能,让人们大开眼界。由莱昂纳多饰演的柯布是一个专门盗取他人梦境的窃贼,他潜入别人的梦中,窃取潜意识中有价值的信息和秘密。柯布在一次盗梦行动中失败,反被对手齐藤利用。齐藤威逼利诱柯布帮他拆分他竞争对手的公司,在其唯一继承人费舍尔的深层潜意识中种下放弃家族企业、自立门户的想法。柯布吸收了年轻的梦境设计师、梦境演员和药剂师加入行动。在一层层递进的梦境中,柯布成功地将遣散公司的意念植入费舍尔脑中……

中国的创业传奇——《中国合伙人》:电影以新东方创办人王强、俞敏洪、徐小平的创业故事为原型，讲述20世纪80年代三个怀有梦想的年轻人在燕京大学的校园内相遇，毕业后，现实和梦想的巨大差距让他们都备受打击。偶然机缘，被开除公职的成冬青与王阳和孟晓俊办起了英语培训学校，三个年轻人一起打拼事业，共同创办了“新梦想”英语培训学校，最后功成名就。该片浓缩了一代创业者的成长历程，还原了新东方创业的艰辛历程，值得一看。

3. 社会美

社会美又称生活美，它包含了人的美和劳动美，其中人的美又包括内在美和外在美，这体现了人类进步的理想和愿望。

常言道：“爱美之心，人皆有之。”作为大学生的我们不仅要学会如何穿着打扮，更重要的是要学会如何使自己的心灵更加美丽。只有心灵美的人，在别人心中的形象才会更加美。

(1)外在美。

外在美又称形象美，它是一个人外在的呈现，在视觉感官上给人的一种美感。周恩来总理在南开学校读书的时候，在大立镜旁糊了一面“纸镜”，上面写着：“面必净，发必理，衣必整，钮必结，头宜正，肩宜平，胸宜宽，背宜直，气象勿傲勿怠，颜色宜和宜静宜庄。”毫无疑问，周总理在外事活动中尽显其伟大的人格魅力，和他时时注意自己仪表是分不开的。

(2)内在美。

内在美也叫心灵美，是人的思想、品德、情操、性格等内在素质的具体体现。正如古人所说的“腹有诗书气自华”，一个人如果学识丰富、见识广博，不需要刻意装扮，就会由内而外产生出一种气质，相反，如果没有内涵的话，不管怎么打扮，都不会显得有气质、风度。良好的内在品质不仅关乎大学生学业和事业的成功，而且关系到他们的身心健康和生活的幸福。当代大学生就要体现出这种理念，表现出当代大学生的新风貌。

2011感动中国十大人物——刘伟

当一名职业足球运动员是刘伟的青葱梦想，但10岁那年的一次触电事故，不仅让他失去了双臂，更剥夺了他在绿茵场奔跑的权利。

耽搁了两年学业，妈妈想让刘伟留级，他死活不干。在家教的帮助下，刘伟利用暑假将两年的课程追了回来，开学考试，他拿到班级前三名。重回人生轨道的刘伟，一直对体育念念不忘，足球不行，那就改学游泳。12岁那年，他进入北京残疾人游泳队，两年后他在全国残疾人游泳锦标赛上夺得两金一银。

刘伟跟母亲许诺，希望能在2008年的残奥会上拿一枚金牌。谁知厄运又来纠缠，过度的体能消耗导致刘伟免疫力下降，他患上了过敏性紫癜。医生警告说，必须停止训练，否则会危及生命。无奈之下，刘伟只能与游泳说再见，走进了后来带给他更大成功的音乐世界。

练琴的艰辛超乎了常人的想象。由于大脚趾比琴键宽，按下去会有连音，并且脚趾无法像手指那样张开弹琴，刘伟硬是琢磨出一套“双脚弹钢琴”的方法。每天七八个小时，练得腰酸背疼，双脚抽筋，脚趾磨出了血泡。三年后，刘伟的钢琴水平达到了专业七级。

“我的人生中只有两条路，要么赶紧死，要么精彩地活着。”在《中国达人秀》的舞台上，刘伟演奏了一首《梦中的婚礼》，全场静寂，只闻优美的旋律。曲终，全场掌声雷动，他是当之无愧的生命的强者。去年，刘伟又登上了维也纳金色大厅。

(3)劳动美。

劳动美是人们在生产劳动过程中表现出来的美。劳动者是美丽的，劳动者用勤劳的双手和智慧，编织了这个五彩斑斓的世界，创造了人类的文明，创造了今天美丽的中国。劳作时大汗淋漓的农民、过年时坚守岗位的边疆卫士、大型传染病暴发时坚守岗位的医务人员，一幅幅画面述说着劳动的美丽。生活的美好，人类的进步，无不来自于我们艰苦、平凡的劳动，劳动是那样的默默无语，又是那样的美丽。

[阅读拓展]

例文1

淡之美

李国文

淡，是一种至美的境界。

一个年轻的女子，从你眼前走过，虽是惊鸿一瞥，但她那淡淡的妆，更接近于本色和自然。好像春天早晨一股清新的风，就会给人留下一种纯净的感觉。

如果浓妆艳抹的话，除了这个女孩表面上的光鲜之外，就不会产生太多的有韵味的遐想了。

其实，浓妆加上艳抹，这四个字本身，已经多少带有一丝贬义。

淡比之浓，或许由于接近天然，似春雨，润物无声，容易被人接受。

苏东坡写西湖，曾经有一句"淡妆浓抹总相宜"，但他这首诗所赞美的"水光潋滟晴方好，山色空蒙雨亦奇"，也是大自然的西湖。虽然苏东坡时代的西湖，并不是现在这种样子的，但真正欣赏西湖的游客，对那些大红大绿的，人工雕琢的，市廛云集的，车水马龙的浓丽景色，未必多么感兴趣。

识得西湖的人，都知道只有在那早春时节，在那细雨、碧水、微风、柳枝、桨声、船影、淡雾、山岚之中的西湖，像一幅淡淡的水墨画，才是最美的西湖。

水墨画，就是深得淡之美的一种艺术。

在中国画中，浓得化不开的工笔重彩，毫无疑义是美。但在一张玉版宣上，寥寥数笔便经营出一个意境，当然也是美。前者，统统呈现在你眼前，一览无余。后者，是一种省略的艺术，墨色有时淡得接近于无。可表面的无，并不等于观众眼中的无，作者心中的无，那大片大片的白，其实是给你留下的想象空间。"空山不见人，但闻人语响。"没画出来的，要比画出来的，更耐思索。

西方的油画，多浓重，每一种色彩，都唯恐不突出地表现自己，而中国的水墨画，则以淡见长，能省一笔，决不赘语，所谓"惜墨如金"者也。

一般说，浓到好处，不易；不过，淡而韵味犹存，似乎更难。

咖啡是浓的，从色泽到给中枢神经的兴奋作用，以强烈为主调。有一种土耳其式的咖啡，煮在杯里，酽黑如豆，饮在口中，苦香无比，杯小如豆，只一口，能使饮者彻夜不眠，不觉东方之既白。茶则是淡的了，尤其新摘的龙井，就更淡了。一杯在手，嫩蕊舒展，上下浮沉，水色微碧，近乎透明，那种感官的怡悦，心胸的熨帖，腋下似有风生的惬意，也非笔墨所能形容。所以，咖啡和茶，是无法加以比较的。

但是，若我而言，宁可倾向于淡。强劲持久的兴奋，总是会产生负面效应。

人生，其实也是这个道理。浓是一种生存方式，淡，也是一种生存方式。两者，因人而异，是不能简单地以是或非来判断的。我呢，觉得淡一点，于身心似乎更有裨益。

因此，持浓烈人生哲学者，自然是积极主义了；但持恬淡生活观者，也不能说是消极主义。奋斗者可敬，进取者可钦，所向披靡者可佩，热烈拥抱生活者可亲；但是，从容而不急趋，自如而不窘迫，审慎而不狷躁，恬淡而不凡庸，也未始不是又一种的积极。

一个人活在这个世界上，不管你是举足轻重的大人物，还是微不足道的小人物，只要有人存在于你的周围，你就会成为坐标中的一个点，而这个点必然有着纵向和横向的联系。于是，这就构成了家庭、邻里、单位、社会中的各式各样繁复的感情关系。

夫妻也好，儿女也好，亲戚、朋友也好，邻居、同事也好，你把你在这个坐标系上的点，看得浓一点，你的感情负担自然也就重；看得淡一点，你也许可以洒脱些、轻松些。

譬如交朋友，好得像穿一条裤子，自然是够浓的了。"君子之交淡如水"，肯定是百分之百地淡了。不过，密如胶漆的朋友，反目成仇，又何其多呢？倒不如像水一样地淡然相处，无昵无隙，彼此更怡洽些。

近莫乎夫妇，亲莫乎子女，其道理，也应该这样。太浓烈了，则有求全之毁，不虞之隙。

尤其落到头上，一旦要给自己画一张什么图画时，倒是宁可淡一点的好。

物质的欲望，固然是人的本能，占有和谋权，追求和获得，大概是与生俱来的。清教徒当然也无必要，但欲望膨胀到无限大，或争名于朝，争利于市，或欲壑难填，无有穷期；或不甘寂寞，生怕冷落，或欺世盗名，招摇过市，得则大欣喜，大快活；不得则大懊丧，大失落。神经像淬火一般地经受极热与极冷的考验，难免要濒临崩溃边缘，疲于奔命地劳累争斗，保不准最后落一个身心俱弛的结果，活得也实在是不轻松啊！其实，看得淡一点，可为而为之，不可为而不强为之的话，那么，得和失，成和败，就能够淡然处之，而免掉许多不必要的烦恼。

淡之美，某种程度近乎古人所说的禅，而那些禅偈中所展示的智慧，实际上是在追求这种淡之美的境界。

禅，说到底，其实，就是一个淡字。

人生在世，求淡之美，得禅趣，不亦乐乎？

——摘自李国文散文

例文 2

中国古建筑岔脊上的装饰小兽

在中国古建筑的岔脊上，都装饰有一些小兽，这些小兽排列有着严格的规定，按照建筑等级的高低而有数量的不同，最多的是故宫太和殿上的装饰。

这在中国宫殿建筑史上是独一无二的，显示了至高无上的重要地位。在其他古建筑上一般最多使用九个走兽。这里有严格的等级界限，只有金銮宝殿（太和殿）才能十样齐全。中和殿、保和殿都是九个。其他殿上的小兽按级递减。天安门上也是九个小兽。

重脊的顶端为骑凤仙人，后面依次排列鸱吻（龙九子之一）、狮子、天马、海马、狻猊、狎鱼、獬豸、斗牛、行什。

重脊前为什么用仙人骑凤？传说：齐国国君齐王，一次作战中失败，来到一条大河岸边，走投无路，后边追兵就要到了，危急之中，突然，一只大鸟飞到眼前，齐王急忙骑上大鸟，渡过大河，逢凶化吉。古人把它放在建筑脊端，也表示骑凤飞行，逢凶化吉。

为什么要选用这些小兽安放在古建筑上呢？排列顺序如下。

（1）鸱吻（龙九子之一），最喜欢四处眺望，常饰于屋檐上。

(2)凤,比喻有圣德之人。据《史记·日者列传》:"凤凰不与燕雀为群。"这里充分反映了封建帝王至高无上的尊贵地位。

(3)狮子,代表勇猛、威严。《传灯录》记载:"狮子吼云:'天上天下,唯我独尊。'狮子作吼,群兽慑伏。"

(4)天马、海马,我国古代神话中也是吉祥的化身。

(5)狻猊,古书记载是与狮子同类的猛兽,也有说为龙的九子之一。

(6)狎鱼,是海中异兽,传说和狻猊都是兴云作雨,灭火防灾的神。

(7)獬豸,我国古代传说中的猛兽,与狮子类同。《异物志》中说"东北荒中有兽,名獬豸"。《神异经》云:不北荒中有兽如羊,一角,毛首,四足,性忠直。见人斗则不触直者,闻人论则咋不正者。能辨曲直,又有神羊之称,它是勇猛、公正的象征。

(8)斗牛,传说中是一种虬龙,据《宸垣识略》载:"西内海子中有斗牛,即虬螭之类,遇阴雨作云雾,常蜿蜒道路旁及金鳌玉栋坊之上。"它是一种除祸灭灾的吉祥雨镇物。

(9)行什。行什是一种带翅膀的猴,脊生双翼,手持金刚宝杵,传说宝杵具有降魔的功效。

把这些小兽依次排列在高高的檐角处,象征着消灾灭祸、逢凶化吉,还含有剪除邪恶、主持公道之意。古人把建筑装饰上这些走兽,使古建筑更加雄伟壮观、富丽堂皇、充满艺术魅力。

——摘自《从故宫太和殿的小兽谈起》

例文 3

中国十大名胜古迹

中国十大名胜古迹是指 1985 年由《中国旅游报》发起并组织全国人民经过半年多的评比,于当年 9 月 9 日评选出的万里长城、桂林山水、北京故宫、杭州西湖、苏州园林、安徽黄山、长江三峡、台湾日月潭、承德避暑山庄、西安秦陵兵马俑十个风景名胜区。这十个景区分布于中国南北东西各个区域、包括自然景观、历史建筑、人文景观和文物古迹等。

1. 万里长城

长城是古代中国在不同时期为抵御塞北游牧部落联盟侵袭而修筑的规模浩大的军事工程的统称,因其东西绵延上万华里,因此又称作万里长城。现存的长城遗迹主要为始建于 14 世纪的明长城,西起嘉峪关,东至辽东虎山,全长 8 851.8 公里,平均高 6 至 7 米、宽 4 至 5 米。长城是我国古代劳动人民创造的伟大的奇迹,是中国悠久历史的见证。它与天安门、兵马俑一起被世人视为中国的象征。同时,长城于 1987 年 12 月被列为世界文化遗产。

2. 桂林山水

广西壮族自治区的桂林市是世界著名的风景游览城市和历史文化名城。桂林是典型的岩溶地貌,其最重要特点就是在流水的长年侵蚀下,一方面会形成各种奇形怪状的洞穴,并不断地改变着形态,另一方面又会生长出各种不同的石笋、石幔、钟乳石,两者构成了奇妙的岩溶洞穴奇观。由于流水经久不息的切割作用,桂林的石山峭壁陡立,构成石山的石头形成通透瘦峻的不同造型,成为著名的美石。遍布全市的石灰岩经亿万年的风化侵蚀,形成了千峰环立、一水抱城、洞奇石美的独特景观,被世人美誉为"桂林山水甲天下"。

3. 北京故宫

北京故宫,又名紫禁城,是明清两代的皇宫,位于北京市中心。故宫始建于明永乐四年(1406 年),永乐十八年(1420 年)建成。历经明清两个朝代 24 个皇帝。故宫规模宏大,占地 72 万平方米,建筑面积 15.5 万平方米,是世界上最大、最完整的古代宫殿建筑群。为了突出帝王至高无上的权威,故宫有一条贯穿宫城南北的中轴线,在这条中轴线上,按照"前朝后寝"的古制,布置着帝王发号施令,象征政权中心的三大殿(太和殿,中和殿,保和殿)和帝后居住的后三宫(乾清宫,交泰殿,坤宁宫)。出于防御的需要,这些宫殿建筑的外围筑有高达 10 米的宫墙,四角有角楼,外有护城河。

4. 杭州西湖

杭州西湖位于浙江省杭州市西部,旧称武林水、钱塘湖、西子湖,宋代始称西湖。中国古代以西湖命名的湖有 36 个之多,其中以杭州西湖最著名,如单称西湖通常指的就是杭州西湖。西湖是一个历史悠久、世界著名的风景游览胜地,古迹遍布、山水秀丽、景色宜人。西湖处处有胜景,历史上除有"钱塘十景""西湖十八景"之外,最著名的是南宋定名的"西湖十景"和 1985 年评出的"新西湖十景"。在以西湖为中心的 60 平方公里的园林风景区内,分布着风景名胜 40 多处,重点文物古迹 30 多处。概括来说西湖风景主要以一湖、二峰、三泉、四寺、五山、六园、七洞、八墓、九溪、十景为胜。

5. 苏州园林

苏州园林的历史可上溯至公元前 6 世纪春秋时吴王的园囿,私家园林最早见于记载的是东晋(4 世纪)的辟疆园,历代造园兴盛,名园日多。明清时期,苏州成为中国最繁华的地区之一,私家园林遍布古城内外。16—18 世纪全盛时期,苏州有园林 200 余处,保存尚好的有数十处,并因此使苏州享有"人间天堂"的美誉。苏州古典园林宅园合一,可赏,可游,可居,这种建筑形态的形成,是在人口密集和缺乏自然风光的城市中,人类依恋自然,追求与自然和谐相处,美化和完善自身居住环境的一种创造。拙政园、留园、网师园、环秀山庄这四座古典园林,建筑类型齐全,保存完整,系统而全面地展示了苏州古典园林建筑的布局、结构、造型、风格、色彩以及装修、家具、陈设等各个方面内容,是 14—20 世纪初(明清时期)江南民间建筑的代表作品。

6. 安徽黄山

黄山处于亚热带季风气候区内,由于山高谷深,气候呈垂直变化。同时由于北坡和南坡受阳光的辐射差大,局部地形对其气候起主导作用,形成云雾多、湿度大、降水多的气候特点。黄山集各名山之长:泰山之雄伟,华山之险峻,衡山之烟云,庐山之瀑布,雁荡山之巧石,峨眉山之秀丽,黄山无不兼而有之。可以说无峰不石,无石不松，无松不奇，并以奇松、怪石、云海、温泉黄山四绝著称于世。其二湖，三瀑，十六泉，二十四溪相映争辉。春、夏、秋、冬四季景色各异，还兼有“天然动物园和天下植物园”的美称，有植物近1 500种，动物500多种，气候宜人，是得天独厚的国家级风景名胜区和疗养避暑胜地。明代旅行家、地理学家徐霞客两游黄山，赞叹说：“登黄山天下无山，观止矣！”后又留“五岳归来不看山，黄山归来不看岳”的诗句。更令黄山享有“天下第一奇山”之称。

7. 长江三峡

长江三峡是中国长江上游瞿塘峡、巫峡和西陵峡的合称，简称三峡，是中国10大风景名胜之一，也是中国40佳旅游景观之首。长江三峡西起重庆奉节的白帝城，东到湖北宜昌，是长江上最为奇秀壮丽的山水画廊，全长193千米，也就是常说的“大三峡”。长江三峡，地灵人杰，是中国古文化的发源地之一，著名的大溪文化在历史的长河中闪耀着奇光异彩；孕育了中国伟大的爱国诗人屈原和千古名女王昭君；青山碧水，曾留下李白、白居易、刘禹锡、范成大、欧阳修、苏轼、陆游等诗圣文豪的足迹，留下了许多千古传颂的诗章；大峡深谷，曾是三国古战场，是无数英雄豪杰驰骋用武之地；这里还有许多名胜古迹，白帝城、黄陵庙、南津关……它们同这里的山水风光交相辉映，名扬四海。

8. 台湾日月潭

日月潭是台湾省的“天池”，为全省最大的天然湖泊，也是全国少数著名的高山湖泊之一。其地环湖皆山，湖水澄碧，湖中有天然小岛浮现，圆若明珠，形成“青山拥碧水，明潭抱绿珠”的美丽景观。清人曾作霖说它是“山中有水水中山，山自凌空水自闲”；陈书游湖，也说是“但觉水环山以外，居然山在水之中”。环潭一带地方古称水沙连，分属南投县鱼池乡，是高山族曹族人的聚居地。日月潭凭着“万山丛中，突现明潭”的奇景而成为宝岛诸胜之冠，驰名于五洲四海。

9. 承德避暑山庄

承德避暑山庄曾是中国清朝皇帝的夏宫，是由皇帝宫室、皇家园林和宏伟壮观的寺庙群所组成的。避暑山庄位于承德市中心区以北，武烈河西岸一带狭长的谷地上，始建于1703年，历经清朝三代皇帝：康熙、雍正、乾隆，耗时89年建成。山庄的建筑布局大体可分为宫殿区和苑景区两大部分，苑景区又可分成湖区、平原区和山区三部分。拥有殿、堂、楼、馆、亭、榭、阁、轩、斋、寺等建筑100余处。它的最大特色是山中有园，园中有山。

10. 西安秦陵兵马俑

秦陵兵马俑位于陕西省西安市临潼区东5公里处的骊山北麓，是中国历史上第一个皇帝秦始皇陵墓的陪葬坑，被誉为“世界第八大奇迹”。1974年2月，当地农民在秦始皇陵东侧1.5公里处打井时偶然发现了兵马俑，位于秦始皇陵园东侧1千米处。从此，一个埋藏了两千多年的地下军阵被挖掘出来，并建成博物馆。秦兵马俑展示了古长安往日的辉煌，正所谓“秦王扫六合，虎视何雄哉！刑徒七十万，起土骊山隈”。据史书记载：秦始皇帝从13岁即位时就开始营建陵园，修筑时间长达38年，工程之浩大、气魄之宏伟，创历代统治者奢侈厚葬之先例。当时，秦朝总人口约2 000万，而筑陵劳役达72万之多。修陵冢用土，取自今陵园以南2 000米的三刘村到县采石场部之间，有高5～25米的多级黄土崖。仲山、峻峨山下死尸成片，从侧面显示了整个工程的残酷。

——摘自百度网

例文4

最长的三里路

倪 萍

一生中走过很多路，最远都走到了美国的纽约，可记忆中走不够的却是从崖头长途汽车站到水门口姥姥家门口那条三里长的小路。

从一岁到三十岁，这条路来回走了一百多趟，走也走不完，走也走不够。

第一次单独走，也就六岁吧。

六岁的我，身上背了大大小小一堆包，胳膊挎的、胸前挂的、背上背的、手里拎的全都是包，三百六十度全方位被包包围着，远看就像个移动的货架。

包里装的没有一件是废物，对于居家过日子的姥姥来说全是宝。肥皂、火柴、手巾、茶杯、毛线、被单、核桃酥、牛奶糖、槽子糕……最沉也最值钱的是罐头，桃子的、苹果的、山楂的……口袋里被母亲缝得死死的是钱，这一路我不知得摸多少回，生怕丢了。

每次到了家门口，姥姥都会说："小货郎回来了。"姥姥说这话的时候，眼睛转向别处，听声音就知道她哭了。先前姥姥说滴雨星，后来我说下雨了。

六岁到九岁这三年，我不知道为什么看见这么多好东西姥姥会哭，九岁之后就懂了。

三里路，背了那么多包，按说我是走不动的，可我竟然走得那么幸福、那么轻盈，现在回想起来还想再走一回。只是那样的日子不会再有了，有的是对姥姥不变的情感。后来的很多年里，包是越来越少、越来越小了，再后来就干脆背着钱，那大包小裹的意思没有了，七八个包往炕上一倒，乱七八糟的东西堆一炕的那份喜悦没有了……

那时候，到了崖头镇，挤下长途汽车那窄小的车门，得好几个人帮我托着包。有几次我都双腿跪在了地上，瞬间又爬起来，双手永远护着那满身的包，起来还没忘了说谢谢。

也常听见周围的人说："这是外出的女人回来了！"他们没看清楚被大包小包裹着的那个高个子女人，其实还是个孩子。

背着包的我走在崖头镇的大道上，简直就是在飞。但快出镇口的时候，我的步子一定是放慢的，为了见见彪春子。

这是一个不知道多大岁数的女人，常年着一身漆黑油亮的棉袄棉裤流浪在街头。用今天的话说，彪春子就是一个“犀利姐”，全崖头镇没有不认识她的。老人们吓唬哭闹的孩子常说：“让彪春子把你带走！”小孩儿们立马就不哭了。但同是小孩子的我不仅不怕她，在青岛上学的日子还常常想念她、惦记她。

八岁那年，又是独自回乡，我在镇北头遇见了她。彪春子老远就跟我打招呼，走近才知道她是向我讨吃的。七个包里有四个包装的都是吃的，可我舍不得拿给她。彪春子在吃上面一点儿也不傻，她准确无误地指着装罐头的那包说：“你不给我就打你！”

我哭了，她笑了；我笑了，她怒了。

没办法，我拿出一个桃罐头给她。聪明的彪春子往地上一摔，桃子撒满地，她连泥带桃地吃一嘴，你这时候才相信她真是个傻子，连玻璃碴儿吃到嘴里都不肯吐出来。很多年后我都后悔，怎么那么小气，包里不是有大众饼干吗？

见了三里路上第一个想见的人彪春子之后，我就快步走了，直到想看看“两岸猿声啼不住”的丁子山时，我又慢下来了，舍不得“轻舟已过万重山”。

不高的山崖层层叠叠绿绿幽幽，几乎没有缝隙地挤在一起，山下是湍急的河水，一动一静，分外壮丽。再往前走到拐弯处是一个三岔口，从东流过的是上丁家的水，从北流过的就是水门口的水了。从没见过黄河的我以为这就是天下最大的河了。走到这儿我更是舍不得走了，常常一站就是几分钟，看那些挽起裤腿提溜着鞋袜过河的男女老少，有的站不稳会一屁股坐进水里。这番景象是我心中说不出的乡情。

再往前，我的心和脚就分开了，心在前，脚在后，就像在梦里奔跑，双腿始终够不着地。

三岔口往前走两分钟是水门口最大的一片甜瓜地，清香的瓜味牵引着我飞快地过去。

“小外甥，回来啦？先吃个瓜吧，换换水土！”

看瓜的叔伯舅舅几乎每年都招呼我在这儿歇会儿，有一年他根本不在，我却也分明听见喊声。依旧是那个老地方，依旧没卸掉身上的七八个包，依旧是不洗不切地吃俩瓜，然后站起来往前走。你说是那会儿富裕还是今天富裕？从来没付过瓜钱，也从来不知道那大片的瓜地怎么没有护栏。

水门口的河道不宽，两岸远看像是并在一起的。夏天河床上晾满了妇女们刚洗完的衣服，大姑娘小媳妇举着棒槌，捶打着被面，五颜六色，真是怪好看的。走不上一百米我就能看出这里有没有我认识的，通常我不认识的都是这一年刚过门的新媳妇，剩下的基本都能叫出名字。我一路叫着舅妈、喊着舅姥地快速走过她们，因为这条路离姥姥家也就一百多米了。

这一百多米的路实际上是水门口村果园的长度，这里的苹果树树枝和果子基本都在园子外。谁说“一枝红杏出墙来”，分明就是“棵棵果树关不住”。

最后的十米路是姥姥家的院子。先是路过两棵苹果树，每次也都是从这儿开始喊姥姥，等走过了长满茄子、辣椒、黄瓜、芸豆、韭菜、小白菜、大叶莴笋的菜地时，我已经喊不出姥姥了，眼眶里堵满的是咸咸的泪水。

三米的菜地恨不能走上三分钟，绊倒了茄子，撸掉了黄瓜……红的柿子、绿的辣椒，姥姥全都没舍得摘，就等着我这个在外的城里人回来吃。欢呼啊，豆角们！欢笑啊，茄子们！满眼的果实，满脸的笑容。

头发梳着小纂儿的姥姥出来了，我的三里之路走到尽头了。

我到家了。

——摘自《倪萍画日子》

例文 5

如果没有那个人

刘墉

（一）

小时候，夏天的傍晚，母亲常会做花椒油。先把麻油烧热了，再撒下一把花椒，拿锅铲用力压，噼噼啪啪地散发出一种特殊的香味。闻到那香味，我就知道，爸爸要下班了。

“醋熘冬瓜”是爸爸最爱吃的，清清淡淡的冬瓜汤，上面浮着一片花椒油，据说有消暑的功用。一直到现在，我都记得，淡黄色的花椒油在灯光下反射出的图案，还有那黑色的花椒，不小心被咬到时的麻麻的味道。

父亲在我九岁那年过世，不知道为什么，母亲就再也不做“醋熘冬瓜”了。

只是，每到夏天的傍晚，我总想起那道菜，想了三十多年。有一天，我忍不住问她：“做一碗醋熘冬瓜好不好？”八十七岁的老母一怔：“什么醋熘冬瓜？”“就是你以前给爸爸常做的那种汤啊！”“那有什么好吃？”她把脸转过去，“早忘了！”

（二）

多年前，住在湾边的时候，屋后是树林，林间有一条小径，一对邻居老夫妇，常在其中散步。

“别往树林里扔东西，小心打到老人家！”我总是叮嘱儿子，因为很少有人去林子，儿子常拿树干当目标，往里面掷石子。

“现在不会打到！”儿子照扔不误，还不服气地说，“谁不知道，他们五点才出来！”

秋天的黄昏看他们特别美，尤其是下雨的日子，树干都湿透了，一根根黑黑的；黄叶淋了雨，就愈黄得发艳了。两位老人缓缓走过，一双佝偻的身躯，两团银白的头发，还有那把花伞，给我一种特殊的感动。

有一天，半夜听到救护车响，两位老人就只剩下老太太了。

老太太还是自己开车出去买菜，呼朋唤友地开派对。只是总见她在门前走来走去，却再也见不到她在树林里出现。

有一天，我问她：“好久不到后面散步了？”

“散步？”她摇摇头，“没意思！”

（三）

有个五十多岁的女学生，比年轻人还用功，规定画两张画，她能画十张。每次看她把画从厚厚的夹子里拿出来,都吓我一跳。

她的夹子特别大,也特别讲究,里面是三夹板,外面糊上布料,还有个背带和拉链。

许多学生见到都问:“哪里买的夹子啊?好漂亮!”

“我先生为我做的。”

她的丈夫是个木匠,除了为她钉一张特别的画桌,还把房子向外加大,盖了一间有透明屋顶的画室。

“那是我先生和我两个人盖的!”她得意地形容,他们怎样先在地面钉好木框,再合力推起来,成为一面墙。

后来,她丈夫患心脏病去世了。她还是来上课,还背那个大夹子,只是夹子打开时,常只有薄薄一张草率的画。

然后,她直挺挺地坐着,看我为她修改。

有一天,她突然蒙起脸,冲进厕所。

接下来的日子,我没再见到她,听说她过得很好,只是,不画了。

(四)

自妻退休,就常在书房陪我。我写文章的时候,不能说话,她只好默默地整理账单、资料。

怕她无聊,上次离家前,我特别拿了一本《鸿,三代中国的女人》交给她:“这本书写得不错,我走了,你可以看看。”

她居然接过书,就开始读。

我离家前不过两天,她一边陪我,一边看,居然已经看了三分之一,还发表评论,说:“写的很冷,但是感人,非常好看。”

两个月之后,我回到纽约,走进书房,看到那本书。

“觉得怎样?”我问她。

“噢!还没看完。”

“看了多少?”我翻了翻,翻到了一折角。

“就看到那儿,大概三分之一吧!”她抬起头,“不陪你,书有什么好看呢?”

一碗可口的醋熘冬瓜、一条幽幽的小径、一幅美丽的图画、一本好看的书。

如果没了那个人,就不再可口、不再可走、不再美丽、不再好看!

——摘自《生生世世未了缘分》

例文 6

雨　人

崔永元

我见过很多大师,都非常有趣。比如电影《雨人》的编剧巴瑞·莫罗,他凭这部片子获得了奥斯卡最佳编剧奖。我们安排他住在北京昆仑饭店,他闲不住,就跑出来拍片子。在街上看到一辆劳斯莱斯,就把它拍下来,但镜头突然就转了,因为他发现旁边有个车夫正费劲地蹬着三轮车,车上拉着很多货。有一箱掉在地上,旁边的人都在摁喇叭，没有一个人下去帮他捡起来。后来，我问巴瑞什么是电影，他说这就是电影。电影大多都是在讲一些普通人，他们有理想、有追求却实现不了。追求一次，没能实现，再追求，又没实现，玩命追求，还是实现不了。一直到最后，快没希望的时候才实现了。

巴瑞的《雨人》，讲了一个自闭症患者的真人真事。他见到的那个自闭症患者，比电影里达斯汀·霍夫曼呈现出来的人物还要奇怪。

当时，巴瑞在图书馆看书，正好坐在"雨人"的前排。他听到后面"刷刷"地不停翻书，就回头看，心想这人没什么教养。没想到，"雨人"礼貌地冲他点头示意，然后接着看书。巴瑞有些好奇，过去问："先生，你在干什么？""雨人"说："在看书。"巴瑞说："你看书的速度有这么快吗？""雨人"答："是啊，今天下午我看了这么多书，有很高的一摞了。"巴瑞觉得这个人太讨厌了，不光制造噪音打扰别人，还说这种不着边际的话。他想考考"雨人"，就随便抽出一本书，翻开一页，念了其中的一句，结果"雨人"把后面的内容全都背了下来。后来，他们成了好朋友，巴瑞也了解了"雨人"的读书习惯，他是8秒钟看一页，一辈子忘不了。他最讨厌的就是图书管理员说快下班了，这个时候，无奈的他只能用两只眼睛同时看两页。

"雨人"的计算能力也很惊人——去拉斯韦加斯玩轮盘赌，拿一堆筹码押在一个地方，不管你转多少圈，停下来时肯定是他押的地方——这是他算出来的。后来，赌场就不允许他玩了，只要他一去，就找几个人陪着他，想玩哪个玩哪个，需要多少钱就直接给他。

《雨人》这部电影获得了奥斯卡最佳影片和最佳编剧奖，巴瑞觉得这应该是"雨人"的奖，就把奖杯送给了"雨人"。半年后，他去看"雨人"，发现奥斯卡小金人奖杯上已经没有金子了。原来，这个奖杯成了孩子们的玩具，"雨人"让很多孩子拿着奖杯玩，小金人也就褪了色，变成白色，这在奥斯卡奖的历史上应该是唯一的。

——摘自《解放日报》

例文7

苦难是人生的一笔财富

"苦难是人生的一笔财富。"这是人们常说的一句激励、奋进的话，但学会正确对待苦难更有现实的意义，毕竟，苦难不是幸事，也不是每个人都能承受得起的。

在一次聚会上，那些堪称成功的实业家、明星谈笑风生，其中就有著名的汽车商约翰·艾顿。艾顿向他的朋友、后来成国英国首相的丘吉尔回忆起他的过去——他出生在一个偏远小镇，父母早逝，是姐姐帮人洗衣服、干家务，辛苦挣钱将他抚育成人。但姐姐出嫁后，姐夫将他撵到了舅舅家，舅妈更是刻薄，在他读书时，规定每天只能吃一顿饭，还得收拾马厩和剪草坪。刚工作当学徒时，他根本租不起房子，有将近一年多时间是躲在郊外一处废旧的仓库里睡觉……

丘吉尔惊讶地问："以前怎么没有听你说过这些？"艾顿笑道："有什么好说的呢？

正在受苦或正在摆脱受苦的人是没有权利诉苦的。”这位曾经在生活中失意、痛苦了很久的汽车商又说：“苦难变成财富是有条件的，这个条件就是，你战胜了苦难并远离苦难不再受苦。只有在这里，苦难才是你值得骄傲的一笔人生财富。别人听着你的苦难时，也不觉得你是在念苦经，只会觉得你意志坚强，值得敬重。但如果你还在苦难之中或没有摆脱苦难的纠缠，你说什么呢？在别人听来，无异于就是请求廉价的怜悯甚至乞讨……这个时候你能说你正在享受苦难，在苦难中锻炼了品质、学会了坚韧？别人只会觉得你是在玩精神胜利、自我麻醉。”艾顿的一席话，使得丘吉尔重新修订他“热爱苦难”的信条。他在自传中这样写道——苦难，是财富还是屈辱？当你战胜了苦难时，它就是你的财富；可当苦难战胜了你时，它就是你的屈辱。

那么，让苦难不再成为屈辱的前提是：坚强面对，不屈不挠，勇于奋斗，最终战胜苦难，而让它成为你人生中真正值得汲取的财富！

——摘自励志一生网站

例文8

沉醉书香

王丽萍

杨绛先生说，读书贵在“追求精神享受”，不过，读书的“乐在其中”，并不等于追求享乐。钻入书中世界，这边爬爬，那边停停，有时遇到心仪的人，听到惬意的话；或者对心上悬挂的问题偶有所得，就好比开了心窍。这个“乐”和“追求享乐”该不是一回事吧？

读书人之“乐”，在于作家之气度，笔墨之劲健，底蕴之丰厚，灵性之勃发。好书，静中见生气；妙书，轻松间出风情；奇书，奔突之际现神采。气度的流变，情韵的播撒，精魂的锋芒，尽在不言中。

相对而言，著书家之“乐”，在乎“遗物”；买书者之“乐”，在乎“访物”。这“物”，既有“境”、“知”，还有“人性”。比如，买书一般并无目的，随便翻翻也是享受，无意间入“境”遇相知，喜欢至极，其乐几何？再如，读书的“乐趣”，从字里行间读出鸟语花香、余音袅袅、万马奔腾、惊心动魄，甚至把自己的情感和阅历都调动起来，融入词句，其味几何？

书香与绿树、花草、夜风一样，教人忘却了时间在流逝。一册册浏览在手，如同与老友品茗夜谈，满室弥香。对真正的读者来说，有好书可读，人间便没有痛苦难耐的时光，没有卑微无助的地位，没有忐忑不安的窘况。长期、专注、全身心地阅读，潜移默化之间，便涵养了豁达心性。

难怪有人说：进入读书的心境，即便是陋室，也一样能泡出一段沉醉好时光。诚如斯言，爱读书的人，迷恋的是书中那种情感与智慧淡淡的清香，所谓“读书随处净土，闭门即是深山”。读者对于他所喜欢的作家的情感感悟，往往是无声无息而来的。而一位读书家则说，“将著者经意的大问题化解得很小，又绕道到著者的背后去思考、去感悟，这是读书的独妙乐趣”。

读书带来丰富的想象，带来深刻的感受，源于心灵与心灵会意的魅力。一本绝好的书，无论在何时何地，都能给人以“品不够”的感受。优秀作品，除了句子以外，要看到人、人性，也要看到好的故事和戏剧性。

读好书的幸福，是一种纯洁而又明净的幸福。阅读带来的愉悦和感受，不是其他生活方式所能获得的。一卷在握的惬意，千金难买。一把小小的竹椅或木凳，就构成了富有的天地。如果要列出世界上最香的东西是什么，我以为，不是饭菜，不是香水，而是“书的墨香”。品一杯淡茶，捧一本散发墨香的好书，那是一种多么恬淡的境界。

——摘自《教师博览》

例文 9

敬畏生命

张全民

弘一法师在圆寂前，再三叮嘱弟子把他的遗体装龛时，在龛的四个脚下各垫上一个碗，碗中装水，以免蚂蚁虫子爬上遗体后在火化时被无辜烧死。看弘一法师的传记，读到这个细节，总是为弘一法师对于生命深彻的怜悯与敬畏之心所深深感动。

高中时候，我家后院的墙洞里经常有大老鼠出来偷吃东西。不知为什么，我的心里产生了一个残酷的想法，悄悄地躲在墙边，趁老鼠出来的时候，拿开水烫它，结果，一只大老鼠被滚烫的开水烫着后惨叫着缩进了墙洞，我不知道它有没有死，但那时我并没意识到自己的残忍，因为“老鼠过街，人人喊打”，在人类的心目中老鼠似乎有一千个应该死的理由。然而，引起我内心最大触动和自责的还是在两个月后：我在后院又看到了那只大老鼠，它还活着，只是全身都是被烫伤之后留下的白斑，最让人痛苦和不安的是，它居然还怀着小老鼠，腆个大肚子，动作迟钝地在地上寻觅着食物，我无法表达我那个时候的心情，我只觉得“生命”这个词在我的心中突然凸现得那么耀眼，只觉得我曾经有过的行为是多么的卑劣和龌龊。这种感觉，在别人眼里也许会显得很可笑，但是，对我来说，就是从那个时候起，我逐渐地感受到了生命的意义和分量。

法国思想家史怀泽曾在《敬畏生命》中写道：他在非洲志愿行医时，有一天黄昏，看到几只河马在河中与他们所乘的船并排而游，突然感悟到了生命的可贵和神圣。于是，“敬畏生命”的思想在他的心中蓦然产生，并且成了他今后努力倡导和不懈追求的事业。

其实，也只有我们拥有对于生命的敬畏之心时，世界才会在我们面前呈现出它的无限生机，我们才会时时处处感受到生命的高贵与美丽。地上搬家的小蚂蚁，春天枝头鸣唱的鸟儿，高原雪山脚下奔跑的羚羊，大海中戏水的鲸鱼等等，无不丰富了生命世界的底蕴，我们也才会时时处处在体验中获得“鸢飞鱼跃，道无不在”的生命顿悟与喜悦。

因此，每当读到那些关于生命的故事，我的心中总会深切地感受到生命无法承受之重，如撒哈拉沙漠中，母骆驼为了使即将渴死的小骆驼喝到够不着的水潭里的水而纵身跳进了潭中；老羚羊们为了使小羚羊们逃生而一个接着一个跳向悬崖，因而能够使小羚羊在它们即将下坠的刹那以它们为跳板跳到对面的山头上去；一条鳝鱼在油锅中被煎煮时却始终弓起中间的身子，是为了保护腹中的小鳝鱼；一只母狼望着在猎人的陷阱中死去的小狼而在凄冷的月夜下呜咽嗥叫。其实，不仅仅只有人类才拥有生命神性的光辉。

有时候，我们敬畏生命，也是为了更爱人类自己，丰子恺曾劝告小孩子不要肆意用脚去踩蚂蚁，不要肆意用火或用水去残害蚂蚁，他认为自己那样做不仅仅出于怜悯之心，更是怕小孩子那一点点残忍心以后扩大开来，以致驾着飞机装着炸弹去轰炸无辜的平民。

确实，我们敬畏地球上的一切生命，不仅仅是因为人类有怜悯之心，更因为它们的命运就是人类的命运：当它们被杀害殆尽时，人类就像是最后的一块多米诺骨牌，接着倒下的也便是自己了。

——摘自《散文》

例文 10

让生命在感恩中绽放

郭应国

流水匆匆，岁月匆匆，匆忙到来不及收拾童年的碎片，来不及回味，来不及追忆，一晃又过了二十载。生命，在这二十年的风雨中洗礼；心灵，也在沧桑中走向成熟。这二十年来，我在党和国家的呵护下，像一棵小草一样健康茁壮地成长，并且考上了梦寐以求的大学。

由于家处偏远的山区，没有固定的收入来源，而父母年迈，上又有卧病在床的爷爷要照顾，没有办法外出打工，所以父母要供我上大学是非常不易的。记得我拿到高校的录取通知书那天，全家人是多么的激动和高兴，不识字的父亲拿着我的通知书愣了半天，眼睛一直盯着那红烁烁的几个大字，激动得差不多要流泪了。可在高兴之余，我看到父亲转过身去，叹息了好久。那一晚，父亲和母亲一直在商量我上大学的事，直到半夜也没有结果，在叹息中他们沉默了。那一晚我彻底地失眠了，我知道我家的经济状况连家庭的日用开支都难以解决，又怎能支付大学那昂贵的学费呢？我的大学梦可能就要破灭了，我开始对大学生活感到迷茫。

村里人常说："供个孩子上学，考不上大学气人，考上了大学更气人"。是啊！天文数字的学费，巨大的各种生活开支，压得家长们透不过气来。多少次看到父母在为我的学费、生活费奔波，他们在无奈中是怎样的挣扎？在痛苦的折磨中又是怎样忍住没有呻吟？想起这些，心，被揪似的痛；泪，也在莫名地流。

就在全家人为我上大学而发愁的时候，我在学校发来的通知书上看到了国家的各种助学政策，尤其是"生源地信用助学贷款"，让我再一次看到了大学的希望。当时国家的这项政策，像一缕温暖的阳光照进冰冷的雪地，融化了我内心那沉重而僵硬的冰块。很快，在学校和资助中心帮助下，父亲带着我到县教育局资助中心办理所有的手续，签了合同，取了证明，让我顺利地进入了大学校园。

大学是一个美丽和谐的家园，我很庆幸能够来到这里，在这温暖的家园里，我学到了丰富的知识和技能，也学到了很多社会经验。如今，我可以漫步于如簇的樱花丛中，可以晨读于清幽的紫竹林里，可以奔跑在宽阔的球场上，可以沉思于丰富的图书之中，我可以无拘无束、自由自在地享受那美好的生活。经过自己的努力，在政府与学校的帮助下，我建起了贫困生档案，申请到了国家助学金，解决了我的生活问题，也为家里减轻了负担。百花齐放、万木争春，我是其中的一株，在党那温暖的阳光照耀下，在国家那甘甜的雨水滋润中，不断地向自己的梦想靠近。这所有的一切都是党和国家给予我的关怀和恩泽，它们让我会学会感恩，懂得感恩，我要以自己的实际行动回报社会，为祖国的事业不断奋斗。

国家和党，助我圆梦！伴我成长！在我们孤立无助之时，它会携起我们的手，带我们走过崎岖的山岭，越过波涛汹涌的大海，到达成功的彼岸。党和国家的那些政策，圆了无数学子的大学梦，让他们茁壮快乐地成长，享受着无比美好的大学生活。党和国家全心全意为人民服务，为人民办事，共产党员杨善洲同志就是典型的代表，善洲精神是党和国家给予我们的又一次洗礼。所以，我们要积极学习杨善洲精神，以杨善洲同志为榜样，在党旗的号召下，做一些力所能及的事，为国家、为社会、为人民服务。学会感恩，懂得感恩，时时拥有一颗感恩的心，是每个人必须拥有的赤子情怀。尽管我们无法一一将滴水报以涌泉、将闪电归还闪电。

忆往昔峥嵘岁月，展未来任重道远。我们要以时代为己任，随着时代的进步和发展，刻苦钻研，努力拼搏，把自己的一切献给党。要把实现自身的人生追求同党的事业、国家的富强紧密联系在一起，沿着正确的方向不断前进，只有那样我们才能以自己的力量回报社会、回报祖国。要高举邓小平理论的伟大旗帜，积极践行“三个代表”的重要思想，胸怀祖国，扎实工作，与时俱进，为社会主义现代化建设贡献出我们的全部才智，为国家抛洒自己的青春和热血，做建设有中国特色社会主义的接班人和建设者，永远跟着党走。

活在这珍贵的人间，我们这一生是多么的卑微啊！然而我们又时时被牵挂和祝福抚摸着，不曾被这尘世所遗忘。在我最脆弱的时候，总有坚毅的目光给我以飞翔的翅膀；当我内心的火焰熄灭，总有另一簇火焰将我重新点燃；抑或当我偶尔遗失了自己，也总有一双柔软的手，温暖地将我牵起……

关爱伴我成长，感恩与我一起。受助于人，感恩在心。我们要感谢生命中的一切，因为它让我们变得坚强，也让我们学会了感恩。羔羊尚能跪乳，乌鹊犹能反哺，我们又岂能没有感恩的心，感恩党和国家呢？感恩不只是一种直接的物质回馈，也是心灵的一种境界，我们必须时刻拥有一颗感恩的心，精心地去呵护它。学会感恩，懂得感恩，因为感恩，生命在绚丽中绽放；因为感恩，心灵在成长中净化；因为感恩，世界在灿烂中繁荣。在党的九十华诞，也是我二十岁的生日，我会努力展示我的青春，给自己、给党送上美好的祝福。

“我们是五月的花海，让青春拥抱时代；我们是初升的太阳，用生命点燃未来……”在党的九十华诞之际，让我们高唱这首《五月的花海》，在党的指引下，一路跟着党走。

——摘自百度文库

[思考与实训]

(1)阅读《盲人摸象》,并说明故事能够给我们哪些艺术审美的启示?

(2)《时尚杂志》关于美丽的标准有以下几点:①每天快乐 8 小时;②健美;③独立;④性感;⑤自信;⑥适应力;⑦保持本色;⑧智慧;⑨爱心。

作为一名高职大学生,你认为自己应该是什么形象?

第四讲

踏寻民族文明的足迹——民俗乐园

[经典案例]

二十三，糖瓜粘；
二十四，扫房子；
二十五，磨豆腐；
二十六，去割肉；
二十七，宰公鸡；
二十八，把面发；
二十九，蒸馒头；
三十晚上闹一宿；
大年初一扭一扭。

【思考】：这句民谣跟民俗有什么关系？

【分析】：你喜欢过年吗？过年时，就可以放鞭炮、拿红包，还可以挂年画、贴春联、剪窗花。春节是中国最富有特色的传统节日，中国人过春节已有 4 000 多年的历史，过春节就是我们中国最传统的民俗。

[知识导航]

民俗是什么？

民俗，就是世代相传的民间生活风俗，它作为一种文化现象，是一个国家传统文化的重要基础和组成部分。民俗，正如其名，它深植于集体，深植于民心。在各民族中，都有广大人民群众创造的各类民俗文化，代代传承，这些民俗不仅丰富了人们的生活，还增加了民族凝聚力。

1. 节日民俗

1）中国传统节日习俗

中华民族拥有自己独特而丰富的传统节日，在这些节日中，有祭祀性节日，如清明节、中元节等；有生产性节日，如二月二龙抬头、中秋节等；有纪念性节日，如端午节、七夕节等；有娱乐性节日，如元宵节、重阳节等；还有综合性节日，如春节等。每一个节日都有一连串美丽动人的故事。

(1)春节。

春节是中国最为隆重的传统节日,一般指正月初一,是农历新年的第一天,俗称"过年"。除夕之夜,全家都会欢聚一堂吃"团年饭",长辈给孩子们分发"压岁钱"。大年初一,各家要给尊长拜年,并且开始走亲访友,互送礼品,庆贺新年。从这一天开始,丰富多彩的娱乐活动竞相开展,例如要狮子、舞龙灯、扭秧歌、踩高跷,这些民间娱乐活动为新春佳节增添了浓郁的喜庆气氛。

(2)福"倒"了。

中国历来有"腊月二十四,家家写大字"的风俗。相传清朝光绪年间的腊月二十四,皇宫里有个太监不识字,把一个"福"字贴倒了,被慈禧太后恰巧看到,正要发怒,聪明的李莲英急忙上前说:"老佛爷请息怒,这是有意倒着贴的。这'福'字倒贴,就是'福'倒了。福到了,不是大吉大利吗?"慈禧听后转怒为喜。后来这个习惯传到了民间,大家就都把"福"字倒贴了。

(3)压岁钱。

传说古代有一个叫"祟"的妖怪,每年除夕夜晚里出来摸睡熟的小孩的脑门,小孩被摸过后就会发烧变成傻子。人们怕"祟"来伤害孩子,便整晚点着灯不睡觉,这就是"守祟"。嘉兴府有一户人家,除夕夜里小孩用红纸包了八枚铜钱玩,睡着后,"祟"来摸孩子的脑门,突然孩子枕边迸出一道金光,"祟"尖叫着逃跑了。于是这件事传扬开来,大家纷纷效仿,在大年夜用红纸包上钱给孩子,祟就不敢再来侵扰了。后来人们就把这种钱叫"压祟钱",因为"祟"与"岁"发音相同,时间久了,就被称为"压岁钱"了。

(4)贴门神。

在民间,门神是正气和武力的象征,在大门上贴上门神,一切妖魔鬼怪都会望而生畏。相传上古的时候,有神荼、郁垒两兄弟,每天早上他们将恶鬼绑起来喂老虎,因为两兄弟的门前有棵桃树,人们为了驱鬼辟邪,就用两块桃木板画上两兄弟的画像挂在门前。到了唐代,门神的位置便被秦琼和尉迟恭所取代,这在《西游记》中也有描述:唐王做噩梦,便让秦琼、尉迟恭去守宫门,那一夜果然没有做噩梦。后来太宗因不忍二将辛苦,就命画家将二人的画像画下来贴在门上。后代人相沿下来,于是这两员大将便成为千家万户的守门神了。

(5)元宵节。

早在2 000多年前就有过元宵节的传统了,关于为何元宵节吃元宵,据说当年楚昭王经过长江,见有物浮在江面,为一种外白内红的甜美食物。于是请教孔子,孔子

说“此浮萍果也，得之主复兴之兆”。因为这一天正是正月十五日，以后每逢此日，昭王就命手下人用面仿制此果。关于元宵的名字有一种说法，元宵原来叫汤圆，到了汉武帝时，宫中有个宫女叫元宵，做的汤圆精美好吃，后来就用这个宫女的名字来命名汤圆了。元宵节赏灯则始于东汉时期，汉明帝提倡佛教，佛教有正月十五日僧人观佛舍利，点灯敬佛的做法，这一天夜晚在皇宫和寺庙里点灯敬佛，平民百姓家都挂灯。后来这种佛教礼仪就演变成了观灯赏月。元宵节是汉族节日中最热闹、最愉快的一个节日，在元宵之夜，大街小巷张灯结彩，人们赏花灯、猜灯谜、吃元宵，有的地方还要舞狮子、踩高跷。

(6)清明节。

每年公历 4 月 5 日前后，是我国传统的节日——清明节。据史相传，春秋时期，晋公子重耳流亡在外，途中饿晕，臣介子推割下大腿的肉给他吃。后来重耳做了晋文公，封赏群臣唯独忘了介子推。介子推不贪图荣华富贵，背着母亲去绵山隐居了。后经晋文公想起介子推，请他不出就放火烧山逼他出山，但大火烧了 3 天始终不见人出来，上山寻找发现他和他娘相抱死于烧焦的柳树下。晋文公悲痛万分，将这一天定为寒食节。第二年，晋文公登山祭奠，发觉老柳树复活，便赐名“清明柳”，并定为清明节。

(7)端午节。

端午节是汉民族的三大传统节日之一，农历五月初五是端午节，“端”是开始的意思，“午”与“五”通用，端午就是“初五”。关于端午节的来源，一般认为是为纪念楚国的爱国诗人屈原而设。屈原是春秋时期楚怀王的大臣，他力主联齐抗秦，后遭到谗言被放逐到汨罗河江边，在这期间，屈原写下了忧国忧民的《离骚》《天问》《九歌》等爱国诗篇。公元前 278 年，秦军攻破楚国京都。听到这个消息后，屈原悲痛万分，抱着石头跳进了汨罗江。人们为了避免鱼虾伤害屈原，于是做了粽子投入江中，并划船打捞屈原的尸体，一位医生则拿来一坛雄黄酒倒进江里想药晕蛟龙水兽。以后，在每年的五月初五，就有了吃粽子、龙舟竞渡、喝雄黄酒的风俗，以此来纪念爱国诗人屈原。

(8)七夕节。

这是中国传统节日中最具浪漫色彩的一个节日，也是过去姑娘们最为重视的日子。七夕节源于牛郎织女的传说，相传很久以前，牛郎与老牛相依为命，牛郎听取老牛的计谋娶了天上的仙女织女，婚后，牛郎织女相亲相爱，生活得十分幸福美满。后来王母娘娘抓走了织女,并拔下头上的金簪画了条天河,将牛郎织女隔开了。从此,牛郎织女便只能泪眼盈盈,隔河相望。最后王母深受感动就让他们每年七月七日见一次,每逢七月初七,人间的喜鹊就要飞上天去,在银河为牛郎织女搭鹊桥相会。女孩们在这个夜晚会对着星空祈祷自己像织女一样心灵手巧,更祈求美满的爱情婚姻。

(9)中秋节。

农历八月十五是中秋节,根据中国的历法,农历八月在秋季中间,为秋季的第二个月,称为“仲秋”,而八月十五又在“仲秋”之中,所以称“中秋”。民间中秋节有吃月饼、赏月、赏桂花、猜灯谜等多种习俗。古时候,还设案焚香,祭祀月神。月饼最初是用来祭奉月神的,俗话有:“八月十五月正圆,中秋月饼香又甜。”月饼最初是用来祭奉月神的祭品,后来人们逐渐把中秋赏月与品尝月饼结合在一起,寓意家人团圆。

(10)腊八节。

农历十二月初八是腊八节,又叫“佛成道节”,相传佛教创始人释迦牟尼在这一天得道成佛。据说有的寺院于腊月初八前僧人会沿街化缘,将化来的米、栗、枣、果仁等材料煮成腊八粥散发给穷人,所以穷人把它叫作“佛粥”。后来腊八节喝腊八粥在民间盛行,元、明、清沿袭这一食俗,到了清代最为盛行。清人富察敦崇在《燕京岁时记·腊八粥》说:“腊八粥者,用黄米、白米、江米、小米、菱角米、栗子、红豆、去皮枣泥等,合水煮熟,外用染红桃仁、杏仁、瓜子、花生、榛穰、松子及白糖、红糖、琐琐葡萄,以作点染。”

2)少数民族节日习俗

(1)泼水节。

公历的四月中旬是傣族的新年,傣族人欢度新年时会举行泼水活动,因此其他民族便将这个节日称为泼水节。泼水节已有700年的历史,人们清早起来便沐浴礼佛,之后便开始连续几日的庆祝活动。这期间,大家用纯净的清水相互泼洒,祈求洗去过去一年的不顺,带着美好的愿望在新的一年再次出发。

(2)三月三。

农历三月初三,古称上巳节,是一个纪念黄帝的节日。相传三月三是黄帝的诞辰,中国自古有“二月二,龙抬头;三月三,生轩辕”的说法。三月三,还是传说中王母娘娘开蟠桃会的日子,传说西王母有两个法宝:一个是吃了可以长生不老的仙丹,嫦娥就是偷吃了丈夫后羿弄来的西王母仙丹后飞上月宫的;另一个法宝就是吃了能延年益寿的蟠桃,《西游记》中就讲了孙悟空大闹蟠桃会的故事,里面的蟠桃是一种仙桃,千年发芽,千年开花,千年结果,据说吃了可得长生。

(3)火把节。

火把节是彝族、白族、纳西族等一些民族的重要传统节日,其中以彝族的火把节最为盛大。节日那天,在村寨附近选择一块开阔地,用柴草堆成一个大火炬,作为活动场所。傍晚,男女老少举着火把将其点燃,一时火光冲天,欢声四起,大家各举小火把围着大火炬,跳"丰收舞",唱"丰收歌"。歌舞结束开始举行火把游行,大家会游遍各自家的田边地角,以此表达消灭害虫,祝祈风调雨顺、五谷丰收的愿望。

(4)"那达慕"大会。

每年农历六月初四开始的"那达慕大会"是蒙古族人民的盛会,"那达慕"是蒙古语,意为"娱乐、游戏",是蒙古族人民喜爱的一种传统体育活动形式,它的内容主要有摔跤、赛马、射箭、套马、下蒙古棋等项目。那达慕有着悠久的历史,据铭刻在石崖上的《成吉思汗石文》记载,成吉思汗为了检阅部队和祈庆丰收,将各个部落的首领召集在一起,举行"那达慕"。到了清代,"那达慕"逐步变成了由官方定期组织的活动。

2. 称谓民俗

(1)东床。

东床就是指女婿,这个称法跟晋代著名书法家王羲之有关。相传晋朝太傅郗鉴为女儿挑选女婿,他听说丞相王导的几个儿子都很英俊,便想从中挑个女婿。一天,郗太傅派门客去王府,王丞相说:"我的几个儿子都在东厢房呢,转告郗太傅,请任意选吧!"门客到东厢房看过后回去回禀太傅说:"王丞相的几个儿子都很英俊,听到选婿后都有些拘谨,只有一个年轻人袒腹卧于东床,好像没听说到似的。"谁知太傅听后高兴地说:"就选那袒腹东床的为婿。"于是就将女儿嫁给了他。"东床快婿"一说就是这样来的。

(2)皇后。

皇帝的正妻称为皇后,在周朝以前,天子之妻皆称为"妃",周朝开始则称为"后"。选皇后大致有以下几种途径:一是册封,未大婚的皇帝成年后会进行一次选秀,一般册封一位皇后和两位妃,这样册封的皇后地位最高;二是续弦,皇后去世之后,皇帝会从后妃之中再挑出一位成为继皇后;三是母以子贵,皇帝死后,新皇帝的母亲便自然成为皇太后;四是追封,这是给予已过世的妃嫔的一种荣耀,一般被追封者是新皇帝已过世的母亲。

(3)驸马。

中国古代皇帝的女婿都称为驸马。驸马原是一个官名,驸马都尉,就是掌副车之马。驸马都尉在两汉时多是由皇亲国戚的子孙担任。到三国魏时，何晏娶金乡公主为妻后担任驸马都尉，晋代文帝的女婿后也授官驸马都尉，于是后世沿用这种做法，凡与公主结婚的，都为驸马都尉，简称驸马。

(4)黄花闺女。

黄花闺女指还没结婚的女孩子。古时未婚女子在梳妆打扮时，喜爱“贴黄花”，就是用黄颜色在额上或部脸两颊上画成各种花纹，也有用黄纸剪成各种花样贴上的。同时，“黄花”又指菊花，菊花傲霜耐寒，常用来比喻人的高洁。所以，在闺女前面加上“黄花”二字，就说明这个女子还没结婚。《木兰辞》中就有“对镜贴花黄”的诗句。

(5)店小二。

店小二是指古时候酒店或旅店里的服务员。过去，老百姓一般是没有名字的，只有上了学才有学名，一般他们的名字多是用行辈作为称呼，如明朝开国皇帝朱元璋叫“重八”。酒店或旅店里的老板是理所当然的“店老大”，记账的是“先生”，于是人们就称这些服务员为“店小二”。还有一种说法，是有一个服务员叫王示，当时写名字时字都是竖着写的，人们总是误念成王二小，传来传去人们就说成小二了。

(6)老衲。

老衲是老和尚的谦称。过去和尚穿的衣服是由别人不用的布块缝纳而成的，这种衣服被称为纳衣，所以僧侣又称为纳僧，“老衲”这一称呼便由此而来。有时老尼姑也自称老衲。

(7)丈夫。

我国有些部落有抢婚的习俗，女子选择夫婿，主要看这个男子是否够高度。一般以身高一丈为标准，有个身高一丈的夫婿，才可以抵御强人的抢婚。当时的一丈约等于今天的 7 尺，相当于现在的一米七。于是，女子都称她所嫁的男人为“丈夫”。

(8)须眉。

为什么要称男子为须眉呢？须眉指胡子和眉毛，胡子为男子独有，眉毛虽然男女都有，但古时候妇女为了美观有剃眉的习惯，剃去眉毛后再用青黑色画眉代替。而画的眉毕竟不是真的，于是眉也可视为男子独有之物，所以就用须眉代指男子了。

3. 饮食民俗

中国是一个餐饮文化大国，中国菜是中国烹饪数千年发展的结晶，在世界上享有盛誉。中国菜作为与法国菜(西方菜系)和土耳其菜(清真菜系)并列的世界公认的三大美食体系，无疑代表着东方菜系的精髓，中国菜的特点可以总结为色、香、味、意、形。由于受地理环境、气候物产、文化传统以及民族习俗等因素的影响，中国菜形成各种流派，其中，鲁菜、川菜、苏菜、粤菜、闽菜、浙菜、湘菜、徽菜被称为“八大菜系”，加上京菜和鄂菜，即为“十大菜系”。一般说来，中国北方寒冷，菜肴以浓厚、咸味为主；中国华东地区气候温和，菜肴则以甜味和咸味为主，西南地区多雨潮湿，菜肴多用麻辣浓味。

以下为几种地方特色食品。

(1)西安的羊肉泡馍。

提起西安，总能想到热腾腾的羊肉泡馍，泡馍是土生土长的西安美食。相传宋太祖赵匡胤少时曾流落长安，寒冬时节身上只有两块干饼，路边有一羊肉铺的老板可怜他，就给了他一碗热气腾腾的羊肉汤。赵匡胤将饼掰碎泡入，吃完顿觉饥寒全消。十年后，赵匡胤当了北宋的开国皇帝，一次出巡长安，路经当年那家羊肉铺，不禁想起十年前的情景，便命店主做一碗羊肉汤泡馍。赵匡胤吃后大加赞赏，随即命随从赐银百两。这事不胫而走，传遍长安，大家都去吃羊肉汤泡馍，慢慢地羊肉泡馍就成了西安的独特美食。

（2）维吾尔族的手抓饭。

维吾尔族群众把手抓饭视为上等美餐，逢年过节、婚丧嫁娶的日子里，都要准备“抓饭”待客。关于抓饭还有一段故事，相传在一千多年前，有个叫阿布艾里·依比西纳的医生，他老年时身体很虚弱，吃了很多药也无济于事，后来他研制了一种饭进行食疗。他选用牛羊肉、胡萝卜、洋葱、清油、羊油和大米加水加盐后进行小火焖熟，做熟的抓饭美味可口，食疗半月后便恢复了健康。于是这种“药方”一传十，十传百，成为现在的维吾尔族人普遍吃的抓饭了。

（3）杭州的西湖醋鱼。

相传有一家宋氏兄弟，满腹文章，隐居在西子湖畔以打鱼为生。当地恶棍赵大官人想霸占宋嫂，施计打死了宋家老大。宋家老二为报兄仇向官府告状，结果落得一顿棒打。宋嫂劝宋家老二外逃，临行前特意用糖、醋烧制了一条西湖里的鲲鱼为他饯行。后来宋家老二考取了功名，在一次宴会上又吃到甜中带酸的西湖醋鱼，味道就是他离家时嫂嫂烧的那样，连忙追问是谁烧的，终于找到了隐姓埋名的嫂嫂。原来，从他走后，嫂嫂为了避免恶棍来纠缠，隐姓埋名，躲入官家做厨工。宋家老二找到了嫂嫂很是高兴，就辞了官职，把嫂嫂接回了家，重新过起捕鱼为生的渔家生活。

（4）云南的过桥米线。

过桥米线是云南滇南地区特有的食品，已有一百多年历史，五十多年前传至昆明。相传滇南地区有一个秀才在城外岛上读书，秀才的老婆经常做米线给秀才送去，但秀才吃时米线已经凉了，于是她就将热油倒入汤内以保温。此法一经传开，人们纷纷仿效，因为到岛上要过一座桥，也为纪念这位贤妻，后世就把它叫作“过桥米线”。

（5）冰糖葫芦。

冰糖葫芦是北方冬天常见的一种小吃，一般用山楂串成，蘸上冰糖，吃起来又酸又甜，东北地区叫糖梨膏，天津地区叫糖墩儿。相传，冰糖葫芦与南宋的光宗皇帝有关，当年，宋光宗最宠爱的黄贵妃生病了，吃不下饭，吃了很多药都没有效果，身体一天比一天消瘦。于是皇帝张榜寻找良医，不久，有个江湖郎中出了个药方：“把冰糖和山楂果煎熬了，每顿饭前吃七八颗。”贵妃吃后身体就好了。后来这种吃法传到民间，老百姓又把它串起来卖，就变成现在我们看到的冰糖葫芦了。

（6）茅台酒。

贵州茅台酒独产于中国的贵州省仁怀市茅台镇，被誉为我国的“国酒”，它与苏格兰威士忌、法国科涅克白兰地同为世界的三大蒸馏名酒。茅台酒拥有悠久的历史，据传在大禹时期，赤水河的土著居民濮人已擅酿酒。到了汉代，当地盛产枸酱酒就受到了汉武帝“甘美之”的赞誉，此后就一直作为朝廷贡品。到了清代，茅台镇酒业兴旺，“茅台春”“茅台烧春”“同沙茅台”等名酒声名鹊起。1704 年，“偈盛烧房”将其产酒正式定名为茅台酒。

4. 居住民俗

中国居住文化：中国民居建筑在漫长的历史过程中，发展出了各具特色的民居类型。北方气候干燥寒冷，房子大多是土木结构或木石结构，居住空间主要在地面。南方气候炎热、潮湿多雨，故南方民居多采用干栏式建筑，房屋悬空构建在木柱之上，楼下关牲畜，楼上住人。

1）北京的四合院

四合院是中国北方最典型的民居建筑，因为它比较充分地体现了中国的传统观念，院落四面均有墙壁，墙壁没有窗户，仅有大门与外面相通，一家活动均在院墙之内，这是封闭观念的符号；房屋布局与家庭成员的住房安排有严格的规定，体现了中国人的伦理制度；四方房屋之下都有檐下回廊，檐下回廊和天井成为各房成员交流感情的场所，这是融汇亲缘感情、增强内聚倾向的符号。

2）蒙古包

蒙古包是蒙古族的住屋。“包”，就是蒙古语“家”“屋”的意思。蒙古包古时称作“穹庐”，又叫“毡帐”或“毡包”。蒙古包分转移和固定两种，前者在牧区使用，后者在半农半牧区使用，外观相仿。一顶蒙古包两三小时就能搭盖起来。近年来随着经济技术的发展，出现了钢架结构的蒙古包，包的前后加开了窗，使采光和通风性能更好，室内还增加了彩电、冰箱等现代生活用品。

3）窑洞

窑洞是中国西北黄土高原上居民的古老居住形式，它的历史可以追溯到四千多年前。由于这里黄土层非常厚，当地居民便利用这种地形凿洞而居，其具有冬暖夏凉、不破坏生态、不占用良田、经济省钱等优点。过去，一位农民辛勤劳作一生，最基本的愿望就是修建几孔窑洞，有了窑娶了妻才算成了家立了业。

4）客家土楼

福建土楼是世界上独一无二的山区大型夯土民居建筑，因其大多数为福建客家人所建，故又称“客家土楼”，被誉为“东方古城堡”“世界建筑奇葩”。由于闽西南山区地势险峻，盗匪四起，野兽也经常出没，百姓就地取材，建造土楼以抵御强盗和山林野兽。土楼主要建筑材料就是土，再掺上细沙、石灰、糯米饭、红糖、竹片、木条等，经过反复揉压建造而成。土楼高可达四五层，供三代或四代人同楼聚居，一座土楼就是一个家族的凝聚中心。当地有三千余幢土楼，它们形如天外飞碟，散布在青山绿水之间。在2008年举行的第32届世界遗产大会上，中国的“福建土楼”被正式列入《世界遗产名录》。

5）傣家竹楼

竹楼是傣家的标志民居。传说诸葛亮平定南中之后来到西双版纳，看到当地居民生活还很原始，就教他们种粮。当诸葛亮班师回蜀之时，傣家人都来送行，诸葛亮在自己的孔明帽上写上“想命长，水冲凉；草棚矮，住高房”的嘱托送给傣家人，于是傣家人就根据诸葛亮孔明帽的形状盖起了傣家竹楼。以数十根竹子支撑，离地约七八尺处铺以楼板，顶上盖上草排，楼下放物品、关牲畜，楼上住人。西双版纳地区多雨潮湿，山间虫兽侵袭，竹楼的优点就是通风散热防湿防潮，防止虫兽侵袭。

5. 民俗艺术

民俗艺术是指民间形成的非实用的、可供人们当作文化欣赏的各种技艺。中国的民俗艺术有年画、泥塑、皮影、布玩具、风筝、花灯、刺绣、剪纸等各类品种。

1）年画

年画始于古代的“门神画”，是中国特有的一种绘画体裁，也是中国农村老百姓喜闻乐见的艺术形式。年画因一年一更换，或张贴后可供一年欣赏之用，故称“年画”。明清以来，木版年画迅速发展，著名的如天津杨柳青木版年画、苏州桃花坞木版年画等。每逢过年时，每家每户都贴满了各种花花绿绿、象征吉祥富贵的年画，是过年中不可缺少的喜庆元素。

2）皮影

皮影是我国工艺美术与戏曲巧妙结合而成的独特艺术品种。皮影戏中的平面偶人以及场面道具景物通常是民间艺人用手工刀雕彩绘而成的皮制品，故称之为皮影。它的演出装备轻便，唱腔丰富优美，表演精彩动人，千百年来深受广大民众的喜爱。

3）风筝

风筝北方称“纸鸢”，南方称“鹞子”。风筝最初大多用于军事，到后来演变为大众的娱乐活动。中国风筝种类繁多，风格多样，多半是仿生或神话故事人物。在众多的风筝种类里，北京、天津、山东潍坊、江苏南通等地的风筝相对较为知名，这四个地方被称为中国四大风筝产地。山东潍坊是我国著名的风筝产地，明代就已在民间出现扎制风筝的艺人。潍坊的长串风筝除蜈蚣之外，还有著名的“梁山一百单八将”，就是把梁山的108位好汉做得个个形态不同，栩栩如生，放上天去排成一队，各持兵刃，随风飘动，这时你也许会隐约地感到有战鼓雷鸣。

4）剪纸

剪纸是一种镂空艺术，其载体可以是纸张、金银箔、树皮、树叶、布、皮、革等片状材料。剪纸的流传与中国农村的节日风俗有着密切关系，逢年过节抑或新婚喜庆，人们把美丽鲜艳的剪纸贴在窗上、墙上、门上、灯笼上等，节日的气氛便被渲染得非常浓郁、喜庆。

5）鼻烟壶

鼻烟壶就是盛鼻烟的容器。鼻烟是一种烟草制品，用鼻嗅服，它在明末清初时传入中国，清末出现了内画壶，就是在玻璃或水晶烟壶磨砂的内壁上反画人物、山水、花鸟等，十分精美。这种内画壶的发明还有一段有趣的故事，相传乾隆末年，有个小官吏进京办事，由于没有贿赂办事的官员，他的事一拖再拖。小官员钱粮耗尽后寄宿在一所寺庙里，他喜欢嗅鼻烟，当所带的鼻烟用完后，他就用烟签去挖壶壁上粘有的鼻烟，于是在内壁上形成许多的划痕，这个鼻烟壶让一个聪明的和尚看见，这个和尚就用竹签蘸上墨在鼻烟壶的内壁上画上图画，于是这种奇特精美的画就诞生了。

［阅读拓展］

例文 1

中国十大经典地方早餐

1. 兰州牛肉拉面

著称天下的兰州清汤牛肉拉面是兰州的风味小吃。就像绵延万里的古丝绸之路一样，兰州牛肉拉面也有悠久的历史，兰州牛肉拉面传说起源于唐代，但因历史久远已无法考证。真正的兰州清汤牛肉拉面是由河南省怀庆府（今河南博爱县）清化小车牛肉老汤面演变而成的，煮牛肉时放凉已经成了肉冻的胶体状物，也就是老汤，是小车牛肉里最入味儿的，鲜美无比，此汤乃是做牛肉面的上品。兰州的牛肉面始于清朝嘉庆年间（1799 年），系东乡族马六七从河南省怀庆府清化陈维精处学成带入兰州的，后经后人陈和声、马宝仔等人以“一清（汤）二白（萝卜）三绿（香菜、蒜苗）四红（辣子） 五黄（面条黄亮）”统一了兰州牛肉面的标准。在其后二百多年的漫长岁月里，以一碗面而享誉天下，以肉烂汤鲜、面质精细而蜚声中外，打入了全国各地，赢得了国内乃至全世界范围内食客的好评和荣誉，1999 年被国家确定为中式三大快餐试点推广品种之一，被誉为“中华第一面”，成为餐饮业的一朵奇葩。其间凝聚着陈马及后来无数专营清汤牛肉面厨师的智慧与心血。今天，清汤牛肉面因为味美可口，经济实惠，不仅在兰州比比皆是，而且在全国各省乃至世界许多国家和地区都有了兰州牛肉面馆，兰州不愧为世界牛肉面之乡。

2. 武汉热干面

热干面是武汉的传统小吃之一。20 世纪 30 年代初期，汉口长堤街有个名叫李包的食贩，在关帝庙一带靠卖凉粉和汤面为生。有一天，天气异常炎热，不少剩面未卖完，他怕面条发馊变质，便将剩面煮熟沥干，晾在案板上。一不小心，碰倒案上的油壶，麻油泼在面条上。李包见状，无可奈何，只好将面条用油拌匀重新晾放。第二天早上，李包将拌油的熟面条放在沸水里稍烫，捞起沥干入碗，然后加上卖凉粉用的调料，弄得热气腾腾，香气四溢。人们争相购买，吃得津津有味。有人问他卖的是什么面，他脱口而出，说是“热干面”。从此他就专卖这种面，不仅人们竞相品尝，还有不少人向他拜师学艺。

过了几年，有位姓蔡的在中山大道满春路口开设了一家热干面面馆，取财源茂盛之意，叫作“蔡林记”，成为武汉市经营热干面的名店。后迁至汉口水塔对面的中山大道上，改名武汉热干面。

热干面既不同于凉面，又不同于汤面，面条事先煮熟，拌油摊晾，吃时再放在沸水里烫热，加上调料，成品筋道，黄而油润，香而鲜美，诱人食欲。

3. 西安胡辣汤

胡辣汤，陕西人民最经典的小吃之一，可以说凝聚了陕西小吃的精华。在西安，几乎只要有人居住的地方就会有胡辣汤。早上穿行在背街小巷，随处可以闻到一口口大锅散发出肉汤的香味，听到卖胡辣汤的师傅用很有特色的坊上陕西话喊着：胡辣汤、热馍等等，看着木勺拉起的汤的线条。这才是陕西人的风情，西安人的生活。熬胡辣汤是西安回民的绝活，似乎没有外传，几乎卖胡辣汤的店都会有清真的牌子，而往往一些回民的泡馍馆早上也会客串卖胡辣汤。因为胡辣汤的精华在于汤，必定要用好的肉汤，而泡馍馆的那些纯正的羊肉或者牛肉汤正好能满足那些饕餮者挑剔的口味。胡辣汤里面的菜很杂，几乎每一家卖胡辣汤的菜都各不相同，可能100家胡辣汤里就会有100种菜的搭配。这就让很多喝胡辣汤的人忽略了胡辣汤里的菜，但是胡辣汤里面的菜的选材和质量绝对直接影响到胡辣汤的品质。喝着胡辣汤，菜确实都没有了自己的味道，所有的味道都融入那浓浓的汤里以及牛肉丸子中。但是菜的口感却往往能给食客愉悦的感觉。好的胡辣汤里，白菜帮子、土豆、豆角必不可少。胡辣汤的另一个主角便是馍了，而现今在西安除了在一些坊上的老字号，绝大多数店用的都是烧饼或者坨坨馍，让人有时候不禁为了一些不错但是被馍拖累的胡辣汤有了一丝惋惜。正宗的胡辣汤应该用半发面烙的大饼，吃时切开，按角卖。这种馍不会似发面馍那般泡一会儿便虚浮肿大，没有了馍味；也不会似死面馍这样不吃汤，让人仍感觉汤是汤，馍是馍。好的馍应该在掰完扔入碗中捞起时口感就如菜一样，已经是汤的一部分，不可分割的一部分。

4. 北京的油条豆汁

豆汁是北京独具特色的民间小吃，已流传了上千年。它是以绿豆为原料制成的，颜色暗淡，味道甜酸，第一次品尝往往会觉得难以下咽，但一旦你多尝几次，它淳厚的香味就会让你欲罢不能了，难怪许多远在他乡的老北京人，都对它念念不忘。人们在喝豆汁的时候，常常佐以焦圈、油条、薄脆、排叉一类油炸的食品或辣咸菜。

5. 上海的糯米团

在老上海人的眼里，所谓的沙拉、比萨都不是什么好的早餐，他们心目中的早餐就是几十年的一种糍饭团子；第一次吃这种早餐的时候，感觉就是怪怪的，先把一团糯米擀成薄薄的一张面饼，在上面放点榨菜，夹一根油条，卷成一个团子，就这样，这就是老上海人的传统早餐，在宁波和上海的一些地摊上，均可以见到这些特色的传统早餐。

6. 宁波的汤圆

汤圆是宁波的著名小吃之一，也是我国的代表小吃之一，历史十分悠久。据传，汤圆起源于宋朝。当时各地兴起吃一种新奇食品，即用各种果饵做馅，外面用糯米粉搓成球，煮熟后，吃起来香甜可口，饶有风趣。因为这种糯米球煮在锅里又浮又沉，所以它最早叫“浮元子”，后来有的地区把“浮元子”改称元宵。与北方人不同，宁波人在早晨都有合家聚坐共进汤圆的传统习俗。宁波汤圆始于宋元时期，已有700多年的历史，做法有点儿像包饺子。先把糯米粉加水和成团(跟做饺子时和面一样)，放置几小时让它“醒”透。然后把做馅的各种原料拌匀放在大碗里备用(不需像做元宵那样切成小块)。汤圆馅含水量比元宵多。包汤圆的过程也像包饺子，但不用擀面杖。湿糯米粉黏性极强，只好用手揪一小团湿面，挤压成圆片形状，用筷子(或薄竹片状的工具)挑一团馅放在糯米片上，再用双手边转边收口做成汤圆。做得好的汤圆表面光滑发亮，有的还留一个尖儿，像桃形。汤圆表皮已含有足够的水分，很黏，不易保存，最好现做现下了吃。

7. 山东的煎饼

大饼卷大葱是众人皆知的典型山东土吃，这里的大饼实指的是煎饼，而不是真的大饼。大饼和煎饼的区别除了做法上不同，主要还在于其用料有异，前者为面烙成，后者为粗粮所做。在大饼卷大葱成名之时，白面还是稀有之物，以粗粮煎为主食。

山东人称“摊煎饼”。工具也是特有的，几乎家家必备。首先是一个鏊子，实际上为铸铁制成的圆形铁板，上面平整光滑，下面有三只角可以作为支撑，也可以在鏊子和地面间留下空间以便加柴烧火。再就是一个耙子，为一个木板，上面垂直按上一个把手，可以用手拖曳，也就是“摊”。当鏊子烧热以后，可以用勺子舀上一勺煎饼糊放到鏊子上，用耙子沿着鏊子摊一圈。由于鏊子是热的，所以煎饼糊所到之处就迅速地被凝固一层，就是所谓的煎饼。没有凝固的就被耙子带着向前走，重复这一过程直到整个鏊子摊满。耙子的长短正好等于鏊子的半径，所以耙子绕场一周，煎饼就摊成了。为了让煎饼的质量更好，在上层的煎饼糊还没有完全凝固煎熟之前，用一块木板(称为刮子)在上面刮一下，可以使上面平整且厚度均匀。因为煎饼很薄，很容易熟，这一过程要非常地快，否则就会焦了。待成熟以后，就可以揭起来了。

8. 长沙的米粉

长沙人最爱吃的早餐就是米粉。长沙的米粉店，可多着呢！走遍大街小巷，只要有人家的地方，就会有米粉店。每一家米粉店都有自己的特色和风味，给人的感觉大不相同。端上来时，只见一根根雪白透亮的米粉互相缠绕在一起，上面放着特制的酱汁，黄的豆角、绿的葱、深红的辣椒粉、褐色的牛肉片、淡红的脆花生，卤香扑鼻，让人不禁想流口水。迫不及待地把米粉搅拌好了，也不管冷热就开始吃。你知道卤菜粉是怎么做出来的吗？厨师先把米粉用漏勺装好，再放进浓烈的童子骨汤里去，大约煮个3分钟就好了。然后放进大碗里，加上特制的卤汁、黄的豆角、绿的葱、深红的辣椒粉、褐色的牛肉片、淡红的脆花生。一碗热气腾腾的卤菜粉，就做好了。

9. 重庆的酸辣粉

酸辣粉很早以前流传于四川民间，它取材当地手工制作的红薯粉，以突出酸辣为主而得名，后来经过不断的演变和调制而正式走上街头，成为大街小巷的一种特色小吃。正宗八哥重庆酸辣粉，是八哥在酸辣粉的原有基础上，经过精心改进秘制，主原料仍采用四川民间手工制作的红薯粉再辅以辣椒、醋等二十多种上等调味料，在不添加任何香精、色素的情况下，把酸辣粉的味道演绎得淋漓尽致，吃了叫人流连忘返。

10. 汉中的热面皮

汉中的面皮店，没有华丽的门脸和醒目的招牌，很多有名的面皮店，甚至连招牌都没有。有的只是很小的店面和标志性的一摞蒸笼，据我观察，炉子上的蒸笼垒得越高就说明这个店的生意越好。调料也是有学问的，主要成分是新鲜炸好的辣椒油，另外还有少量的醋、盐、洋白菜和有配菜（通常是豆芽和土豆丝，这些可以任选）。汉中人都具有"面皮情结"。出差的、求学的，在外打工的回到家乡，一下车，就眼巴巴地瞅准了面皮摊，迫不及待地冲上去，随便把行李一撂，先吃上一两碗。随着口舌间的享受，一切出门在外的烦恼以及那种浓浓的思乡之情便都烟消云散了。

汉中面皮可分为两大流派，豪放派和婉约派。豪放派的定位是热面皮，特点为切得要宽，辣椒要大，辣椒籽完整，各类调料齐全，调料水要多，吃起来酣畅淋漓，微微冒汗，有点像八戒吃人参果。婉约派的面皮要放凉，根根细如丝，晶莹剔透，辣椒、调料精工细作，具有白、薄、光、嫩、细、柔、韧、香等特点，食之爽口，气味芳香，余香四溢。无论何种流派，面皮所拌配菜颜色必须讲究，豆芽、菠菜、胡萝卜丝、黄瓜等，要红绿相映、黄白互衬、色泽鲜亮，讲究的是赏心悦目。

——摘自百度网

例文 2

传统民俗话生肖

岁月的舞台一年一启一落幕。子鼠值岁，丑牛接班，寅虎继任，卯兔候补……此生肖，彼属相，十二年一登台，十二岁一循环。十二生肖与我们每个人都有直接的关系。生肖传统民俗文化极具民族特色，千百年来，一直为广大人民群众所喜闻乐见。当今，在我国方兴未艾的收藏热中，十二生肖更是成了一些收藏爱好者特别喜欢的专题。

民俗中的生肖文化

子鼠、丑牛、寅虎、卯兔、辰龙、巳蛇、午马、未羊、申猴、酉鸡、戌狗、亥猪，人们对这些动物熟知能详，所以不管是年画、剪纸还是雕刻、刺绣都能把它们刻画得栩栩如生、亲切可爱。

民间的十二生肖剪纸，很多是代代传承，变化不大。在构图形式上有"全家福"式的，有单幅的，也有两种生肖双双入图的，最常见的是"蛇盘兔"，民间广泛流传着这样一句话："蛇盘兔自然富"。剪个"蛇盘兔"贴在窗棂或门上表现了人们对美好生活的向往和祝福。而在一些地方，婚礼上剪个"骑鸡娃娃"则是祝福新婚夫妇生活和谐、早生贵子。

在年画中，十二生肖也是传统题材。河北武强清代年画《莲生贵子图》便绘有许多孩童与十二生肖的形象，寓意"连生贵子"的图案与十二生肖图案齐备，以祈多儿多女。

十二生肖鼠为首，在传统的民间美术中，这些其貌不扬且恶贯满盈的老鼠竟然成为人们喜闻乐见、寓意吉祥的形象，广泛存在于年画、剪纸、雕刻、刺绣之中。其中年画、剪纸中的“老鼠嫁女”，那吹吹打打的热闹场面，更是脍炙人口。十二生肖中最勤劳、最憨厚的就要数牛了。在以农耕闻名于世的古代，牛的地位更是不可小觑。在民间，立春之时农家都要奉春牛，山西新绛县木版年画《春牛图》就是其中一种。

民间工艺品里的生肖艺术

北京民间工艺品“兔儿爷”在清代《燕京岁时记》中就有记载：“每届中秋，市人之巧者用黄土抟成蟾兔之像以出售，谓之兔儿爷。有衣冠而张盖者，有骑马者，有默坐者。大者三尺，小则尺余。”对于骑虎兔儿爷，人们说是卯兔驭寅虎。成语“寅吃卯粮”形容入不敷出的窘境。而骑虎兔儿爷，让卯兔驭寅虎为坐骑，寓含卯吃寅粮、生活绰绰有余的意思。此后，兔儿爷的形象也是丰富多彩，有生活型、时装化的兔儿爷，亦为长耳兔面，实已人化，俱作时装，体态神情酷肖生活，如卖油的、卖菜的、剃头的、算命的……社会群相应有尽有。

山东高密聂家庄的泥塑，独具一格。清朝嘉庆年间，聂家庄泥塑由静态发展到会动、会叫、会斗趣的活玩艺。这期间出现了叫虎、叫鸡、叫猴等。

在民间，小孩过周岁生日时要穿虎头鞋、戴虎头帽、枕虎头枕，那是在祝小孩长得虎虎有生气。老人做寿送上个“猴子捧桃”自是一番美意。十二生肖造型广泛地使用在这一类喜庆的场合，人们欣赏着这些造型，盼望着一年更比一年好。

生肖艺术上钱币

《古钱大辞典》引《稗史类编》：“命钱，面有十二生肖字。张端木曰：‘此钱旧称命钱，有地支十二字，又有生肖形。’生肖之说始于《淮南子》，则此钱不必出于近世也。今此钱有一字者、两字者、四字者、十二辰全者，大小不等，品种尤繁。”因此，生肖币又称十二支钱、命钱，也是生肖造型中颇有趣味的一个品种。

生肖钱币在宋元时期即有铸造。有一种是穿孔之上铸一字，孔下铸相应生肖，如“子”字币铸鼠，“亥”字币铸猪，图案比较简单。另有一种，正面铸子、丑、寅、卯四字，背面铸鼠、牛、虎、兔四生肖。还有一种形式，正面铸“午生”，背面铸人、马图案；正面铸“酉生”，另一面铸人和鸡的图案，这就突出表现了人与生肖的关系。

有一种生肖钱，正面为两重圆圈，内圈铸十二支文字，外圈在同十二支字相应处铸生肖；背面左右“敕令”字样，右有托塔神祇，下为神兽。这类古币，其图形已超出了单纯的地支配生肖的内容。此外，还有图案采取连环珠形式的生肖钱等。

发挥极致的《十二生肖喷水钟》

把十二生肖造型的工艺性发挥到极致的则是北京圆明园海晏堂《十二生肖喷水钟》。圆明园海晏堂建成于 18 世纪 50 年代，喷水池由外国传教士蒋友仁设计监造。十二生肖兽首人身，头像皆采用红铜手工打制，形象生动，做工精细。身躯石雕，中空连接喷水管。十二生肖两侧排开，一侧为鼠虎龙马猴狗，另一侧为牛兔蛇羊鸡猪。这十二生肖表示一天的十二个时辰，每隔两小时便轮番从嘴中喷一回水。卯时兔像喷水，辰时龙像喷水。12 点时，十二只动物一齐喷水，如同报时的钟。可惜 1860 年英法联军火烧圆明园，十二生肖的石雕下身被砸毁，铜头像失散。

摘自《市场报》

例文 3

故宫房屋九千九百九十九间半

有关故宫房屋的数量，历来说法不一。有的说是九千九百九十九间，有的说是九千九百九十九间半，还有的说是一万多间……

从传统规制上说，对房屋数量的统计，历来是按“四柱一间”计算的。故宫的房屋也是以此计算的，只是四柱间的距离（开间、进深）长短不同，形成建筑面积的大小也就不同。开间有大有小，但是不可能存在半间之说。

故宫的房屋广义上包括殿、宫的堂、楼、斋、轩、阁等，其基本建筑格局均为“四柱一间”，无论是建筑宏大的太和殿、中和殿、保和殿，还是建筑规模相对较小的内廷堂房、寝宫、庙宇。只是每座建筑的开间数量和进深按“规制”的要求设计和建筑，这就导致建筑规模和建筑面积的大小。故宫最大的宫殿是太和殿，有 72 根柱子，面阔 11 间，进深 5 间，所以间数为 55 间。而内廷“西六宫”之一的储秀宫面阔只有 5 间，进深 2 间，所以间数为 10 间。

据《故宫丛谈》记载：“经有关古建筑专家实地调查统计，故宫大小殿、堂、楼、斋、阁等共有八千七百零七间，因此，说故宫房屋有九千九百九十九间半，是不正确的，只是传说而已。”而《故宫史话》载：“据历史学家考证：紫禁城原来有房间 1 万间以上，后来随着年代的久远，一些房间朽坏、倒塌或是被火烧毁，但大体数量应在 8 000 间以上。1972 年古建筑专家按照通行的‘四柱一间’标准对故宫的房间进行了全面统计，其结果是有宫殿、楼堂 980 余座，房屋 8 707 间。”

那么，传说中的半间房又在哪里呢？当您参观游览故宫，走到景运门外箭亭南望的时候，会看到院墙环绕着一座两层的绿色琉璃瓦建筑，那便是清代存放《四库全书》的文渊阁。在文渊阁的楼上西边，有一独特之处，它和一般的楼阁不同，两柱之间不是一丈多的间隔，而是两根绿色柱子之间仅有五尺左右的距离，紫禁城里所谓的“半间房”就在这里。

有关“紫禁城九千九百九十九间半”的说法，民间也有两种传闻。

第一种说法是当初修建紫禁城的时候，永乐皇帝打算把宫殿的总间数定为一万间，取“万寿无疆”、“万事如意”、“万载祥和”、“万福万禄”之意，更能显示出皇家建筑的壮观气派。可就在开工前，他突然做了一个梦，梦见玉皇大帝把他召到天宫的凌霄殿。说天宫的房屋才有一万间，你这人间的皇宫房屋最多不能超过一万间。永乐皇帝不敢违抗，但心上又有些不服气，所以在修建紫禁城时有意少建半间，建了九千九百九十九间半，这样既不失皇家的威严，也让那玉皇大帝无话可说，从此便有了“紫禁城九千九百九十九间半”之说。

第二种说法是，当年刘伯温主持修建的紫禁城，永乐皇帝令他修建九千九百九十九间半。可当他到各地采购建筑材料和调遣民工时，看到老百姓的日子越过越

苦，可皇家却大兴土木。他心里盘算："这要花多少两银子呀？"于是，就暗中把设计好的皇宫建筑图纸改了，这样一来就少建了几百间，实际建成的是八千多间。他想：反正这紫禁城大了去了，里面的殿堂到底有多少间谁数得过来呀？我说是多少就是多少。所以竣工时就向永乐皇帝禀报了紫禁城所有房屋为九千九百九十九间半，永乐皇帝信以为真，于是就有了"紫禁城房屋九千九百九十九间半"之说，且流传至今。

——摘自《北京晚报》

例文 4

古代"老师"有哪些称谓

"老师"一词是对在学校中从教者的称谓，"传道、授业、解惑"是其基本职责。"老师"最初指年老资深的学者或传授学术的人，如《史记·孟子荀卿列传》："齐襄王时，而荀卿最为老师。"后来，人们把教学生的人也称为"老师"，如金代元好问《示侄孙伯安》："伯安入小学，颖悟非凡儿，属句有夙性，说字惊老师。"明清以来，一般称教师为"先生"。19 世纪末，中国现代教育奠基人何子渊先生等辛亥革命元老将"西学"引入中国，创办新式学校后，遂开始在《学生操行规范》里明确将教师称谓定义为"老师"，但绝大部分学生约定俗成将"先生"改称为"老师"，则是从民国时期开始的，并一直沿用至今。

其实，在"老师"之外，古代对教师的称呼还有很多，而且有些已经相当陌生。

师长：含有视老师为尊长之义，是古时候对教师的尊称之一。《韩非子·五蠹》："今有不才之子，父母怒之弗为改，乡人谯之弗为动，师长教之弗为变。夫以父母之爱、乡人之行、师长之智，三美加焉，而终不动，其胫毛不改。"

夫子：原为孔子门徒对孔子的尊称，后来夫子成为人们对教师的尊称。《论语·子张》："夫子焉不学，而亦何常师之有！"

山长：是历代对山中书院的主讲教师的称谓，其出处源于《荆相近事》。五代十国时期，蒋维东隐居衡山讲学，受业者众多，蒋维东被尊称为"山长"。此后，"山长"成为对教师的一种尊称。元代时，各路、州、府都曾建有书院，设山长。明清沿袭元制，乾隆时期曾一度改称院长，清末仍叫山长。废除科举之后，书院改称学校，山长的称呼废止。

师傅：古时老师的通称。"师傅"一词原本是太师、太傅、少师、少傅等官职的合称，因为这些职位负责教习太子，所以师傅也成为老师的代称。《谷梁传·昭公十九年》："羁贯成童，不就师傅，父之罪也。"师傅这一称谓迄今仍在使用，但一般指工商曲艺戏剧等行业的老师。

师父：古代有“一日为师终身为父”的说法，所以也将老师尊称为师父。《吕氏春秋·劝学》：“事师之犹事父也。”

西席：也称西宾，是对教师的一种尊称。其来源为这样一个典故：汉明帝刘庄当太子时，曾拜桓荣为师，登皇位后，他对桓荣仍十分尊敬，常到桓荣住的太常府内，听桓荣讲经。汉代席地而坐，室内座次以靠西向东为尊。汉明帝虽贵为皇帝，仍然给桓荣安排坐西面东的坐席，表示对启蒙老师的尊敬，此后，“西席”或“西宾”就成了对教师的尊称。

师保：原为古代辅弼帝王和教导王室子弟的官员，亦师亦保，统称“师保”。《易·系辞下》：“无有师保，如临父母。”后来泛指老师。如清代龚自珍《抱小》：“小学者，子弟之学。学之以侍父兄师保之侧，以待父兄师保之顾问者也。”

宗师：原为掌管宗室子弟训导的官员。《汉书·平帝记》：“其为宗室自太上皇以来族亲，各以世氏、郡国置宗师以纠之，致教训焉。”后逐渐演变为众人所崇仰、堪称师表的人。北宋孔平仲《谈苑》卷三：“石介，字守道，徂徕山人也。文章学术，天下宗师，皆呼为徂徕先生。”

教授：如今的教授一词是高等教育体系中的一种职称，但在古代太学中则是讲学的博士。中国汉、唐两代太学都设有博士，宋代中央和地方的学校始设教授，元代各路、州、府儒学以及明清两代的府学也都设有教授。

助教：在国子监任教的教师。西晋咸宁二年立国子学，始设助教，协调国子祭酒、博士传授儒家经学。此后除个别朝代外，国子监中都设经学助教，称国子助教、太学助教、四门助教、广文助教等。

学博：原为唐代府郡的学官。唐代府郡置经学博士各一人，掌以五经教授学生，后泛称学官为学博。清代小说家吴敬梓的《儒林外史》第三十六回：“这人大是不同。不但无学博气，尤其无进士气。”

讲郎：原为讲授经书的官员。《后汉书·儒林传》：“又诏高才生受《古文尚书》《毛诗》《谷梁》《左氏春秋》，虽不立学官，然皆擢高第为讲郎。”

教谕：原为宋代京师小学和武学中的学官名。明清时期，县设“县儒学”作为一县之最高教育机构，内设教谕一人，另设训导数人。训导是指辅助教谕的助手。府学教谕多为进士出身，由朝廷直接任命。《明史·职官志四》：“儒学：府，教授一人，训导四人。州，学正一人，训导三人。县，教谕一人，训导二人，教授、学正、教谕，掌教诲所属生员，训导佐之。”

先生：“先生”一词的最初含义是先出生的人，引申指长辈、知识丰富的人。《孟子》中的“先生何为出此言也”以及《国策》中的“先生坐，何至于此”，其中的“先生”均是称呼有学问、有德行的长辈。后来，“先生”一词被引申为从事教育工作的人。《礼记·曲礼上》：“从于先生，不越路而与人言。”郑玄注：“先生，老人教学者。”

——摘自《北京晚报》

例文 5

饮茶习俗及演变

中国饮茶历史最早，陆羽《茶经》云："茶之为饮，发乎神农氏，闻于鲁周公"。早在神农时期，茶及其药用价值已被发现，并由药用逐渐演变成日常生活饮料。我国历来对选茗、取水、备具、佐料、烹茶、奉茶以及品尝方法都颇为讲究，因而逐渐形成丰富多彩、雅俗共赏的饮茶习俗和品茶技艺。本文旨在简单叙述饮茶方式和习俗的发展和演变，其大体可分为以下几个阶段。

春秋以前，最初茶叶作为药用而受到关注。古代人类直接含嚼茶树鲜叶汲取茶汁而感到芬芳、清口并富有收敛性快感，久而久之，茶的含嚼成为人们的一种嗜好。该阶段，可说是茶之为饮的前奏。

随着人类生活的进化，生嚼茶叶的习惯转变为煎服。即鲜叶洗净后，置陶罐中加水煮熟，连汤带叶服用。煎煮而成的茶，虽苦涩，然而滋味浓郁，风味与功效均胜几筹，日久，自然养成煮煎品饮的习惯，这是茶作为饮料的开端。

然而，茶由药用发展为日常饮料，经过了食用阶段作为中间过渡。即以茶当菜，煮作羹饮。茶叶煮熟后，与饭菜调和一起食用。此时，用茶的目的，一是增加营养，一是作为食物解毒。《晏子春秋》记载，"晏子相景公，食脱粟之饭，炙三弋五卵茗菜而已"；又《尔雅》中，"苦荼"一词注释云"叶可炙作羹饮"；《桐君录》等古籍中，则有茶与桂姜及一些香料同煮食用的记载。此时，茶叶利用方法前进了一步，运用了当时的烹煮技术，并已注意到茶汤的调味。

秦汉时期，茶叶的简单加工已经开始出现。鲜叶用木棒捣成饼状茶团，再晒干或烘干以存放，饮用时，先将茶团捣碎放入壶中，注入开水并加上葱姜和橘子调味。此时茶叶不仅是日常生活之解毒药品，且成为待客之食品。另由于秦统一了巴蜀（我国较早传播饮茶的地区），促进了饮茶知识与风俗向东延伸。西汉时，茶已是宫廷及官宦人家的一种高雅消遣，王褒《童约》已有"武阳买茶"的记载。三国时期，崇茶之风进一步发展，开始注意到茶的烹煮方法，此时出现"以茶当酒"的习俗（见《三国志·吴志》），说明华中地区当时饮茶已比较普遍。到了两晋、南北朝，茶叶从原来珍贵的奢侈品逐渐成为普通饮料。

隋唐时，茶叶多加工成饼茶。饮用时，加调味品烹煮汤饮。随着茶事的兴旺，贡茶的出现加速了茶叶栽培和加工技术的发展，涌现了许多名茶，品饮之法也有较大的改进。尤其到了唐代，饮茶蔚然成风，饮茶方式有较大之进步。此时，为改善茶叶苦涩味，开始加入薄荷、盐、红枣调味。此外，已使用专门烹茶器具，论茶之专著已出现。陆羽《茶经》三篇，备言茶事，更对茶之饮之煮有详细的论述。此时，对茶和水的选择、烹煮方式以及饮茶环境和茶的质量也越来越讲究，逐渐形成了茶道。由唐前之"吃茗粥"到唐时人视茶为"越众而独高"，是我国茶叶文化的一大飞跃。

"茶兴于唐而盛于宋"在宋代，制茶方法出现改变，给饮茶方式带来深远的影响。宋初茶叶多制成团茶、饼茶，饮用时碾碎，加调味品烹煮，也有不加的。随茶品的日益丰富与品茶的日益考究，逐渐重视茶叶原有的色香味，调味品逐渐减少。同时，出现了用蒸青法制成的散茶，且不断增多，茶类生产由团饼为主趋向以散茶为主。此时烹饮手续逐渐简化，传统的烹饮习惯，正是由宋开始而至明清，出现了巨大变更。

明代后，由于制茶工艺的革新，团茶、饼茶已较多改为散茶，烹茶方法由原来的煎煮为主逐渐向冲泡为主发展。茶叶冲以开水，然后细品缓啜，清正、袭人的茶香，甘洌、酽醇的茶味以及清澈的茶汤，更能领略茶天然之色香味品性。

明清之后，随茶类的不断增加，饮茶方式出现两大特点。一，品茶方法日臻完善而讲究。茶壶茶杯要用开水先洗涤，干布擦干，茶渣先倒掉，再斟。器皿也"以紫砂为上，盖不夺香，又无熟汤气"。二，出现了六大茶类，品饮方式也随茶类不同而有很大变化。同时，各地区由于不同风俗，开始选用不同茶类。如两广喜好红茶，福建多饮乌龙，江浙则好绿茶，北方人喜花茶或绿茶，边疆少数民族多用黑茶、茶砖。纵观饮茶风习的演变，尽管千姿百态，但是若以茶与佐料、饮茶环境等为基点，则当今茶之饮主要可区分为以下三种类型。

一是讲究清雅怡和的饮茶习俗：茶叶冲以煮沸的水（或沸水稍凉后），顺乎自然，清饮雅尝，寻求茶之原味，重在意境，与我国古老的"清净"传统思想相吻，这是茶的清饮之特点。我国江南的绿茶、北方花茶、西南普洱茶、闽粤一带的乌龙茶以及日本的蒸青茶均属此列。

二是讲求兼有佐料风味的饮茶习俗：其特点是烹茶时添加各种佐料。如边陲的酥油茶、盐巴茶、奶茶以及侗族的打油茶、土家族的擂茶，又如欧美的牛乳红茶、柠檬红茶、多味茶、香料茶等等，均兼有佐料的特殊风味。

三是讲求多种享受的饮茶风俗：即指饮茶者除品茶外，还备以美点，伴以歌舞、音乐、书画、戏曲等，如北京的"老舍茶馆"。

其外，应生活节奏的加快，出现了茶的现代变体：速溶茶、冰茶、液体茶以及各类袋泡茶，充分体现了现代文化务实之精髓。虽不能称为品，却不能否认这是茶的发展趋势之一。

茶之饮，最早的目的在于解毒、消食、清心、益思、少睡眠；后来有陆羽茶经等等对其方式精益求精以及少数民族的种种"异样"喝法，都不离其宗；大概宛如诗的雅与风，都值得有心人细细玩味。至若有为"雅"而茶，大概是当今茶艺馆繁盛的原因之一，又或为"道"而茶，比如强调"和敬清寂"，大家见仁见智吧。

——摘自凤凰网

例文 6

中国十大名酒排行

中国的十大名酒：剑南春、古井贡酒、泸州老窖酒、贵州茅台酒、五粮液、汾酒、西凤酒、董酒、郎酒、洋河大曲。

1. 贵州茅台酒

茅台酒历史悠久、源远流长。从公元前 135 年汉武帝“甘美之”的褒奖到 1704 年后清代大儒郑珍“酒冠黔人国”的赞誉，从 1915 年“巴拿马万国博览会”金奖到 1996 年荣获纪念“巴拿马万国博览会”80 周年“国际名酒品评会”特别金奖第一名，一直享有盛誉。

茅台酒系以优质高粱为原料，用小麦制成高温曲，而用曲量多于原料。用曲多，发酵期长，多次发酵，多次取酒等独特工艺，这是茅台酒风格独特、品质优异的重要原因。酿制茅台酒要经过两次加生沙(生粮)、八次发酵、九次蒸馏，生产周期长达八九个月，再陈贮三年以上，勾兑调配，然后再贮存一年，使酒质更加和谐醇香，绵软柔和，方准装瓶出厂，全部生产过程近五年之久。

茅台酒是风格最完美的酱香型大曲酒之典型，故“酱香型”又称“茅香型”。其酒质晶亮透明，微有黄色，酱香突出，令人陶醉，敞杯不饮，香气扑鼻，开怀畅饮，满口生香，饮后空杯，留香更大，持久不散。口味幽雅细腻，酒体丰满醇厚，回味悠长，茅香不绝。茅台酒液纯净透明、醇馥幽郁的特点，是由酱香、窖底香、醇甜三大特殊风味融合而成，现已知香气组成成分多达 300 余种。酒度 53 度。陈毅有诗：“金陵重逢饮茅台，万里长征洗脚来。深谢诗章传韵事，雪压江南饮一杯。”

2. 五粮液

天下三千年，五粮成玉液。五粮液酒是浓香型大曲酒的典型代表，它集天、地、人之灵气，采用传统工艺，精选优质高粱、糯米、大米、小麦和玉米五种粮食酿制而成。具有“香气悠久、味醇厚、入口甘美、入喉净爽、各味谐调、恰到好处”的独特风格，是当今酒类产品中出类拔萃的精品。

五粮液酒历次蝉联“国家名酒”金奖，1991 年被评为中国“十大驰名商标”；继 1915 年获巴拿马奖八十年之后，1995 年又获巴拿马国际贸易博览会酒类唯一金奖。至此，五粮液酒共获国际金奖三十二项。

3. 西凤酒

西凤酒产于陕西省凤翔县柳林镇西凤酒厂，属其他香型(凤型)，曾四次被评为国家名酒。

4. 郎酒

郎酒是我国名酒园中的一株新秀。1979 年被评为全国优质酒；1989 年在第四届全国名酒评比中，以“酱香浓郁，醇厚净爽，幽雅细腻，回味甜长”的独特香型和风味闻名全国。

5. 洋河大曲

洋河大曲为江苏省泗阳县的洋河酒厂所产，曾被列为中国的八大名酒之一，至今已有三百多年的历史。“甜、绵、软、净、香”是洋河大曲的特色。现洋河大曲的主要品种有洋河大曲(55 度)、低度洋河大曲(38 度)、洋河敦煌大曲和洋河敦煌普曲四个品种 。

6. 古井贡酒

古井贡酒产于安徽省亳县古井酒厂。魏王曹操在东汉末年曾向汉献帝上表献过该县已故县令家传的“九酿春酒法”。据当地史志记载，该地酿酒取用的水，来自南北朝时遗存的一口古井，明代万历年间，当地的美酒又曾贡献皇帝，因而就有了“古井贡酒”一美称。古井贡酒属于浓香型白酒，具有“色清如水晶，香醇如幽兰，入口甘美醇和，回味经久不息”的特点。

7. 剑南春

产于四川省绵竹县。其前身当推唐代名酒剑南烧春。唐宪宗后期李肇在《唐国史补》中，就将剑南之烧春列入当时天下的十三种名酒之中。现今酒厂建于 1951 年 4 月。剑南春酒问世后，质量不断提高，1979 年第三次全国评酒会上，首次被评为国家名酒。

8. 泸州老窖特曲酒

泸州老窖特曲于 1952 年被国家确定为浓香型白酒的典型代表。泸州老窖窖池于 1996 年被国务院确定为我国白酒行业唯一的全国重点保护文物，誉为“国宝窖池”。泸州老窖国宝酒是经国宝窖池精心酿制而成，是当今最好的浓香型白酒。

9. 汾酒

汾酒于 1915 年荣获巴拿马万国博览会甲等金质大奖章，连续五届被评为国家名酒，是我国清香型白酒的典型代表，以其清香、纯正的独特风格著称于世。其酒典型风格是入口绵、落口甜、饮后余香，适量饮用能驱风寒、消积滞、促进血液循环。

10. 董酒

董酒产于贵州省遵义市董酒厂，1929 年至 1930 年由程氏酿酒作坊酿出董公寺窖酒，1942 年定名为“董酒”。1957 年建立遵义董酒厂，1963 年第一次被评为国家名酒，1979 年后都被评为国家名酒，董酒的香型既不同于浓香型，也不同于酱香型，而属于其他香型。

——摘自人人网

例文 7

国　粹

国粹指的是华夏民族的传统文化中最具有代表性和最富有独特内涵的深受许多时代的人们欢迎的文化遗产。

1. 京剧

京剧也称“皮黄”，它的音乐素材由“西皮”和“二黄”两种基本腔调组成，也兼唱一些地方小曲调(如柳子腔、吹腔等)和昆曲曲牌。它形成于北京,时间是在1840年前后,盛行于20世纪三四十年代,已有200年历史。它的表演艺术趋于虚实结合的表现手法,最大限度地超脱了舞台空间和时间的限制,以达到"以形传神,形神兼备"的艺术境界。现在它仍是具有全国影响的大剧种之一。它的行当全面、表演成熟、气势宏美,是近代中国戏曲的代表。

2. 中国画

中国画简称"国画",是中华民族创造的具有悠久历史与鲜明民族特色的绘画。它以线条为造型的主要手段,讲究用笔、墨,使线、墨、色交相辉映,达到"气韵生动"的艺术效果。中国画强调"外师造化,中得心源",要求"意存笔先,画尽意在",强调"融化物我,创制意境",达到"以形写神,形神兼备,气韵生动"。由于书画同源以及两者在达意抒情上都和骨法用笔、线条运行有着紧密的联结,因此绘画同书法、篆刻相互影响,形成了显著的艺术特征。

中国画基本上可以分为三大类:人物画、山水画、花鸟画。从东晋顾恺之的《洛神》到北宋张择端的《清明上河图》;从明代唐伯虎的《秋风纨扇图》到清代郑板桥的《梅竹》;从近代吴昌硕的《花鸟》到张大千的《山水》、齐白石的《虾》、徐悲鸿的《马》,等等。历代画家创造了无数的画卷,故宫博物院收藏了成千上万的名画,而日本东京大学出版的《中国绘画总合目录》中著录的我国流散在美国、日本、东南亚等国家和地区的名画竟有3 900余件。

3. 中医

中医指中国传统医学,又称汉医、汉方,东瀛人称之为"皇汉医学"。中医药是我国古代灿烂文化的重要组成部分,慢慢开始被大多数当代中国人民所接受,同时在国际上也有着越来越重大的影响,渐渐开始深受世界人民的热爱和欢迎。中医的最高境界是"中和",是世界万物存在的理想状态。通过各种方法达到这一理想状态就是致中和。天地就各得其所,万物便生长发育。可以说中医学所阐明的"阴阳和合""阴平阳秘"生理机制正是儒家致中和思想的最佳体现。在这个终极目标下,中医是用精气学说、阴阳学说和五行学说这三大来自中国古典哲学的理论,来具体解释生命的秘密。中医诊察疾病的手段主要为望、闻、问、切"四诊";中医透析疾病主要以八纲来辨证,就是指从阴、阳、表、里、寒、热、虚、实八个方面来归纳和概括病变的部位、性质以及印证彼此力量消长等情况。

4. 武术

武术是中国国粹之一,武术还有其他名称:功夫、武功、国术和武艺,是中国传统体育项目。其内容是把踢、打、摔、拿、跌、击、劈、刺等动作按照一定规律组成徒手的和器械的各种攻防格斗功夫、套路和单式练习,具有极其广泛的群众基础,是中国人民在长期的社会实践中不断积累和丰富起来的一项宝贵的文化遗产。目前武术划分为散打和套路,散打又叫散手,是武术的擂台形式,套路则为武术的表演形式。

5. 书法

书法是汉字的书写艺术。汉字在漫长的演变发展的历史长河中，一方面起着思想交流、文化继承等重要的社会作用，另一方面它本身又形成了一种独特的造型艺术。中国文字起源甚早，把文字的书写性发展到一种审美阶段——融入了创作者的观念、思维、精神，并能激发审美对象的审美情感（也就是一种真正意义上的书法的形成）。中国的历史文明是一个历时性、线性的过程，中国的书法艺术在这样大的时代背景下展示着自身的发展面貌。在书法的萌芽时期（殷商至汉末三国），文字经历由甲骨文、古文（金文）、大篆（籀文）、小篆、隶（八分）、草书、行书、真书等阶段，依次演进。在书法的明朗时期（晋南北朝至隋唐），书法艺术进入了新的境界。由篆隶趋从于简易的草行和真书，它们成为该时期的主流风格。大书法家王羲之的出现使书法艺术大放异彩，他的艺术成就传至唐朝备受推崇。同时，唐代一群书法家蜂拥而起，如：虞世南、欧阳询、褚遂良、颜真卿、柳公权等大名家。在书法造诣上各有千秋、风格多样。明清的作品虽然流传很多，但里面鱼目混珠、滥竽充数者也大有其作。因此，对于当下艺术市场中的收藏家来说，购买、收藏这部分作品时应保持谨慎的态度。

6. 围棋

围棋是中华民族传统文化中的瑰宝，它体现了中华民族对智慧的追求。围棋的规则十分简单，却拥有十分广阔的落子空间，使得围棋变化多端，比其他棋类复杂深奥，这就是围棋的魅力所在。下围棋对人脑的智力开发很有帮助，可增强一个人的计算能力、创造能力、思维能力、判断能力，也能提高人的注意力和控制力。

7. 象棋

象棋在中国有着悠久的历史，属于二人对抗性游戏的一种，由于用具简单、趣味性强，成为流行极为广泛的棋艺活动。中国象棋是我国正式开展的78个体育运动项目之一，为促进该项目在世界范围内的普及和推广，现将“中国象棋”项目名称更改为“象棋”。此外，高材质的象棋也具有收藏价值，如：高档木材、玉石等为材料的象棋。更有文人墨客为象棋谱写了诗篇，使象棋更具有一种文化色彩。

8. 麻将

麻将，四人骨牌博戏，流行于华人文化圈中。不同地区的游戏规则稍有不同。麻将的牌式主要有“饼（文钱）”、“条（索子）”、“万（万贯）”等。一副麻将通常为136张，其中数牌，即1~9万，1~9饼，1~9条（其中1条也叫幺鸡）各4张；字牌东、南、西、北、中、发、白各4张。在古代，麻将的大都是以骨面竹背做成，可以说麻将牌实际上是一种纸牌与骨牌的结合体。与其他骨牌形式相比，麻将的玩法最为复杂有趣，它的基本打法简单，容易上手，但其中变化又极多，搭配组合因人而异，因此成为中国历史上一种最能吸引人的博戏形式。4人游戏时，每方各抓13张牌，之后从庄家开始轮流抓牌，打牌。最先将牌配成23333（2表示2张一样的，3表示3张连续的或3张一样的）者为胜利和（hú）牌。

——摘自百度百科

例文 8

古人夏天如何消暑？准备低温房间 用天然冰做冷饮

炎炎夏日，如果没有空调电扇、没有冰棍冷饮，该如何度过？日前，历史学者倪方六，从衣、食、住、行、用等多个方面，为大家解密“古人如何过夏天”。

古代也有空调房。先秦空调间叫“窟室”、汉代有“清凉殿”、唐代有“空调”、宋有“空气净化”、明清有“空调间”。

先秦时期的“窟室”实际就是地下室，但比地下室更讲究，夏天一些重要的餐饮活动会安排在窟室中进行。到了汉代，皇宫里设有冬夏两用“空调房”。冬季用房叫“温调殿”，夏季用房叫“清凉殿”，清凉殿也叫“延清室”，是皇家最高级避暑用房，制冷效果很好。室内有石质高级床，身边会放置盛有冰块的国外进口的玉晶盘，还能让侍人站在旁边扇扇子。

到了唐代，就有机械控制的“空调”了，就是用水来转动扇叶，风扇对凉水吹，形成了冷气。此外，在宫殿的四檐装上水管，把水引到屋檐上。凉水在屋上循环，室内温度自然就下降了，降温效果极佳。

而宋代宫中降温设计时尚，出现了用鼓风机带动的风扇，对着大厅里摆放的数百盆鲜花吹，“清芬满殿”；在御座两旁，“各设金盆数十架，积雪如山”。

上述古代制冷方式，对一般有钱人来说仍是太奢侈，消费不起的，但老百姓可以住“空调间”。

倪方六说，曹操当年在邺城建造大冷库“冰井台”挖深井采集冷气，在厅内或是需要的房间挖一深井，上面用盖子盖妥，盖子上凿孔，夏天便有冷气从下面出来，而冬天则有暖气上来，保证厅堂温度相对稳定、宜人。

相对于现代人来说，古人在夏天外出活动相对较少，即便有生意，古人也是要命不要钱的，即俗话所说的“好汉不挣六月钱”。做生意要付出更多的汗水，所以古人宁愿待在家里歇着，减少户外活动。

到了夏天，从养生保健的角度来说，要讲究清淡，少鱼肉、忌辛辣，古人过夏天时特别强调这些。除了正常的饮食控制外，古人夏天对冷饮也格外感兴趣。

在先秦时代，中国古人便利用天然冰来制冷，给食物保鲜、做冷饮。倪方六举例，《周礼》有记载，当时周王室为保证夏天有冰块使用，专门成立了相应的机构管理“冰正”，负责人称“凌人”。此部门共有 80 名“职工”，一般从每年冬天的十二月起，工人开始采取天然冰块，运至名叫“凌阴”的冰窖中储存。

家有储冰室是古人地位和身份的象征。周王室到了夏天还会赏赐冰块给身边的人，能得到冰块赏赐是一种身份和等级的象征。倪方六说，古时的贵族还有冰柜。这种冷藏器具叫“鉴”，是一种大盆，早期是陶质，春秋中期以后流行青铜鉴。使用时将盛满饮料或食物的器皿放进去，四周围满冰块，合上盖子，不多时“冷饮”就可制成。

秦汉时期的普通人家过夏天，制冷和保鲜使用“井藏法”：或在井中置一口大瓮，作为放置食品的“冷藏室”；或将食品置于篮子中，用绳索系于井下保存，现代仍有人使用此法做“冰镇西瓜”。

到了汉代，夏天已有比较讲究一点的饮料——蜜水，这是一种在水里掺入蜂蜜的饮料，是当时的一种高档饮料。到了隋唐，夏天饮料比以前讲究多了，出现了类似深受今人推崇的保健饮料，时人把这种饮料称为“饮子”，这相当于现代的“红牛饮料”，属功能饮料。还有用果品，或草药熬制而成的饮子，解渴的同时，还具有清热解毒的功效。饮子很受隋唐消费者的欢迎，当时长安街头“饮子店”很多，生意兴隆，有的饮子店还可以先喝后付钱。

中国古人中，最会过夏天的应当是宋代人。每年夏天，街头大排档特多，消费者云集。比现在街头大排档要热闹多了，因为当时消夏的方式还没有现代丰富。宋代饮料的最大特点是，果汁饮料大流行，人们更喜欢。倪方六说，到清末，中国已出现了一种新型饮料“荷兰水”。所谓荷兰水，其实就是大家现在常喝的汽水。

——摘自《武汉晚报》

例文 9

中国人为什么酷爱红色

中国人对于红色的偏爱，有着浓厚的文化内涵。关于中国人为什么酷爱红色的问题，历来有很多说法。

有人说，古人认为烈日如火，其色赤红，红色是源于太阳的颜色。《淮南子·天文训》中说：“日为德，月为刑，月归而万物死，日至而万物生。”因此古人看到阳光下的万物生机勃勃，就产生了对太阳的依恋和崇拜，自然而然，象征太阳的红色也就备受中国人的青睐了。

还有人说，红色是火，当年燧人氏钻木取得的火种一直燃烧至今，使人类吃上了熟食得以繁衍。火带来了光明，使华夏不再寒冷，所以国人独崇红色。

可是民俗学家却有另外一种说法，他们认为红色可以辟邪，所以国人酷爱。这种说法的根据是，据说在很久很久以前，有一只叫“年”的怪兽，它力大无比，殃及人类，却又无人能降服它。后来，有人发现这只怪兽怕红色，于是在除夕之夜，家家户户挂红灯笼贴红纸。果然把“年”吓得无影无踪。从此之后，每逢年到，到处一片红色。从此红色就被人们尊崇起来了。

还有一种说法认为，汉朝时，汉高祖称自己是“赤帝之子”。“赤”就是红色，从那时起，红色就成了人们崇尚的颜色。汉朝以后，我国各地崇尚红色的风俗已基本趋于一致，并一直沿袭下来。

但老百姓自己说，红色是一种喜色。每逢喜庆，老百姓都有搓红团分送亲友的习俗，过年时做的年糕也喜欢点上红点；婴儿满月时则要做红鸡蛋馈赠相邻亲友，亲朋送的礼物也要包上红纸；老人过寿，不仅寿堂上要挂红寿帐，还要做红寿桃，身穿红衣服。

另外，人之降生首先见红，两性初交也要见红，大红的“喜”字是跳动着的生命的火焰，红色无疑是喜庆的象征。就连对人的好恶也要用红色来表示，如果是受爱戴的关公，那他一定要是红脸；如果是奸诈的曹操，那就给他画上白脸。久而久之，民间这种酷爱红色的习俗就流传下来了。

——摘自《新编中华文化知识全知道》

[思考与实训]

(1)如何看待“十里不同风,百里不同俗”?

(2)作为一名大学生,应该如何传承中华民族民俗文化?

第五讲

塑造自信完美的形象——礼仪风尚

印象是这样形成的：

55%取决于你的外表；38%是如何自我表现；7%才是你所讲的真正内容。

这是一个两分钟的世界，你只有一分钟展示给人们你是谁，另一分钟让他们喜欢你。

——罗伯特·庞德（英国形象设计师）

[经典案例 1]

有22名应届毕业生，实习时被导师带到北京的国家某部委实验室里参观。全体学生坐在会议室里等待部长的到来，这时有秘书给大家倒水，同学们表情木然地看着她忙活，其中一个还问了句："有绿茶吗？天太热了。"秘书回答说："抱歉，刚刚用完了。"林然看着有点别扭，心里嘀咕："人家给你水还挑三拣四。"轮到他时，他轻声说："谢谢，大热天的，辛苦了。"秘书抬头看了他一眼，满含着惊奇，虽然这是很普通的客气话，却是她今天唯一听到的一句。

门开了，部长走进来和大家打招呼，不知怎么回事，静悄悄的，没有一个人回应。林然左右看了看，犹犹豫豫地鼓了几下掌，同学们这才稀稀落落地跟着拍手，由于不齐，越发显得零乱起来。部长挥了挥手："欢迎同学们到这里来参观。平时这些事一般都是由办公室负责接待，因为我和你们的导师是老同学，非常要好，所以这次我亲自来给大家讲讲有关情况。我看同学们好像都没有带笔记本，这样吧，王秘书，请你去拿一些我们部里印的纪念手册，送给同学们作纪念。"接下来，更尴尬的事情发生了，大家都坐在那里，很随意地用一只手接过部长双手递过来的手册。部长脸色越来越难看，来到林然面前时，已经快要没有耐心了。就在这时，林然礼貌地站起来，身体微倾，双手握住手册，恭敬地说了一声："谢谢您！"部长闻听此言，不觉眼前一亮，伸手拍了拍林然的肩膀："你叫什么名字？"林然照实作答，部长微笑点头，回到自己的座位上。早已汗颜的导师看到此景，才微微松了一口气。

两个月后，同学们各奔东西，林然的去向栏里赫然写着"国家某部委实验室"。有几位同学颇感不满，找到导师："林然的学习成绩最多算是中等，凭什么推荐他而没有推荐我们？"导师看了看这几张尚属稚嫩的脸，笑道："是人家点名来要的。其实你们的机会是完全一样的，你们的成绩甚至比林然还要好，但是除了学习之外，你们需要学的东西太多了。修养是第一课。"

【思考】：现实生活中，你遇到过这样的事吗？为什么国家某部委实验室只录取了林然，而其他同学却错失良机？

[经典案例 2]

一次，元世祖忽必烈召见应聘官员，应聘者中有一位学士叫胡石塘。此人生性粗心，不拘小节，歪戴着帽子，也没有打招呼就进去面见元世祖。元世祖忽必烈看见他，问道："你有什么本事啊？说来我听听。"胡学士回答说："我有治国平天下的学识。"忽必烈听了哈哈大笑："你连自己头上的帽子都戴不平，还能平天下吗？"

胡学士因为歪戴帽子，不拘小节而葬送了前程，难道不足以说明礼仪礼貌的重要吗？

【思考】：你是怎样理解"小处不可随便"这个问题的？

【分析】：以上两个案例，都形象地说明了"礼仪"在我们现实生活中的重要性。那么，作为高职学生，我们就有必要学习一些礼仪知识。

[知识导航]

绪论

1. 礼仪的含义

《礼记》："礼仪之始，在于正容体，齐颜色，顺辞令。容体正，颜色齐，辞令顺，而后礼仪备。"

要有良好的第一印象，就必须从修整个人的仪表开始。

"礼"是一种道德规范：尊重。孔子说："礼者，敬人也。"在人际交往，既要尊重别人，更要尊重自己，此即"礼者敬人"。但是你只是口头说说尊重没有用。别人怎么知道你心里想什么？这就要求你要善于表达，它需要一定的表达形式。你得会说话，你得有眼色，你得懂得待人接物之道。因此，在人际交往中我们不仅要有"礼"，而且还要有"仪"。"仪"就是恰到好处地向别人表示尊重的具体形式。

交际礼仪体现个人职业素养，对现代职业人士而言，拥有丰富的礼仪知识以及能够根据不同的场合应用不同的交际技巧，往往会令事业如鱼得水。但交际场合中事事合乎礼仪，处处表现得体着实不易。我们将通过学习交往艺术与沟通技巧、交际交往中的礼仪重点、交际交往中的礼仪互动、交际交往中的礼仪理念等相关知识，全面展示现代交际礼仪与交往艺术的精华所在，从而为高职学生提升个人交际魅力提供有效的指导。全面掌握交际礼仪知识，塑造个人形象，熟悉专业交际礼仪知识的具体运用，了解交际中的诸多忌讳，学会巧用交际技巧，既可规避人际交往中的尴尬，推动事业的成功，又可以提升个人交际魅力。

礼仪是一封永久的推荐书，它可以使人通向四面八方！

——培根

人无礼则不生，事无礼则不成，国家无礼则不宁。

——荀子

2. 中国礼仪的起源

关于“礼”的起源，说法不一。归纳起来有五种说法：一是天神生礼仪；二是礼为天地人的统一体；三是礼产生于人的自然本性；四是礼为人性和环境矛盾的产物；五是礼生于理，起源于俗。

从理论上说，“礼”的产生是为了维护“人伦秩序”、避免发生矛盾和冲突的需要。人类为了生存和发展，必须与大自然抗争，不得不以群居的形式相互依存，人类的群居性使得人与人之间相互依赖又相互制约。在群体生活中，男女有别，老少有异，既是一种天然的人伦秩序，又是一种需要被所有成员共同认定、保证和维护的社会秩序。人类面临着的内部关系必须妥善处理，因此，人们逐步积累和自然约定出一系列“人伦秩序”，这就是最初的“礼”。对欲望的追求是人的本能，人们在追寻实现欲望的过程中，人与人之间难免会发生矛盾和冲突，为了避免这些矛盾和冲突，就需要为“止欲制乱”而制定“礼仪”。

从具体仪式上看，礼产生于原始宗教的祭祀活动。原始宗教的祭祀活动都是最早也是最简单的以祭天、敬神为主要内容的“礼”。这些祭祀活动在历史发展中逐步完善了相应的规范和制度，正式形成祭祀礼仪。随着人类对自然与社会各种关系认识的逐步深入，仅以祭祀天地鬼神祖先为礼，已经不能满足人类日益发展的精神需要和调节日益复杂的现实关系。于是，人们将事神致福活动中的一系列行为，从内容和形式扩展到了各种人际交往活动，从最初的祭祀之礼扩展到社会各个领域的各种各样的礼仪。

3. 学习现代礼仪的意义

学习现代礼仪，首先可以内强素质。在人际交往中，有道德才能高尚，讲礼仪方算文明。学习礼仪，讲究礼仪，无疑会使人们提高自己的内在素质。

学习现代礼仪，其次可以外塑形象。现代礼仪讲究尊重，强调沟通，重视认知，力求互动。得法地运用礼仪，不仅会令自己更易于被人所接受，而且还会有助于维护自身乃至所在工作单位的良好形象。

学习现代礼仪，最后还可以增进交往，提高情商，使自己成为颇受欢迎的人。

随着社会的发展，公关活动已成为社会交往和商务交往中的重要组成部分。

交往的艺术

在一个秋高气爽的日子里，某宾馆迎宾员小贺，穿着一身剪裁得体的新制服，第一次独立地走上了迎宾员的岗位。一辆白色高级轿车向饭店驶来，司机熟练而准确地将车停靠在饭店豪华大转门的雨棚下。小贺看到后排坐着两位男士，前排副驾驶座上坐着一位身材较高的外国女宾。小贺想通常后排座为上座，一般凡有身份的人都是在后排右座就座。前排副驾驶座通常是翻译或秘书的位置。于是，他以规范、标准的姿势一步上前，目视客人，礼貌亲切地问候，以优雅姿态和职业性动作，先为后排右座的客人打开车门，做好护顶。关好车门后，小贺迅速地走向前门，准备以同样的礼仪迎接那位女宾下车。整套动作麻利而规范、一气呵成。没想到那位女宾满脸不悦，使小贺茫然不知所措。优先为重要客人提供服务是饭店服务程序的常规，这位女宾为什么不悦？难道小贺做错了吗？

通过以上案例，我们可以看出，交往是一门艺术。掌握了交往的技巧，不但可以提升自己的个人形象，甚至还可以给你提供更好的发展机会或平台。那么，现实生活中，我们如何和别人交往呢？

交往艺术的核心在于对别人表示尊重。只有尊重自己的交往对象，交往对象也才会尊重你自己。在互相尊重的氛围下，交往才能顺利进行。许多人认为，在生意场上的交往中，交往双方都是为了最大限度地追求经济利益，没有必要用“假惺惺”的互相尊重来掩饰自己的目的。的确，互相尊重往往只是一种形式的表现。殊不知，这种形式是十分必要的，它在交往中所发挥的往往是“润滑剂”的作用，从而使交往能够在一种融洽的气氛中进行，最终达到双赢的效果。

对别人的尊重是要表达出来的。许多人认为，对别人的尊重应该是发自内心的，不需要特意表现出来。其实，任何人都是希望自己被尊重的，并且都希望自己得到的尊重为他人了解。因此，让对方感觉到自己对他的尊重是十分必要的。例如：在会见领导或重要客人时，任何人都必须关掉自己的手机。如果我们在会见刚开始之际，当着对方的面关机，就会明确地表达自己对对方的尊重。对方会从心底里感激你的尊重，交往就会顺利许多。

下面来了解一下交往艺术的原则。

1. 白金法则

(1)交际的行为一定要合法；

(2)交往必须以对方为中心。

如何运用好白金法则主要需要注意以下几点。

(1)要善于换位思考，说对方熟悉的话题。

有一天，金正昆老师去中关村，在一个单位吃饭。金老师不太爱说话。一个同志没话找话问他：“教授，贵庚啊？”金老师说：“贵庚轮不着，老金 59 年生人，今年 46 岁了。”“哦，你今年要特别注意。”金老师说：“我又不是属猴的，不是本命年啊，有什么要注意的。”对方说：“你不知道，网上有条消息，社会学家、生理学家、医学家做过统计，你们这种名人、专家之类都比较疲劳，目前是高负荷、高压力，你们这个高危人种，这个……这个……像你们这种人，平均寿命一般不到 50。”……

听了这话，金老师很不高兴。那么，对方的错误在哪里呢？——他光考虑想法了，直言不讳了，没有看结果，没有换位思考。他直言不讳、畅所欲言的结果是别人会对他有不好的看法。所以，在人际交往中要实现成功的交往，建立良好的关系，换位思考是比较重要的。这里要强调，处理好人际关系第一个要点就是换位思考。

(2)有效沟通。

一般女性都认为自己很漂亮，说自己是“一般人”实际是谦虚，其实她要的答案是否定之否定。但有的人不懂得“听话听声，锣鼓听音”，偏偏这样说：“咳，反正我不在乎相貌，咱俩都一样呀，我也是一般人！”（特别是在男女交往时，这样的话不会让女士高兴的。）

那么我们在人际交往中怎样实现有效沟通呢？沟通是有规则的，沟通的规则其实是以下两点。

（1）看对象，讲规矩。比如：中国人打招呼，经常说：“吃了吗？”但说这句话一定要注意场合，如果对方刚从厕所里出来，你对人家说：“吃了吗？”会让对方很尴尬。

对待外国朋友，老外听不懂，人家不会认为你这是在打招呼，而会很实在地回答你的问题。例如：有一次，有个领导跟外宾会见，领导没话找话问老外：“各位，你们吃了吗？”老外异口同声地说：“我们都没吃。”结果呢——立刻请吃一顿，本来没准备请吃嘛，他也就是敷衍人家，人家还真吃。谁让你问的？所以要跟老外说话，说“吃了没有”，一律翻译成“你好”。

（2）了解人，尊重人。在社交场合，第一次请人吃饭，最礼貌、得体的做法是问对方：“您不能吃什么？”因为有些民族、宗教、职业有自己的禁忌，有的是自己个人的禁忌。如：穆斯林不吃动物的血液，西方人不吃动物的头和脚，满族人不吃狗肉等等。

2. 交际法则

美国学者布吉林先生告诉我们，向别人表达尊重和友善时，恰到好处的技巧有以下三个（三 A 法则）。

1）接受（Accept）

从礼仪的角度来讲，要接受什么呢？要接受三个要点：接受交往对象、接受交往对象的风俗习惯、接受交往对象的交往礼仪。

2）重视对方（Appreciate）

这个词的确切含义是“欣赏”。经验告诉我们，在日常生活中，一位有教养的人必定会欣赏别人的长处。有的人倒也重视别人，但他却常常注意别人的缺点——找别人的毛病。

3）赞美（Admire）

赞美实际上就是“欣赏”。当你把快乐送给别人的时候，你令别人愉快，别人也会给你回馈，也会把快乐送给你。其实，肯定别人，就是肯定自己。

但是，赞美别人忽视了以下几点，会弄巧成拙、画蛇添足。

（1）实事求是。关注的应该是那种该肯定的、该赞扬的，你不能赞美对方的缺点。比如这个人长得很胖，那我们别跟人家说，很肥。但是你也别夸人家：“你很苗条。”

（2）要夸到点子上。赞美别人，不能南辕北辙。

因此，综上所述，在人际交往中要接受别人、重视别人、赞美别人，是我们向别人表达善意的可操作技巧。三 A 法则对我们在人际交往中成为受欢迎的人是会大有补益的，倘若你在人际交往中注意这样的有效沟通，将使你更好地被交往对象接受，将使你成为更加受欢迎的人，将有助于在人际交往中形成良好的形象。

仪表礼仪

李江的口头表达能力不错,人既朴实又勤快,在业务人员中学历又高,领导对他抱有很大的期望。可是他做了销售代表半年多了,职位总是没有得到提升。到底问题出在哪儿?原来,发现他是个不修边幅的人,喜欢留着长指甲,指甲里经常藏着很多"东西"。脖子上的白衣领常常有一圈黑色的痕迹。他还喜欢吃大葱、大蒜之类的刺激性的食物。

以上案例充分说明,一个人的仪表无论是在日常生活还是社交场合都有着不容忽视的重要作用。运用好了,也许会锦上添花;运用不好,机会就会失之交臂。

下面,我们就学习一些相关的仪表知识。

仪表,就是外观,是指人们给别人留下的总体印象。

一个人的仪表由两部分组成,第一部分是静态的,如外貌特征:胖、瘦、高、矮等。第二部分是动态的,主要指人的举止和表情。

仪表的三条法则是①要整洁。如有的人西装革履,但手指甲缝里全是污垢。②自然。③互动。比如,和对方打招呼,说:"你好""欢迎"时,眼睛要看着对方,否则就是不礼貌,有对对方藐视的意思。

仪表礼仪主要包括以下几个具体要点。

1. 注意修饰

仪表修饰的要点:发型、面部、口部。

(1)发型的修饰要整洁规范,长短适中,款式要适合自己。

在重要的场合时,男同志不能剃光头。女同志的要求是:头发不要随便披散过肩,束好的头发不要随便散开。

(2)面部的修饰除了要注意整洁外,还要注意多余的毛发。

(3)口部的修饰要求无异味、无异物。

2. 注意化妆

在交际场合,化妆是一种礼貌。

一个人的良好形象及得体的化妆,不但可以愉悦自己的心情,甚至还可以辅助自己的事业。

化装的基本礼仪有以下几点。

(1)化妆要自然。

(2)化妆要协调。

(3)化妆品的使用要成系列。

(4)化妆的各个部位要协调,指甲的颜色最好和唇彩的颜色一致。

(5)化妆要与自己的服饰相协调,如果内衣外穿的话,内衣的颜色、围巾的颜色最好和唇彩的颜色一致。

(6)化妆要避人。聪明的女人不在别人面前换衣服、穿袜子、化妆、补妆,包括自己的老公在内。

3. 注意举止

女士穿裙子,应避免三种不美的姿势。

(1)不能双腿叉开站着。

(2)你坐在别人对面,两腿要自然地并拢。

(3)不能够当众下蹲。尤其在外人面前不能下蹲。万不得已要蹲的话,只能够"跪"或背对着别人下蹲。

服饰礼仪

小黄去一家外企进行最后一轮总经理助理的面试。为确保万无一失,这次她做了精心的打扮。一身前卫的衣服、时尚的手环、造型独特的戒指、亮闪闪的项链、新潮的耳坠,身上每一处都是焦点,简直是无与伦比、鹤立鸡群。况且她的对手只是一个相貌平平的女孩,学历也并不比她高,所以小黄觉得胜券在握。但结果却出乎意料,她并没有被这家外企所认可。主考官抱歉地说:"你确实很漂亮,你的服装配饰无不令我赏心悦目,可我觉得你并不适合干助理这份工作,实在很抱歉。"

请问小黄为什么面试失败?

1. 关于"服"

1)服装的礼仪

(1)符合身份。

(2)扬长避短。

(3)区分场合。

①办公场合要求庄重保守。要穿套装、套裙、制服,不能穿时装、休闲装。

②社交场合要求时尚个性。要穿时装、礼服或具有民族特色的服装。在社交场合最不该穿的就是制服了。

③休闲场合要求舒适自然即可。

(4)遵守常规。

穿西装时,上衣口袋不能放任何东西。

2)职业着装的六大禁忌

(1)过分杂乱。例如:穿西装不能穿布鞋。注意:重要场合穿西装、套装,要穿制式皮鞋。

(2)过分鲜艳。无论是制服还是套装,都要遵循"三色原则"。重要场合穿的套装制服尽量没有图案,或者是带有规范的几何图形。

(3)过分暴露。切记:不能暴露胸部、肩部、腰部、背部,不暴露脚趾、脚后跟(此即正式场合六不露)。

(4)过分透视。

(5)过分短小。正式场合忌穿超短裤、超短裙,短袖衬衫也尽量不穿。

(6)过分紧身。

2. 关于"饰"

佩戴饰物应该注意的基本礼仪有以下三点。

(1)以少为佳。一般情况下,佩戴饰品应该限制在三种之内,但新娘例外。

(2)同质同色。饰品的色彩和款式要协调。

(3)符合习俗。

握手礼仪

夏天的一个星期天中午,天气很热,光线很强,陈刚戴着墨镜正在街上行走,路遇自己的同班同学王明,陈刚很高兴,立即飞速跑向前与王明握手。

请问陈刚的做法有何不妥之处,应该如何处理?

张先生与王小姐在公园相遇,由于好久没见,张先生大方、热情地向王小姐伸出手,想与王小姐握手,谁知王小姐却不将手伸出来与之同握,甚至将手放进裤袋里。张先生只好尴尬地摸着自己的手。

请问如果你是张先生或者王小姐,你会怎么做呢?

1. 相见之礼的四大特征

(1)中外有别。目前国际社会最通行的相见之礼是拥抱、亲吻,而中国人一般不讲究这些。握手是国内最通行的相见礼,而中国古代流行的传统礼节是拱手礼。

(2)外外有别。即使是欧美国家,有的人喜欢拥抱、亲吻,有的也不讲究这些。比如美国人对亲吻、拥抱有时能接受,有时就不能接受。拱手礼在澳门地区以及一些华人聚居的东南亚地区,像新加坡、马来西亚、泰国以及加拿大等国的老一辈中还是比较流行的,而在韩国、朝鲜、日本等国家,鞠躬礼就比较流行。

欧美国家的亲吻礼,在社交场合中往往仅是象征性的。其中吻手礼是从欧洲中世纪流传下来的,是所谓骑士向贵妇人献殷勤的礼节。

(3)古今有别。在我国古代,逢年过节晚辈要向长辈行跪拜礼,但现在已经不多见了。

(4)场合有别。在家里便没有必要握手行礼,这些见面礼节是指在正式场合中的礼仪。

2. 行握手礼时的注意事项

(1)握手的场合:①见面或者告别;②表示祝贺或者慰问;③表示尊重。

(2)伸手的标准是地位高的人先伸手。在社交场合,男人和女人见面,一般规则是女人先伸手。

(3)具体表现。

①手位:标准化的手位为手掌与地面垂直,手尖稍微向侧下方伸出,拇指适当地张开,其余四指并拢。不可取的手位为掌心向下或掌心向上。

②时间:一般情况下,握手的时间不能太长,也不能太短,应该是3~5秒钟,绝对不能超过30秒。

③力度:稍微要力。

④寒暄:握手时,第一要说话,第二要以表情进行配合,必须双眼注视对方的双眼,千万不能东张西望。

(4)主要的禁忌:①忌心不在焉;②忌伸出左手。③忌戴着手套。在国际惯例中,只有女人在社交场合戴的薄纱手套可以不摘。④忌交叉握手。在国际交往中,尤其是和西方人握手时,交叉握手,被视为大大的不吉利。

电话礼仪

铃声终于激怒了老总

"开会了,开会了!"听到呼唤,大家都来到了会议室。总经理召集各部门经理开会,要布置下一个季度的营销任务。可是总经理刚清了清嗓子准备说话,一阵刺耳的电话铃声便响了起来,李经理忙不迭地站起来跑出去接电话。老总脸上显出了愠色。会议继续进行,可是不是这里在低头小声接电话,就是那里突然一声铃声。老总突然一拍桌子,把大家吓得一哆嗦。"把手机关了,我不相信关一会儿手机会死人!"

铃声搅乱音乐会

在北京音乐厅,大家正在听一场由著名大师指挥的交响乐。音乐演奏到高潮处,全场鸦雀无声,观众凝神谛听,突然邱女士的手机铃声响起,在宁静的大厅中显得格外刺耳。演奏者、观众的情绪都被打断。大家纷纷回头用眼神责备这位不知礼者。

从上述案例可以看出现代人和电话已经密不可分。手机给我们的生活带来方便的同时也给社会带来一些问题,我们常常看到有的人在办公场所或需要安静的公共场合肆无忌惮地使用手机,招致别人的反感。

以上两个案例,相信在我们日常生活中大家都遇到过。那么,"打电话"都有哪些礼仪呢?

1. 接电话的礼仪

(1)铃响不过三声。打电话的人的最重要的原则是通话三分钟法则,而接电话的人的原则则是铃响不过三声的原则。

(2)不要随便叫别人代接电话。注意:如果事先约好他人给你打电话,届时一定不要让别人代接,这是对通话对象的最基本的尊重。

如果是同级别的人,秘书代接电话,一定要做到先告诉对方,他找的人不在,然后才能问对方是谁,有什么事。千万不能倒过来。

(3)认真地进行自我介绍。接电话时,三句话不能少:你好,自报家门,再见。在电话接通之后,接电话者应该先主动向对方问好,并立刻报出本公司或部门的名称,如:“您好,这里是某某公司……”

(4)电话掉线时的处理。如果电话掉线了,接电话的一方有责任告诉对方。万一没有任何征兆地就掉线了,那你应该马上把电话打回去——地位低的人要把电话首先打过去,是对别人的尊重。

(5)拨错电话的处理。如果外人拨错电话,接电话的人第一句话要说明,您好,您拨错电话了;第二句是,把本单位的电话重复一遍;第三句话是问对方是否需要帮助。

(6)多个来电的接听。一个有经验的人,在外人面前,打进来的电话都是一定要接的。但要进行妥善的处理。一是要暗示你身边有别人,不宜探讨深层次的问题;二是让他选择一个时间,届时由你打给他,说明你重视他。

(7)确定来电者身份姓氏。在确定来电者身份的过程中,尤其要注意给予对方亲切随和的问候,避免对方不耐烦。

(8)听清楚来电目的。电话的接听者应该弄清楚以下问题:本次来电的目的是什么?是否可以代为转告?是否一定要指名者亲自接听?是一般性的电话行销还是电话来往?不要因为不是自己的电话就心不在焉。

(9)复诵来电要点。电话接听完毕之前,不要忘记复诵一遍来电的要点,防止记录错误或者偏差而带来的误会,使整个工作的效率更高。

(10)最后道谢。最后的道谢也是基本的礼仪。来者是客,以客为尊,千万不要因为电话客户不直接面对面而认为可以不用搭理他们。

(11)让客户先收线。在电话即将结束时,应该礼貌地请客户先收线,这时整个电话才算圆满结束。

2. 打电话的礼仪

(1)确定合适的时间。

当需要打电话时,应该选择对方方便的时间打电话,尽量避开在对方忙碌或是休息的时间打电话。

(2)开头很重要。

无论是正式的电话业务,还是一般交往中的不太正式的通话,自报家门都是必需的。另外,自报家门还包含着另外一层的礼仪内涵,那就是直接将你的身份告诉对方,那么对方就有是否与你通话的选择权,或者说有拒绝通话的自由。

(3)通话尽量简单扼要。

在做完自我介绍以后,应该简明扼要说明通话的目的,尽快结束交谈。因为,随意占用对方的电话线路和工作时间是不为对方考虑的失礼行为。在业务通话中,

"一个电话最长三分钟"是通行的原则，超过三分钟应改换其他的交流方式。

(4)如果你要找的人恰巧不在，可以有以下几种应对方式。

①直接结束通话。在事情不是很紧急而且自己还有其他的联系方式的情况下，可以直接用"对不起，打扰了，再见"等话结束通话。

②请教对方联系的时间或其他可能联系的方式。

③请求留言。若要找的人不在，或恰巧不能听电话，最好是用礼貌的方式请求对方转告。留言时，要说清楚自己的姓名、单位名称、电话号码、回电时间、转告的内容等。

④适时结束通话。

3. 转接电话时的礼仪

转接电话不仅是帮忙叫人和记录来电者姓名和电话号码，它实际是一个如何处理好自己与来电者、自己与要接电话者之间关系的重要表现。

转接电话要注意以下几点。

(1)如果对方要找的人不在，要尽量做好电话记录工作。记录内容包括什么人、什么时间打的电话、大概是要说什么事(如果对方不愿意不必强问)、对方有什么要求(一看到字条马上回电话，还是晚上再打电话等)。

(2)转接电话时，如果来电者要找的人不在，对方询问手机号码时，转接者一定要经过要接电话者同意才能把手机号码告诉对方。

(3)替人转接电话，确认对方姓名时，尽量要用褒义词语。

(4)如果转接到了一个敏感人物的电话，比如大家怀疑某某跟某某有特殊关系，恰好某某打电话找某某时被你接到了，这种时候千万不要捕风捉影，不要去转告第三人"谁给谁来电话了"，更不能在旁边偷听对方的电话内容。不论是绯闻还是面对关系过于紧密的上下级，接电话者都不能妄自猜测，随意传播。

(5)很多人在拿着话筒时，通常会比较注意自己的语言，放下电话找人时，往往忘了对方也能听见，变得随心所欲。因此转接时，要同样用客气的方式叫人，或者应该用手捂上话筒，注意隔音。

4. 移动电话的使用礼仪

(1)安全。一个有教养的、有经验的人，是不应该使用移动电话传送重要信息的，特别是重要的商业信息。另外，还要遵守以下规定：开车、乘坐飞机、加油站内、病房内都不宜使用手机。一般情况下，不要借用别人的手机，除非是紧急事端，或是"救命"之事。

(2)文明的使用。在公共场合，要养成把手机改成振动或者静音甚至关机的习惯。不要在大庭广众之下让手机频繁响起，更不要在人多的地方接电话。使用手机拍照一定要征得别人的同意。

(3)规范的使用。使用手机的三个细节：①讲究礼貌。如打电话的时间长度，挂电话的先后等。②不宜借用。③携带到位。从规范的角度来讲，手机应该放在公文包里，因为这样最不容易丢失。手机不要挂在腰间。因为一个人的社会地位往往和他腰间所悬挂的物件数成反比。

就餐礼仪（中餐、西餐）

1. 中餐篇

一天傍晚，巴黎的一家中餐馆迎来了一群中国人，于是老板特地派了一名中国侍者去为他们服务。侍者向他们介绍了一些法国菜，他们却不问菜的贵贱，一下子点了几十道。点完菜，他们开始四处拍照留念。用餐时嘴里还不时发出咀嚼食物的声音，而且还弄得桌子、地毯上到处是油渍和污秽。邻座的客人实在看不下去了，对他们提出了抗议。

以上案例，我们现实生活中可能都遇到过，但他们的做法按照就餐礼仪来讲，究竟有什么不妥呢？下面，我们就要了解相关的就餐礼仪知识。

1）入座和离席

第一，入座的礼仪。先请客人入座上席，再请长者入座客人旁，依次入座，最后自己坐在离门最近处的座位上。如果带孩子，在自己坐定后就把孩子安排在自己身旁。坐下以后要坐端正身子，不要低头，使餐桌与身体的距离保持在10～20公分。不能前后摇摆，应腰板挺直，膝盖放平。无论男女，用餐时跷起二郎腿都不美观而且失礼。再者，将腿跷起，餐巾就不能平放在腿上，衣服也容易被弄皱。另外，移动腿部，稍不留意就会碰到桌子，使桌上的餐具摇晃而惹出意想不到的麻烦。把腿张成八字形、伸伸懒腰、松松裤带、摇头晃脑、伸展双臂做体操，等等，这些姿势都很失礼、不雅观。

入座后不要动筷子，更不要弄出什么响声来，也不要起身走动，如果有什么事情，要向主人打个招呼。动筷子前，要向主人或掌勺者表示赞赏其手艺高超、安排周到、热情邀请等。

如果自己是做主人，在入座之前，应走到每个没见过的客人旁，伸出手做自我介绍；对自己相识的客人，要叫出他的名字打个招呼，这样的姿态会给客人留下深刻的印象。

入座后姿势端正，脚踏在本人座位下，不可任意伸直，手肘不要靠桌缘或将手放在邻座椅背上，应与餐桌保持适当的距离。

第二，离席。离席时必须向主人表示感谢或者就此时邀请主人以后到自己家做客，以示回敬。这时主人若已经站在门口准备送客了，你可以顺着其他客人走到主人面前，跟主人握一下手，说声“谢谢”。千万不要拉着主人的手谈话，即使你有很多的话要跟主人说，也该留待他日有空再谈，免得阻碍人家送客。

2）座位次序的安排

在中国的饮食礼仪中，坐在哪里非常重要。主座是指距离门口最远的正中央位置。主座的对面坐的是邀请人的助理，主宾和副主宾分别坐在邀请人的右侧和左侧，位居第三位、第四位的客人分别坐在助理的右侧和左侧。让邀请人和客人面对而坐，或让客人坐在主座上都算失礼，中国的文化是不让客人感到紧张。通过分配座位，可暗示谁对自己最重要。

3）进餐礼仪

进餐时，先请客人、长者动筷子，夹菜时每次少一些，离自己远的菜就少吃一些，吃饭时不要出声音，喝汤时也不要发出声响。

喝饮料时要啜饮，勿作牛饮，啜饮前应先把口中食物嚼完咽下，并用餐巾擦拭嘴角，以免啜饮时在杯上留下残滓，反之，同席者口中正咀嚼食物时，应避免向其敬酒。

有东西在食物上时，可用餐具将其挑出放在盘边，如有昆虫在食物上，则不必动它，也无须大惊小怪，敏慧的主人或侍者即可察觉而另予更换，如在餐馆时，则可告诉侍者。

要闭嘴咀嚼，细嚼慢咽，这不仅有利于消化，也是餐桌上的礼仪要求。决不能张开大嘴，大块往嘴里塞，狼吞虎咽的，更不能在夹起饭菜时，伸长脖子，张开大嘴，伸着舌头用嘴去接菜；一次不要放入太多的食物进口，不然会给人留下一副馋相和贪婪的印象。必须小口进食，不要大口地塞，食物未咽下，不能再塞入口。两肘应向内靠，不要向两旁张开，碰及邻座。自己手上持餐具，或他人在咀嚼食物时，均应避免跟人说话或敬酒。口含食物时最好不要与别人交谈，开玩笑要有节制，以免口中食物喷出来，或者呛入气管，造成危险；确需要与家人谈话时，应轻声细语。

食物带汁，不能匆忙送入口，否则汤汁滴在桌布上，极为不雅。如欲取用摆在同桌其他客人面前之调味品，应请邻座客人帮忙传递。

夹菜时，应从盘子靠近或面对自己的盘边夹起，不要从盘子中间或靠别人的一边夹起，更不能用筷子在菜盘子里翻来倒去地“寻寻觅觅”，眼睛也不要老盯着菜盘子，一次夹菜也不宜太多。

遇到自己爱吃的菜，不可如风卷残云一般地猛吃一气，更不能干脆把盘子端到自己跟前，大吃特吃，要顾及同桌的人。如果盘中的菜已不多，你又想把它“打扫”干净，应征询一下同桌人的意见，别人都表示不吃了，你才可以把它吃光。

夹菜时，不要碰到邻座，不要把盘里的菜拨到桌子上，不要把汤泼翻。嘴角沾有饭粒，要用餐纸或餐巾轻轻抹去，不要用舌头去舔。

如果要给客人或长辈布菜，最好用公用筷子，也可以把离客人或长辈远的菜肴送到他们跟前。按我们中华民族的习惯，菜是一个一个往上端的，如果同桌有领导、老人、客人的话，每当上来一个新菜时，就请他们先动筷子，或者轮流请他们先动筷子，以表示对他们的尊敬和重视。

在用餐的时候，讲究“己所不欲，勿施于人”。可以劝人多用一些，或是品尝一下菜肴，但切勿越俎代庖，不由分说，擅自做主，主动为他人夹菜、添饭。且不说这样做不够卫生，还会让人勉为其难。

吃到鱼头、鱼刺、骨头等物时，不要往外面吐，也不要往地上扔，要慢慢用手拿到自己的碟子里或放在紧靠自己的餐桌边，抑或放在事先准备好的纸上。

要适时地抽空和左右的人聊几句风趣的话，以调和气氛。不要光低着头吃饭，不管别人，也不要狼吞虎咽地大吃一顿，更不要贪杯。

最好不要在餐桌上剔牙，如果要剔牙时，就要用餐巾挡住自己的嘴巴。

4）点菜原则

（1）看人员组成：人均一菜是较通用的规则。

（2）看菜肴组合：有荤有素，有冷有热，尽量做到全面。

（3）看宴请的重要程度：分为普通宴请和高级宴请。

点菜的注意事项有以下两点。

（1）点菜时不要问价格，不要讨价还价。

（2）到餐厅吃饭，点菜时不要犹豫不决。此外，尚未听到主人的建议之前，不要先点价格昂贵的菜，且做客人的不能直接向点菜员吆喝指点。

点菜主要讲究三优四忌。

（1）三优，即优先考虑的菜肴，包括中餐特色的菜肴、有本地特色的菜肴、本餐馆的特色菜。

（2）四忌，即宗教的饮食禁忌；出于健康的原因的禁忌；不同地区，人们的不同的饮食偏好；有些职业，出于某种原因在餐饮方面的特殊禁忌。

2. 西餐篇

一对情侣到西餐厅用餐。点好饭菜后，俩人边吃边聊。一会儿，女友的电话响了，她便站起来接电话，边说边往餐厅外面走，站起来的时候，她顺手把餐巾放在了桌子上。这时，男友去卫生间。等两人回来的时候，女友发现自己吃了一半的饭菜和使用的餐具都没有了，于是，问男友，怎么回事，男友也莫名其妙。叫来服务员一问，服务员说："您不是不吃了吗?"女友一下子就急了："我什么时候说不吃啦?"

请问为什么服务员认为客人"不吃了"而收走了客人的餐具?

西餐，通常是对西方国家餐饮的一种统称，其基本特点是要用刀叉进食。

1）西餐上菜的顺序

西餐上菜的一般顺序是：开胃前食、汤、鱼、肉、色拉、甜点、水果、咖啡或茶等。

2）西餐的基本礼仪

（1）西餐的种类。西餐一般有正餐和便餐两种。

西餐的正餐含有：①头盆，即开胃菜，主要以色拉为主，有时还有鹅肝酱等，头盆的特点是比较爽口、清淡；②汤，西餐里的汤有红汤、清汤、白汤3种，其中红汤指罗宋汤，比较酸甜，白汤就是蘑菇汤、奶油汤等，清汤则是比较清淡的汤；③菜，西餐里的菜分主菜和副菜，其中副菜就是指白肉——鱼肉和鸡肉，主菜都是红肉，如牛肉、羊肉、猪肉等；④甜品，包括冰淇淋、坚果和各种各样的布丁等；⑤饮料。

便餐一般是工作餐，一般只包括一份色拉、一份汤、一份主菜、一个甜品即可。

（2）西餐餐具的使用。西餐的餐具主要有刀叉、调羹、餐巾。

①餐巾。餐巾只能铺在腿上，不能放在别的地方。如：围在脖子上、系在腰间，都是很可笑的事。一般应该把它叠成长条形或三角形铺在腿上。餐巾铺在腿上的

作用为保障服装清洁。使用餐巾时，只能擦嘴，不能擦餐具，更不能擦汗。

②刀叉。通常情况下是刀放在右手，叉放在左手。

刀叉使用有两种模式。一是英国式吃法，要求从左边开切，切下一块，马上吃掉。二是美国式吃法，要先从左到右切完，把右手的刀放下，然后把左手的叉子换到右手，用右手执叉子吃。

③调羹（汤匙）。调羹一般是放在右手餐刀的外侧。调羹不用的时候，应该躺在盘子上，或放在杯子下面的碟子里。

3）吃西餐的注意事项

（1）交际要注意等距离，即用餐时，除了和主人多说两句以外，还要和其他人争取多说两句。

（2）肢体不能频繁晃动。

（3）餐具不宜发出声音，即不能在餐桌上敲敲打打。

（4）喝汤时要用汤匙，而不是将整个碗端起来喝。喝完汤之后，汤匙应该放在汤盘或汤杯的碟子上。

（5）喝咖啡或茶时，餐厅一定会附上一支小汤匙，它的用途在于搅散糖和奶精，所以尽量不要拿糖罐及奶精罐中的汤匙来搅拌自己的饮料，也不要用匙舀起咖啡来尝甜度。喝咖啡或茶时，应该用食指和拇指拈住杯把端起来喝，至于碟子就不必端起来了。喝完之后，小汤匙要放在碟子上。

（6）喝酒时绝对不能吸着喝，而是倾斜酒杯，像是将酒放在舌头上似的喝。轻轻摇动酒杯，让酒与空气接触以增加酒味的醇香，但不要猛烈摇晃杯子。此外，一饮而尽，边喝边透过酒杯看人，都是失礼的行为。不要用手指擦杯沿上的口红印，用面巾纸擦较好。

（7）吃面包时，应先用两手将其撕成小块，再用左手拿来吃。吃硬面包时，用手撕不但费力而且面包屑会掉满地，此时可用刀先切成两半，再用手撕成块来吃。避免像用锯子似的割面包，应先把刀刺入另一半。切时可用手将面包固定，避免发出声响。

（8）吃鱼时首先应用刀在鱼鳃附近刺一条直线，刀尖不要刺透，刺入一半即可。将鱼的上半身挑开后，从头开始，将刀叉在骨头下方，往鱼尾方向划开，把针骨剔掉并挪到盘子的一角。最后再把鱼尾切掉，由左至右面，边切边吃。

[阅读拓展]

例文 1

一瓶水的修养

一位记者随同一所受捐助的师范学校老师迎接一位捐助者，捐助者是香港实业家，家财万贯。

在机场为了解渴，他们各自买了矿泉水。刚喝了几口，飞机就到了，大家都不约而同地把手中的矿泉水扔到了垃圾桶里。他们看到大富翁从飞机上走下来,他们迎上去,向大富翁问好。

大富翁态度很好,也很随和。他的手中像一些旅客一样拿着一只矿泉水的瓶子。他拿着那只瓶子和记者及迎接的老师说话,谈笑风生。人们看到,大富翁手中拿着的几乎是一只空瓶子,瓶底只有一口水了,随着他的手在晃动,矿泉水发出轻微的声音。他拿着那只装有一口水的瓶子一直坐上了接送他的车子,还是没有扔掉。

车里有水,有人递给他一瓶满满的矿泉水。他摆摆手,然后把那瓶中剩下的一口水喝完,把瓶子放下,然后接过满瓶的矿泉水。

他这次留下了500万元的捐款。他的名字叫田家炳,香港知名实业家、慈善家,20年间他已捐款10亿元人民币。

除了爱心之外,更让人感动的应该是那瓶只装有一口水的瓶子。

——摘自百度文库

例文2

礼　貌

据说,在康德离开人世前一个星期,他的身体已经极为虚弱。一天医生来探望他,他非但努力起身相迎,用已经不太清楚的口齿表达对医生抽空前来的感谢,还坚持要医生先坐下,他才坐下。等大家都落座,康德鼓起全身气力,非常吃力地说了一句话,竟然是“对人的尊重还没有离我而去”。

这一幕让闻者动容,因为它体现的不但是对人的尊重,更是高度的自尊。也正因此,在启蒙思想家那里,甚至将礼貌等同于人性。

所以,就算最初造作刻意,到后来也有可能固定下来而成为模式,要知道“姿态是可以变为习惯的”。

等到礼貌成为习惯,它便将化入人生,成为“人性”的一部分,处处动人。

——摘自百度文库

例文3

如何让你更有说服力

外表的影响总是通过姿势、面部表情、衣着和肢体动作表现出来的,掌握一些核心行为举止规则会让你显得星光熠熠。

一、问候

1. 走进房间

如果一直站在门前,看上去就像你很匆忙或很胆怯,随时想离开的样子。相反,如果率直地走进房间里面,也显得不那么礼貌。这里,最重要的就是要找到平衡点,太匆忙地出场常常显得过分热情以至于有些不友好。

2. 保持右手空着

剑桥心理学家科文·都佟曾专心研究过这一点在面试中有多重要。面试官很关注的一点是:面试者在问候时右手是否是腾空状态以备握手,左手则把呈交书面资料作为第一要务。那些伸出手来问候他人的人总显得很真诚，而且是做好了准备的。

3. 握手不宜太用力

握手应该有力，但不能过分用力。如果握手只握到他人手指的一半，给人的印象是他随时想把手抽回来。双手与别人握手，可以让人感觉到你的热忱，不过，当握手的对象是你的领导或女士时，这种握手方式就不合时宜了。

二、肢体动作和形象

1. 显得开放坦率

“老板或者上司发出的一个最强信号就是‘双手叉腰’。”加拿大的不列颠哥伦比亚大学学者杰西卡·特蕾西说。不过老板们相互之间碰面时，这种信号的作用就微乎其微了。有时，越令人放松的肢体语言越能体现你的领导地位。怀抱着双手并不是任何时候都比手臂自然下垂显得更好，有时表现出距离感也不是一件好事儿。

2. 保持友好

心理学家特蕾西在她的研究中确定，骄傲是男人释放出来的最具攻击性的信号。谁直挺挺高傲地站在那儿就是告诉别人他多么有攻击性，多么高高在上、不可一世。

3. 外表最优化

研究发现，有吸引力的募捐人往往能筹到更多的善款，而悦目的政客们总是让人觉得更加可信。这个看似空洞的建议其实能够给你带来很多益处，因为我们总是更加信任第一眼看上去就很舒服的人。在增加说服力方面，经常定期做些造型以及精心考量一下衣饰都会让你获益匪浅。不过，还是要把握好“度”，太过华丽也是一种错误。

4. 穿粉色系

“粉色”起到的是一种平和的作用。这种色系能够大大削弱斗争的想法和欲望，所以，美国运动团队的更衣室在有争议的情况下依旧采用这种颜色。

三、说话的姿态及找话题

1. 选择适合的位置

和信赖的朋友谈天说地是件很惬意的事情。和谁说话，就要将目光转向那个人。但如果这种目光交流超过了几秒的时间，那就会让对方感觉有些紧张，有时甚至会让人感觉你的目光富有攻击性。相反，将目光一直盯着自己的鞋子一动不动地站在那儿说也不好，会给人一种你想逃走的感觉。

2. 选择合适的话题

人们总是喜欢在自己和他人之间找寻共同点，比如询问你的年龄、出生地、孩子等等。也许你们在同一座城市学习过，也许你们的孩子一样大，总之，总是在寻找相同的背景。共同点会让意气相投的人觉得更加可信。

3. 寻找正确的时机

不要等到火烧眉毛，即便是那样，也不一定是谈话的最好时机。谁能够把握正确的时机，那么他的想法转化为现实的可能性就会提高许多。

——摘自乐读网

例文 4

说服别人的六种好方法

在生活中需要说服的对象有很多，他可能是你的父母、你的上司、你的顾客、你的朋友、你应聘的主考官……有时候，某些人欲在你身上实施犯罪行为，你更应该临危不惧，巧妙地使用说服技巧，使他放下“屠刀”，避免造成严重的恶果。在生活中，随时可能遇到要说服别人的情况，如果不掌握技巧，说服就难以达到理想效果，为此本文总结了以下六种说服技巧供大家参考。

一、调节气氛，以退为进

在说服时，你首先应该想方设法调节谈话的气氛。如果你和颜悦色地用提问的方式代替命令，并给人以维护自尊和荣誉的机会，气氛就是友好而和谐的，说服也就容易成功；反之，在说服时不尊重他人，拿出一副盛气凌人的架势，那么说服多半是要失败的。毕竟人都是有自尊心的，就连三岁的孩童也有他们的自尊心，谁都不希望自己被他人不费力地说服而受其支配。

有一位中学老师接管了一个成绩较差的班级当班主任，正好赶上学校安排各班级学生参加平整操场的劳动。这个班的学生躲在阴凉处谁也不肯干活，老师怎么说都不起作用。后来这个老师想到一个以退为进的办法，他问学生们：“我知道你们并不是怕干活，而是都很怕热吧?”学生们谁也不愿说自己懒惰，便七嘴八舌说，确实是因为天气太热了。老师说：“既然是这样，我们就等太阳下山再干活，现在我们可以痛痛快快地玩一玩。”学生一听就高兴了。老师为了使气氛更热烈一些，还买了几十个雪糕让大家解暑。在说说笑笑的玩乐中，学生接受了老师的说服，不等太阳落山就开始愉快地劳动了。

二、争取同情，以弱克强

渴望同情是人的天性，如果你想说服比较强大的对手时，不妨采用这种争取同情的技巧，从而以弱克强，达到目的。

有一个 15 岁的山区小姑娘，不幸被拐到上海。当天晚上，天下着小雨，小姑娘的房门打开了，一个中年上海“阿拉”走了进来。小姑娘的心跳到了嗓子眼儿。不过，她还是很快地镇静下来，机智地叫了声：“伯伯!”中年“阿拉”一愣，人像是被魔法定住了似的。

小姑娘小心翼翼地说：“我一看伯伯就是好人，看你的年龄，与我爸差不多，可我爸就比你苦多了，他在乡下种田，去年栽秧时，他热得中暑……”说着说着，眼泪就哗哗地流下来。“阿拉”的脸涨得通红，短暂的沉默后，低低地说了一句：“谢谢你，小姑娘。”然后开门走了。

面对强壮的“阿拉”，何不让自己显得更弱小，来激发他的同情心呢? 聪明的小姑娘正是这样做的。

一句“伯伯”，一下子拉开了两人年龄距离，让“阿拉”不由得想起自己那同样处于花季的儿女。同情的种子开始在他心头萌发了。接着小姑娘又不失时机地给他戴上一顶“好人”的帽子，诱导他的心理向“好人”标准看齐。用“我爸”和“阿拉”对比，进一步强化了“阿拉”的同情心理。

三、善意威胁，以刚制刚

很多人都知道用威胁的方法可以增强说服力，而且还不时地加以运用。这是用善意的威胁使对方产生恐惧感，从而达到说服目的的技巧。

威胁能够增强说服力，但是，在具体运用时要注意以下几点。

第一，态度要友善。

第二，要讲清后果，说明道理。

第三，威胁程度不能过分，否则反而会弄巧成拙。

四、消除防范，以情感化

一般来说，在你和要说服的对象进行较量时，彼此都会产生一种防范心理，尤其是在危急关头。这时候，要想说服成功，你就要注意消除对方的防范心理。如何消除防范心理呢？从潜意识来说，防范心理的产生是一种自卫，也就是当人们把对方当作假想敌时产生的一种自卫心理，那么消除防范心理的最有效方法就是反复给予对方暗示，表示自己是朋友而不是敌人。这种暗示可以采用种种方法来进行，如嘘寒问暖，给予关心，表示愿意提供帮助等等。

有个“的姐”把一男青年送到指定地点时，对方掏出尖刀逼她把钱都交出来，她装作害怕的样子交给歹徒300元钱说：“今天就挣这么点儿，要嫌少就把零钱也给你吧。”说完又拿出20元找零用的钱。见“的姐”如此爽快，歹徒有些发愣。“的姐”趁机说：“你家在哪儿住？我送你回家吧。这么晚了，家人该等着急了。”见“的姐”是个女子又不反抗，歹徒便把刀收了起来，让“的姐”把他送到火车站去。见气氛缓和，“的姐”不失时机地启发歹徒：“我家里原来也非常困难，咱又没啥技术，后来就跟人家学开车，干起这一行来。虽然挣钱不算多，可日子过得也不错。何况自食其力，穷点儿谁还能笑话我呢！”见歹徒沉默不语，“的姐”继续说：“唉，男子汉四肢健全，干点儿啥都差不了，走上这条路一辈子就毁了。”火车站到了，见歹徒要下车，“的姐”又说：“我的钱就算帮助你的，用它干点正事，以后别再干这种见不得人的事了。”一直不说话的歹徒听罢突然哭了，把300多元钱往“的姐”手里一塞说：“大姐，我以后饿死也不干这事了。”说完，低着头走了。在这个事例中，“的姐”典型地运用了消除防范心理的技巧，最终达到了说服的目的。

五、投其所好，以心换心

站在他人的立场上分析问题，能给他人一种为他着想的感觉，这种投其所好的技巧常常具有极强的说服力。要做到这一点，“知己知彼”十分重要，唯先知彼，而后方能从对方的立场上考虑问题。

某精密机械工厂生产某项新产品，将其部分部件委托小工厂制造，当该小厂将零件的半成品呈示总厂时，不料全不合该厂要求。由于迫在眉睫，总厂负责人只得令其尽快重新制造，但小厂负责人认为他是完全按总厂的规格制造的，不想再重新制造，双方僵持了许久。总厂厂长见了这种局面，在问明原委后，便对小厂负责人说："我想这件事完全是由于公司方面设计不周所致，而且还令你吃了亏，实在抱歉。今天幸好是由于你们帮忙，才让我们发现竟然有这样的缺点。只是事到如今，事情总是要完成的，你们不妨将它制造得更完美一点，这样对你我双方都是有好处的。"那位小厂负责人听完，欣然应允。

六、寻求一致，以短补长

习惯于顽固拒绝他人说服的人，经常都处于"不"的心理组织状态之中，所以自然而然地会呈现僵硬的表情和姿势。对付这种人，如果一开始就提出问题，绝不能打破他"不"的心理。所以，你得努力寻找与对方一致的地方，先让对方赞同你远离主题的意见，从而使之对你的话感兴趣，而后再想法将你的主意引入话题，而最终求得对方的同意。

有一个小伙子固执地爱上了一个商人的女儿，但姑娘始终拒绝正眼看他，因为他是个古怪可笑的驼子。

这天，小伙子找到姑娘，鼓足勇气问："你相信姻缘天注定吗?"姑娘眼睛盯着天花板答了一句："相信。"然后反问他，"你相信吗?"他回答："我听说，每个男孩出生之前，上帝便会告诉他，将来要娶的是哪一个女孩。我出生的时候，未来的新娘便已经配给我了。上帝还告诉我，我的新娘是个驼子。我当时向上帝恳求：'上帝啊，一个驼背的妇女将是个悲剧，求你把驼背赐给我，再将美貌留给我的新娘。'"当时姑娘看着小伙子的眼睛，并被内心深处的某些记忆搅乱了。她把手伸向他，之后成了他最挚爱的妻子。

——摘自百度文库

例文5

周总理的精彩回答

美国代表团访华时，曾有一名官员当着周总理的面说："中国人很喜欢低着头走路，而我们美国人却总是抬着头走路。"此语一出，语惊四座。周总理不慌不忙，面带微笑地说："这并不奇怪。因为我们中国人喜欢走上坡路，而你们美国人喜欢走下坡路。"

——美国官员的话里显然包含着对中国人的一些侮辱。在场的中国工作人员都十分气愤，但囿于外交场合难以强烈斥责对方的无礼。如果忍气吞声，听任对方的羞辱，那么国威何在？周总理的回答让美国人领教了什么叫做柔中带刚。

——摘自新华网

例文6

关于礼仪的名言

(1)礼貌是人类共处的金钥匙。

——松苏内吉

(2)礼貌经常可以替代最高贵的感情。

——梅里美

(3)礼仪周全能息事宁人。

——儒贝尔

(4)礼者,人道之极也。

——荀子

(5)不学礼,无以立。

——论语

(6)礼,经国家,定社稷,序民人,利后嗣。

——左传

(7)人无礼则不生,事无礼则不成,国家无礼则不宁。

——荀子

(8)人有礼则安,无礼则危。

——礼记

(9)礼仪的目的与作用本在使得本来的顽梗变柔顺,使人们的气质变温和,使他尊重别人,和别人合得来。

——约翰·洛克

(10)礼貌使有礼貌的人喜悦,也使那些受人以礼貌相待的人们喜悦。

——孟德斯鸠

——摘自百度文库

例文 7

有所敬畏

周国平

在这个世界上,有的人信神,有的人不信,由此而区分为有神论者和无神论者、宗教徒和俗人。不过,这个区分并非很重要。还有一个比这重要得多的区分,便是有的人相信神圣,有的人不相信,人由此而分出了高尚和卑鄙。

一个人可以不信神,但不可以不相信神圣。是否相信上帝、佛、真主或别的什么主宰宇宙的神秘力量,往往取决于个人所隶属的民族传统、文化背景和个人的特殊经历,甚至取决于个人的某种神秘体验,这是勉强不得的。一个没有这些宗教信仰的人,仍然可能是一个善良的人。然而,倘若不相信人世间有任何神圣价值,百无禁忌,为所欲为,这样的人就与禽兽无异了。

相信神圣的人有所敬畏。在他的心目中,总有一些东西属于做人的根本,是亵渎不得的。他并不是害怕受到惩罚,而是不肯丧失基本的人格。不论他对人生怎样充满着欲求,他始终明白,一旦人格扫地,他在自己面前竟也失去了做人的自信和尊严,那么,一切欲求的满足都不能挽救他的人生的彻底失败。

相反,那种不知敬畏的人是从不在人格上反省自己的。如果说"知耻近乎勇",那么,这种人因为不知耻便显出一种卑怯的放肆。只要不受惩罚,他敢于践踏任何美好的东西,包括爱情、友谊、荣誉,而且内心没有丝毫不安。这样的人尽管有再多的艳遇,也没有能力真正爱一回;结交再多的哥们,也体味不了友谊的纯正;获取再多的名声,也不知什么是光荣。不相信神圣的人,必被世上一切神圣的事物所抛弃。

——摘自《追求》

例文 8

幸福三要素

余也鲁　译

幸福的生活有三个不可缺的因素：一是有希望，二是有事做，三是能爱人。

1. 有希望

亚历山大大帝有一次大送礼物，表示他的慷慨。他给了甲一大笔钱，给了乙一个省份，给了丙一个高官。他的朋友听到这件事后，对他说："你要是一直这样做下去，你自己会一贫如洗。"亚历山大回答说："我哪会一贫如洗，我为我自己留下的是一份最伟大的礼物。我所留下的是我的希望。"一个人要是只生活在回忆中，却失去了希望，他的生命已经开始终结。回忆不能鼓舞我们有力地生活下去，回忆只能让我们逃避，好像囚犯逃出监狱。

2. 有事做

一个英国老妇人，在她重病自知时日无多的时候，写下了如下的诗句：现在别怜悯我，永远也不要怜悯我，我将不再工作，永远永远不再工作。很多人都有过失业或者没事做的时候，就会觉得日子过得很慢，生活十分空虚。有过这种经验的人都会知道，有工作不是不幸，而是一种幸福。

3. 能爱人

诗人白朗宁曾写道："他望了她一眼，她对他回眸一笑，生命突然苏醒。"生命中有了爱，我们就会变得焕发、谦卑、有生气，新的希望油然而生，仿佛有千百件事等着我们去完成。有了爱，生命就有了春天，世界也变得万紫千红。

最完美的祷告，应该是："主啊，求你帮助我有力量去帮助别人。"

——摘自《花香满径》

［思考与实训］

（1）实践体验：运用所学过的礼仪知识（仪表、握手、交谈等），组织学生模拟一个求职现场，体验所学的技巧，总结交流实际运用的心得和体会。

（2）请看下面的案例并回答问题。

背后的鞠躬

日本人讲礼貌，行鞠躬礼是司空见惯的，可是我国某留学生在日本期间看到的一次日本人鞠躬礼却在脑海中留下了深深的印象。

一天，这位留学生来到了日航大阪饭店的前厅。那时，正是日本国内旅游旺季，大厅里宾客进进出出，络绎不绝。一位手提皮箱的客人走进大厅，行李员立即微笑地迎上前去，鞠躬问候，并跟在客人身后问客人是否要帮助提皮箱。这位客人也许有急事，嘴里说了声："不用，谢谢。"头也没回径直朝电梯走去，那位行李员朝着那匆匆离去的背影深深地鞠了一躬，嘴里还不断地说：“欢迎，欢迎！”这位留学生看到这情景困惑不解，便问身旁的日本经理：“当面给客人鞠躬是为了礼貌服务，可那位行李员朝客人的后背深鞠躬又是为什么呢？”“既是为了这位客人，也是为了其他客人。”经理说，“如果此时那位客人突然回头，他会对我们的热情欢迎留下印象。同时，这也是给大堂里的其他客人看的，他们会想，当我转过身去，饭店的员工肯定对我一样礼貌。”

请问：行李员有没有必要对着客人的后背鞠躬？

(3)请看下列案例。

硕士落选记

某公司要招聘一位市场部经理，一位名校硕士的简历深深吸引了老总。这位硕士有相关理论著述，而且在两家单位任过职，有一定经验。于是通知他三天后来公司面试，面试结果呢？竟然没能通过。老总后来说，那次面试是他亲自主持的。他发现那位先生有个特点，就是不管什么时候都是锁着双眉，不会微笑，显示出很沉闷的样子。他说，这种表情的人是典型的不擅做沟通工作的。而作为市场部的负责人，沟通本来就是重要的工作内容……

提示：如果想有良好的人际关系，就要注意表情或神态礼仪。面部表情最传神表意的笑容，是决定面部表情礼仪的关键。

(4)请看下列案例并进行思考。

“雾水”风波

一外商考察团来某企业考察投资事宜，企业领导高度重视，亲自挑选了庆典公司的几位漂亮女模特来做接待工作，并特别指示她们身着紧身上衣，黑色的皮裙，领导说这样才显得对外商的重视。

但考察团上午见了面，还没有座谈，外商就找借口匆匆走了，工作人员被搞得一头雾水。后来通过翻译才知道，他们说通过接待人员的着装，认为这是个工作以及管理制度极不严谨的企业，完全没有合作的必要。

思考：你知道吗，外商为什么认为“这是个工作以及管理制度极不严谨的企业”？外商为什么认为没有合作的必要？考察团犯了什么大忌？

(5)请看下列案例并回问题。

刘刚的好朋友从国外回来了，刘刚很热情地请好友吃饭，席间刘刚不顾好友一再推托，执意要好友坐在正对着餐厅门口位置。饭局快要结束时，好友出去了一下。等到刘刚结账的时候，服务员说：已经结过了。朋友临走时，好像不太高兴。刘刚一头雾水……

请问：刘刚的朋友为什么不高兴？问题出在哪里？

(6)请看下列案例并进行讨论。

由于市场竞争激烈，蓝天和创意这两家策划公司对某机电公司即将进行的车展策划都志在必得。于是蓝天公司的李总就约了机电公司的王总在银都酒店三楼中餐厅吃饭。李总和秘书小刘刚到银都酒店三楼中餐厅的一号房间，王总也到了，双方问好就座后，小刘便叫服务员开始点菜。15分钟后，小刘点好菜对王总说：“王总，我也不知道这些菜合不合你的口味，你看还要再点些其他的吗？”王总说不必了。

吃饭过程中，小刘为了表示热情就用自己的筷子不停地给王总夹菜，当两位老总因谈话逐渐深入时，小刘把筷子随意地横放在碗上为两位老总添加饮料，由于加饮料时没有给予提示，差点把饮料泼在王总身上。

不久，李总收到了王总发来的邮件，内容是：本来我还在犹豫该选择哪家公司为我公司策划车展的事，现在我已经决定了，我是不会和一家礼仪如此差的公司合作的。李总有些莫名其妙。

讨论：请帮助李总分析，为什么王总认为他们不懂礼仪？

（7）测试一下你是一个有魅力的人吗？

序号	原则
1	对自己保持良好的自我形象，干净整洁、大方得体。在不同的场合，注意选择合适的衣服，表现出你的个人品位
2	在任何场合都有良好的仪态和礼貌，表现出你的风度
3	是一个受过教育的，有情趣的、和蔼可亲、具有幽默感并健谈的人，有接受批评的雅量和自嘲的勇气
4	培养一个令人愉快、悦耳的声音，与人交谈时，要令对方感到你对他的关心与尊重，做一个聆听者
5	不断学习、阅读和吸收知识，使自己成为一个有趣味的多姿多彩的人
6	对别人有同情心，乐于帮助弱者。主动伸张正义，永远不会在背后说别人坏话
7	对他人慷慨仁慈，不论精神方面还是物质方面，坚信付出比得到更幸福
8	是一个主动善于沟通的人，以亲切关怀的态度对人，会主动地打电话、写信与他人保持联络
9	作为主人，你总能面面俱到
10	作为客人，你大方得体，仪礼相宜

（8）请根据学过的说话技巧，谈谈下列案例中汪海赢得掌声的原因。

汪海有一次去美国考察，在一次新闻发布会上遇到了许多记者的提问。一位意大利记者问：“你们生产的运动鞋为什么叫‘双星’？是不是代表你们常讲的物质文明和精神文明？”汪海微笑地点了点头，说：“还可以这样理解，一颗星代表东半球，一颗星代表西半球，我们要让‘双星’牌运动鞋潇洒走世界。”这番豪言壮语，一位美国记者却不以为然，问道：“请问先生您脚上穿的是什么鞋？”这一将用意非常明了：如果你穿的是“双星”牌，那自然没话说，但如果穿的是洋货，意味着连自己都不愿穿“双星”牌，还谈什么潇洒走世界？不料，汪海十分沉着自信地答道：“在贵国这种场合脱鞋是不礼貌的，但是这位先生既然问起，我就破例了。”说着他把自己的鞋脱了，高高举起，指着商标处，大声说道：“Double Star（双星）！”这时，场上响起了热烈的掌声，不少记者争相拍下这一镜头。第二天，美国纽约各大报纸在主要版面上纷纷刊登出这幅照片。《纽约时报》一位记者评述道：“在美国脱鞋的共产党国家有两个人，一个是前苏联的领导人赫鲁晓夫，他脱鞋敲桌子表明了一个共产党大国的傲慢；一个是来自中国的双星集团总经理，他用脱鞋表明了中国的商品要征服美国市场的雄心。”

第六讲 追求健康和谐的人生——心理频道

[经典案例]

张小飞出生在一个教师家庭，父母对他期望很高，张小飞从小学到高中成绩一直很好，这种经历使他坚信自己是属于全国一流大学的。然而，由于高考的失误，张小飞进入了一所高职院校。入学后，张小飞便没有了学习动力，生活也失去了目标。后来，他在网络世界找到了久违的自信，开始彻夜上网打游戏，在游戏中体会到了虚拟世界的成功。结果，期末考试六门功课不及格。

【思考】：一次高考失利为什么让张小飞失去信心？

【分析】：张小飞就是在高考失败中陷入了自我认识的误区，高考的失误使他进入一所高职院校。顺利的成长经历造就了张小飞自负、心理承受能力差的特点，一次失败就没有了生活目标，后来沉迷于网络世界。美国成功学学家拿破仑·希尔曾说过："人与人之间只有很小的差异，但是这种很小的差异却造成了巨大的差异！很小的差异就是你所具备的心理素质，巨大的差异就是成功和失败。"一个人心理素质往往可以决定他一生的命运。

[知识导航]

心理学是什么？

心理学一词来源于希腊文，意思是关于灵魂的科学。有的同学总觉得如果学了心理学就该知道别人在想什么了，如果他遇到一个心理学的专业人士，总想问问："你是学心理学的，你能猜出我在想什么吗？"其实，心理学不是算命，它不是以研究别人想什么为研究对象的，而是研究心理现象和心理规律的一门科学。

每年9月，一大批高职新生走进大学校园，开始人生的新阶段。从高中生过渡成为一名大学生，这种角色的转换往往让大家一时难以适应。由于生活环境、学习环境等方面的巨大变化，新生常常会遇到各种各样的矛盾和问题，这就是所谓的"新生适应不良"。那么，应该怎样正视这些"大学生成长中的烦恼"呢？

步入"象牙塔"，
惊喜与冲动过后，
你的心境竟如此地迷茫，
时常在想，

“我的大学应该怎么过?”

新生适应不良首先是生活环境上的不适应。初入大学,原来由父母包办一切的生活变成一切都要靠自己,有些同学原来没有住过集体宿舍,现在要七八个人住在一起,这些都很容易让新生难以适应,对大学原有的浪漫想象也随之打破。新生小梁说:“我宿舍的一个哥们喜欢熬夜玩电脑,从不考虑别人,电脑的光亮和敲击键盘的声音让我根本睡不着。”新生阿梅则控诉舍友:“一位舍友总喜欢晚上和男友煲电话粥,宿舍熄灯后还在聊,大家都睡不着觉。”在大学宿舍里,一般是6到8个同学住在一起,这就意味着同一个宿舍会出现6到8种截然不同的生活习惯,有不少新生都反映自己不喜欢室友们的生活习惯。

不少大一新生,在外与他人关系不错,但却处理不好与室友的关系。要想处理好宿舍里的人际关系,新生首先要有爱心、学会包容。在日常生活中,要多为他人考虑,平时多一份对彼此的关怀,彼此之间也就会减少不必要的摩擦。其实,不同个性的舍友相处在十几平方米的宿舍中,磕磕碰碰是避免不了的,这就要求新生对他人要有包容、理解之心,只要凡事不斤斤计较,宿舍和谐、快乐的氛围就也不难维系了。

清康熙年,宰相张英与叶姓待郎的老家都在安徽桐城,两家之间有一条一尺宽的小巷,为了扩建房屋,都想占用这条小巷,于是发生了争执。张老夫人便修书北京,要张英出面干预。张英看罢来信,立即作诗劝导老夫人:“千里家书只为墙,让他三尺又何妨?长城万里今犹在,不见当年秦始皇。”于是张家人主动让出三尺,叶家见此情景,深感惭愧,也马上把墙让后三尺。这样,张叶两家的院墙之间,就形成了六尺宽的巷道,成了有名的“六尺巷”。

“六尺巷”的故事告诉今天的我们要礼让、和睦,古代开明之士尚能如此,今天同学之间、舍友之间处理小是小非,更应该比封建时代做得更好。事情就是这样:争一争,行不通;让一让,六尺巷。

其次是学习上的不适应。大学与高中具有显著的不同。高中时大家的目标就是在高考中取得好成绩,老师也会在自习课时辅导你、督促你,在这种学习中,大家都是学习的被动接受者。而大学是一个相对自由的环境,摆脱了高中“以教为主”的学习模式,进入大学就要靠自己的自主性了。被动学习的同学,常在大学学习中迷失方向,不知道该怎样面对大量的时间和资源,从而荒废了大学光阴。

大一新生首先要适应大学老师的教学模式,然后学会自己看书,除了专业书籍外,多看些对个人发展有利的书,可以多去图书馆看看,并且要合理利用网络资源。其次,建议新生尽快确立自己高职三年的目标,有计划地进行学习,合理安排学习和娱乐的时间。

1. 人际交往

人际交往是大学生活中的一个重要方面,尤其是大学新生,来到一个陌生的环境开始过集体生活，这时候的人际交往比中学时代要复杂得多。高职大学生在人际交往中常常会遇到以下几个问题。

1）猜疑心理

人们在交往过程中都或多或少存在猜疑心理，其产生的原因主要是缺乏自信、思维错误和流言蜚语。王某是某高职计算机系的大一新生，性格内向，不喜欢与人交往，上大学后与7名同学住在一个宿舍，他很不适应，老觉得舍友和他过不去，后来出现的几次小冲突导致关系很紧张。为了不和舍友交往，王某很少回寝室，只有睡觉时才回去。王某开始抑郁、烦躁，根本无法安心读书。后来一次生病，王某在住院期间，寝室同学轮流守护在病床旁，看到那些平时让自己讨厌的同学都忙着照顾他，他的心被震撼了，这时他才知道原来一切都是自己"想"出来的。

猜疑一般总是从某一假想目标开始，最典型的例子就是"疑人偷斧"的寓言了：一个人丢失了斧头，怀疑是邻居的儿子偷的。从这个假想目标出发，他观察邻居儿子的言谈举止和神色都是偷斧头的样子，由此断定是邻居的儿子偷的。可是，不久之后他在山谷里找到了他丢失的斧头，这时他再看邻居家的儿子，神情举止竟然一点也不像偷斧头的样子了。克服猜忌心理首先需要培养理智，切忌感情用事。当出现猜疑的念头后，要寻找证据，如果证据不足，主观推测多，甚至带有很强的想象色彩，就应该尽快否定自己的猜疑，提醒自己别把人想得太坏。

2）孤独心理

大学生虽然生活在多姿多彩的校园中，然而不免有时也会产生孤独与寂寞之感。"刚来学校的时候，家里人打来电话，我听到他们的声音，眼泪都要流下来了。"来自贵州的新生冯同学说，"一个人的时候感觉特别孤独。"对于小冯来说，除了想家的问题，人际交往也令他颇为头痛。进入大学10多天了，他还没有交到一个好朋友，去哪儿都是独来独往，不扎堆，也不成群结队，因为"不知道和新同学们聊些什么"。

其实每个人都有孤独感，有孤独感并不可怕，可怕的是不会解决孤独感。高职大学生应该学会如何面对这种孤独，学会自我调节，这是大学生必须掌握的一种素质和能力。如今，大家都喜欢用手机或网络相互交流，也容易减少同学间的相互交流，从而产生孤独感。有孤独心理的大学生，要多参加集体活动，例如可以参加学院社团，扩大自己的交际圈，丰富自己的生活，多发展自己的兴趣爱好。在孤独中学会成长，这是一个人成长、成熟的标志。

3）自我中心

自我中心的人凡事都只希望满足自己的欲望，只关心自己的兴趣和需要，而忽视别人的处境和利益。小峰自从上大学以来，总觉得周围的人都不喜欢他，他也抱怨说现在的大学生思想都不成熟，尤其是自己身边的同学。有次上完课回到寝室，舍友们纷纷抱怨某老师的课枯燥无味，以后有机会就旷课。小峰打断舍友们的谈话，说"不想上课就别去上，不用给自己的懒惰找借口。"当时寝室的空气都凝固了，全班要去郊游，班长开班会跟大家商量去哪里玩，所有人都想去风景区游玩，可小峰却据理力争坚持要去博物馆，认为这样才更有意义。结果全班不欢而散，郊游还是去了风景区，却没有人通知小峰。事后，小峰觉得自己说的都是真话，为什么大家都不能理解呢？他还说，如果坚持真理就注定要孤独的话，那他就坚持下去，走自己的路让别人说去吧。

乍一看，觉得小峰确实挺委屈，但仔细分析就会发现小峰的主要问题是在人际关系交往上太以自我为中心。小峰总是从自我的角度来考虑事情的合理性，缺乏换位思考。在我们中间，这样的大学生为数不少，他们为人处世都以自己的兴趣和需要为中心，不考虑他人的感受和想法，似乎自己的态度就是他人的态度。在人际交往中，我们要克服自我中心意识，多设身处地地替其他人想想，学会尊重、关心、帮助他人，这样才可获得别人的回报，从中体验人生的价值与幸福。

4）嫉妒心理

在生活中，常常有这样一种现象，一些人看到自己身边的人在某些方面超过自己，便情不自禁地产生一种难受的感觉，并随之出现一些消极行为。嫉妒是自尊心的一种异常表现，是自己看到他人超过自己时内心产生的不平、痛苦、愤怒的感觉。有人曾在大学中做过调查，发现大学生中的嫉妒就有七大类：一是嫉妒他人政治上的进步；二是嫉妒他人学习上的冒尖；三是嫉妒他人某一方面的专长；四是嫉妒他人生活上的优裕；五是嫉妒他人社交上的活跃；六是嫉妒他人仪表上的出众；七是嫉妒他人恋爱上的成功。

嫉妒的滋味虽不好受，但每个人或多或少都曾有所体会。其实，适当地与别人攀比一下，可以激励自己奋斗进取，如果我们化嫉妒为动力，就能帮助我们成长，提高自己的水平。如果我们把嫉妒之心发展为仇恨，那么非但伤害了别人，也使自己困于畸形的心态中。在生活中，我们要正确看待和评价自己与他人的差距，以欣赏的眼光来对待引发嫉妒的对象，学习他人的长处，使自己健康发展。

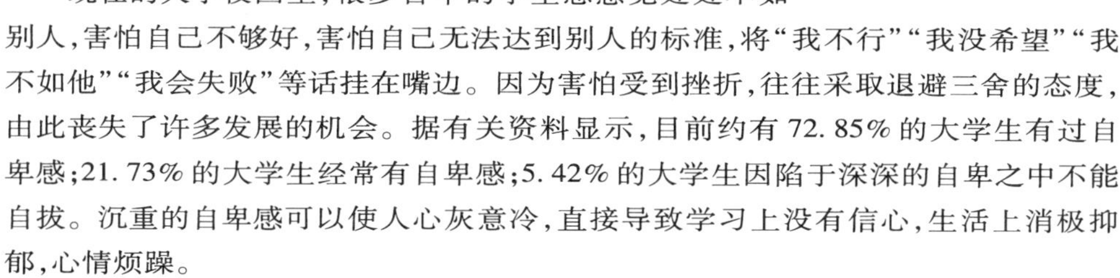

5）自卑心理

现在的大学校园里，很多自卑的学生总感觉处处不如别人，害怕自己不够好，害怕自己无法达到别人的标准，将“我不行”“我没希望”“我不如他”“我会失败”等话挂在嘴边。因为害怕受到挫折，往往采取退避三舍的态度，由此丧失了许多发展的机会。据有关资料显示，目前约有72.85%的大学生有过自卑感；21.73%的大学生经常有自卑感；5.42%的大学生因陷于深深的自卑之中不能自拔。沉重的自卑感可以使人心灰意冷，直接导致学习上没有信心，生活上消极抑郁，心情烦躁。

自卑的人往往过低评价自己的形象、能力和品质，总是拿自己的弱点和别人的强处比，觉得自己事事不如人。消除自卑心理首先要肯定自己的价值，要相信每个人都是独特的，每个人都有自己的长处和短处。其次，学会积极地思考问题，多用“我能行”，“我一定可以”这样的话来鼓励自己、激发潜能。就算是失败了，也有失败的价值，比如说，一次考试没有考好，是不是就说明自己不行，不如别人呢？绝对不是，考试除了可以评估学习的状况外，还可以找到知识的盲点，以便今后更有针对性地学习，如果从这个角度来看考试，那么考试失败就没什么了。

人际交往类型小测验

对下列题目，做出“是”或者“否”的选择。

1. 我碰到熟人时会主动打招呼。
2. 我常主动写信给友人表示思念。
3. 我旅行时常与不相识的人闲谈。
4. 有朋友来访时我内心感到很高兴。
5. 没有人引见，我很少主动与陌生人谈话。
6. 我喜欢在群体中发表自己的见解。
7. 我同情弱者。
8. 我喜欢给别人出主意。
9. 我做事总喜欢有人陪伴。
10. 我很容易被朋友说服。
11. 我总是很注意自己的仪表。
12. 约会迟到我会长时间感到不安。
13. 我很少与异性交往。
14. 我到朋友家做客从不感到不自在。
15. 与朋友一起乘公共汽车我不在乎谁买票。
16. 我给朋友写信时常诉说自己最近的烦恼。
17. 我常能交上新的知心朋友。
18. 我喜欢与有独到之处的人交往。
19. 我觉得随便暴露自己的内心世界是很危险的事情。
20. 我对发表意见很慎重。

给自己打分吧！

题目	1	2	3	4	5	6	7	8	9	10	11	12	13	14	15	16	17	18	19	20
是	1	1	1	1	0	1	1	1	1	1	1	1	1	0	0	1	1	1	0	0
否	0	0	0	0	0	0	0	0	0	0	0	0	0	1	1	0	0	0	1	1

将1～5题得分相加，得分说明交往主动性水平。得分高说明交往偏于主动型，得分低则交往偏于被动型。

将6～10题得分相加，得分说明交往支配性水平。得分高说明交往偏于领袖型，得分低则交往偏于依从型。

将11~15题得分相加,得分说明交往规范性水平。得分高意味着交往讲究严谨,得分低则交往较为随便。

将16~20题得分相加,得分说明交往开放性程度。得分高说明交往偏于开放型,得分低则交往倾向于闭锁型。

如果得分不是偏向最高分和最低分两个极端,而是处于中等水平,则表明交往倾向不明显,属于中间综合型的交往者。

2. 成功心理

成功总是件令人羡慕的事情,头悬梁锥刺股固然可贵,但仅有这种精神还不够,还要方法得当,善于总结,这样方能事半功倍。

一棵苹果树,终于结果了。

第一年,它结了10个苹果,9个被拿走。对此,苹果树愤愤不平,于是拒绝成长。第二年,它结了5个苹果,4个被拿走。“哈哈,去年我得到了10%,今年得到20%!翻了一番。”这棵苹果树心理平衡了。

但是,它还可以这样:继续成长。譬如,第二年,它结了100个果子,被拿走90个,自己得到10个。

很可能,它被拿走99个,自己得到1个。但没关系,它还可以继续成长,第三年结1 000个果子……

其实,得到多少果子不是最重要的,最重要的是,苹果树在成长。等苹果树长成参天大树的时候,那些曾阻碍它成长的力量都会微弱到可以忽略不计。真的,不要太在乎果子,成长是最重要的。

1)确定目标

我们有时候感觉一个目标好像是遥不可及的,但是我们只要把目标分解到每一步,就会发现事情由难变易了。比方说我们学外语,听起来好像是一件挺难的事情,但如果你分解到每一年、每一月、每一天要记多少个单词,便也会发现,它并没有那么难。

钟表店有两只大钟表,它们每天都不停地发出滴答滴答声。一天,又来了一个小钟表,其中一个大钟表说:“年轻人,你可要抓紧时间工作了,你一年得走3 200万次呢?”小钟表听了,心里就郁闷了,摇了摇头说:“3 200万次我怎么努力也不可能完成呀!”这时,另一只大钟表上前说:“年轻人,你不用害怕,这其实很简单的,你只要记住每秒钟摆动一下就行,这是很简单的事情啊!”于是,小钟表决定试一下,后来,它发现这件事情做起来很轻松。不知不觉一年后,它已经走了3 200万次了。

2)相信自己

自信,就是要在认识自己的基础上充分相信自己,相信自己可以在困难与挑战面前将自己最大的潜能释放出来。培根曾经说过一句话:“如果问在人生中最重要的才能是什么?那么回答则是:第一,无所畏惧;第二,无所畏惧;第三,还是无所畏惧。”信心是一种积极的心理暗示,有信心的人不容易被困难击垮。在很多时候,打败你的不是外在环境,而是你的心,被自己打败的人,

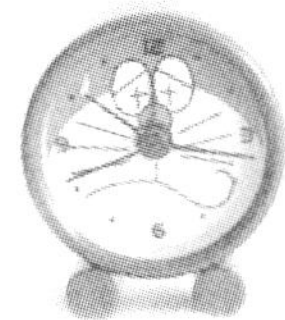

别人给予再多的帮助都是无力的。心理学有个杜根定律，就是强者未必是胜利者，而胜利迟早都属于有信心的人。换句话说，你若仅仅接受最好的，你最后得到的常常也就是最好的，只要你有自信。

猜猜这个人是谁？

1809 年 2 月 12 日出生。

1818 年（9 岁），母亲去世。

1831 年（22 岁），经商失败。

1832 年（23 岁），竞选州议员落选。

同年（23 岁），工作丢了。想就读法学院，但未获入学资格。

1833 年（24 岁），向朋友借钱经商。

同年年底（24 岁），再次破产。接下来，他花了 16 年的时间才把债还清。

1834 年（25 岁），再次竞选州议员，这次赢了。

1835 年（26 岁），订婚后即将结婚时，未婚妻死了。

1836 年（27 岁），精神完全崩溃，卧病在床六个月。

1838 年（29 岁），争取成为州议员的发言人——没有成功。

1840 年（31 岁），争取成为选举人——落选了。

1843 年（34 岁），参加国会大选——又落选了。

1846 年（37 岁），再次参加国会大选——这回当选了。前往华盛顿特区，表现可圈可点。

1848 年（39 岁），寻求国会议员连任，失败。

1849 年（40 岁），想在自己州内担任土地局长的工作，遭到拒绝。

1854 年（45 岁），竞选美国参议员，落选。

1856 年（47 岁），在共和党内争取副总统的提名，但得票不足 100 张。

当他 51 岁时，当选美国总统。他就是成为美国历史上最伟大的总统之一林肯。林肯终其一生都在面对挫败，他曾经绝望至极，但从未放弃人生这场跳高比赛。

3）乐观的心态

面对困境时的心态是决定我们成功或失败的关键。乐观的心态，有助于改变现状，摆脱困境，而悲观的心态，却于事无补，使结果更加恶化。

有位秀才第三次进京赶考，考试前两天他做了三个梦，第一个梦是梦到自己在墙上种白菜，第二个梦是下雨天，他戴了斗笠还打伞，第三个梦是梦到跟心爱的表妹躺在一起，但是背靠着背。这三个梦似乎有些深意，秀才第二天就去找算命的解梦。算命的一听，说："你还是回家吧。你想想，高墙上种菜不是白费劲吗？戴斗笠打雨伞不是多此一举吗？跟表妹躺在一张床上了，却背靠背，不是没戏吗？"秀才一听，心灰意冷，回客店收拾包袱准备回家。店老板非常奇怪，问："不是明天才考试

吗,今天你怎么就回乡了?”秀才如此这般说了一番,店老板乐了:“哟,我也会解梦的。我倒觉得,你这次一定要留下来。你想想,墙上种菜不是高种吗?戴斗笠打伞不是说明你这次有备无患吗?跟你表妹背靠背躺在床上,不是说明你翻身的时候就要到了吗?”秀才一听,更有道理,于是精神振奋地参加考试,居然中了个探花。

有的时候,我们的想法决定了我们的生活,有什么样的想法,就有什么样的未来。

4)积极的心理暗示

心理暗示是用含蓄、间接的方式,会对别人的心理和行为产生影响。比如夸奖、赞美就是积极的暗示,考前的紧张就是因为害怕失败这种消极的心理暗示产生的。心理学家罗森塔尔来到一所小学,随意从每班抽 3 名学生共 18 人写在一张表格上,交给校长,极为认真地说:“这 18 名学生经过科学测定全都是智商型人才。”8 个月后,奇迹出现了,凡是上了名单的学生,个个成绩都有了较大的进步,且各方面都很优秀。这就是心理学中著名的“罗森塔尔实验”,该效应被大家称为“罗森塔尔效应”或“期待效应”。

为什么会这样呢?因为专家罗森塔尔的话对教师产生了暗示,老师们相信专家的结论,相信那些被指定的孩子大有前途,于是对他们寄予了更高的期望,更加信任、鼓励他们,反过来这些孩子在老师的言语和行为的暗示下,变得更加自信和自强,从而使各方面得到了异乎寻常的进步。人们会不自觉地接受自己喜欢、钦佩、信任和崇拜的人的影响和暗示,而这种暗示,正是让你梦想成真的基石之一。

[阅读拓展]

例文 1

有助生活的十种心理现象

我们的心理是非常奇妙的一件事情,科学家们花了这么多年的时间来研究人类的心理现象,至今没有找到一个确切的解答方案。现在我们要说的就是存在于我们人群当中的一些心理怪象,了解这些能够帮助我们更好地融入人群当中。

1.心理规律一:罗森塔尔效应

美国著名的心理学家罗森塔尔曾做过这样一个试验:他把一群小白鼠随机地分成两组:A 组和 B 组,并且告诉 A 组的饲养员说,这一组的老鼠非常聪明;同时又告诉 B 组的饲养员说他这一组的老鼠智力一般。几个月后,教授对这两组的老鼠进行穿越迷宫的测试,发现 A 组的老鼠竟然真的比 B 组的老鼠聪明,它们能够先走出迷宫并找到食物。

于是罗森塔尔教授得到了启发,他想这种效应能不能也发生在人的身上呢?他来到了一所普通中学,在一个班里随便地走了一趟,然后就在学生名单上圈了几个名字,告诉他们的老师说,这几个学生智商很高,很聪明。过了一段时间,教授又来到这所中学,奇迹又发生了,那几个被他选出的学生现在真的成为了班上的佼佼者。

为什么会出现这种现象呢?正是“暗示”这一神奇的魔力在发挥作用。

每个人在生活中都会接受这样或那样的心理暗示，这些暗示有的是积极的，有的是消极的。如果妈妈对孩子寄予厚望、积极肯定，通过期待的眼神、赞许的笑容、激励的语言来滋润孩子的心田，使孩子更加自尊、自爱、自信、自强，那么，你的期望有多高，孩子未来的成果就会有多大。

2. 心理规律二：超限效应

美国著名作家马克・吐温有一次在教堂听牧师演讲。最初，他觉得牧师讲得很好，使人感动，准备捐款。过了 10 分钟，牧师还没有讲完，他有些不耐烦了，决定只捐一些零钱。又过了 10 分钟，牧师还没有讲完，于是他决定 1 分钱也不捐。等到牧师终于结束了冗长的演讲开始募捐时，马克・吐温由于气愤，不仅未捐钱，还从盘子里偷了 2 元钱。

这种刺激过多、过强和作用时间过久而引起心理极不耐烦或反抗的心理现象，被称为“超限效应”。

超限效应在家庭教育中时常发生。如，当孩子犯错时，父母会一次、两次、三次，甚至四次、五次重复对一件事作同样的批评，使孩子从内疚不安到不耐烦乃至反感讨厌。被“逼急”了，就会出现“我偏要这样”的反抗心理和行为。

可见，妈妈对孩子的批评不能超过限度，应对孩子“犯一次错，只批评一次”。如果非要再次批评，那也不应简单地重复，要换个角度、换种说法。这样，孩子才不会觉得同样的错误被“揪住不放”，厌烦心理、逆反心理也会随之减低。

3. 心理规律三：德西效应

心理学家德西曾讲述了这样一个寓言：有一群孩子在一位老人家门前嬉闹，叫声连天。几天过去，老人难以忍受。于是，他出来给了每个孩子 10 美分，对他们说：“你们让这儿变得很热闹，我觉得自己年轻了不少，这点钱表示谢意。”孩子们很高兴，第二天仍然来了，一如既往地嬉闹。老人再出来，给了每个孩子 5 美分。5 美分也还可以吧，孩子仍然兴高采烈地走了。第三天，老人只给了每个孩子 2 美分，孩子们勃然大怒：“一天才 2 美分，知不知道我们多辛苦！”他们向老人发誓，他们再也不会为他玩了。

在这个寓言中，老人的方法很简单，他将孩子们的内部动机“为自己快乐而玩”变成了外部动机“为得到美分而玩”，而他操纵着美分这个外部因素，所以也操纵了孩子们的行为。

德西效应在生活中时有显现。比如，父母经常会对孩子说，“如果你这次考得 100 分，就奖励你 100 块钱”“要是你能考进前 5 名，就奖励你一个新玩具”等等。家长们也许没有想到，正是这种不当的奖励机制，将孩子的学习兴趣一点点地消减了。

在学习方面，家长应引导孩子树立远大的理想，增进孩子对学习的情感和兴趣，增加孩子对学习本身的动机，帮助孩子收获学习的乐趣。家长的奖励可以是对学习有帮助的一些东西，如书本、学习器具，而一些与学习无关的奖励，则最好不要。

4. 心理规律四：南风效应

“南风”效应也称“温暖”效应，源于法国作家拉・封丹写过的一则寓言：北风和南风比威力，看谁能把行人身上的大衣脱掉。北风首先来一个冷风凛凛、寒冷刺骨，结果行人为了抵御北风的侵袭，便把大衣裹得紧紧的。南风则徐徐吹动，顿时风和日丽，行人觉得春暖上身，始而解开纽扣，继而脱掉大衣，南风获得了胜利。

故事中南风之所以能达到目的，就是因为它顺应了人的内在需要。这种因启发自我反省、满足自我需要而产生的心理反应，就是“南风效应”。

由此我们可以知道，家庭教育中采用“棍棒”“恐吓”之类“北风”式教育方法是不可取的。实行温情教育，多点“人情味”式的表扬，培养孩子自觉向上，才能达到事半功倍的效果。

5. 心理规律五：木桶效应

“木桶”效应的意思是：一只沿口不齐的木桶，它盛水的多少，不在于木桶上最长的那块木板，而在于木桶上最短的那块木板。

一个孩子学习的学科综合成绩好比一个大木桶，每一门学科成绩都是组成这个大木桶的不可缺少的一块木板。孩子良好学习成绩的稳定形成不能靠某几门学科成绩的突出，而是应该取决于它的整体状况，特别是取决于它的某些薄弱环节。因此当发现孩子的某些科目存在不足时，就应及时提醒孩子，让其在这门学科上多花费一些时间，做到“取长补短”。

6. 心理规律六：霍桑效应

美国芝加哥郊外的霍桑工厂是一个制造电话交换机的工厂，有较完善的娱乐设施、医疗制度和养老金制度等，但工人们仍然愤愤不平，生产状况很不理想。后来，心理学专家专门对其进行了一项试验，即用两年时间，专家找工人个别谈话两万余人次，规定在谈话过程中，要耐心倾听工人对厂方的各种意见和不满。

这一谈话试验收到了意想不到的结果：霍桑工厂的产值大幅度提高。

孩子在学习、成长的过程中难免有困惑或者不满，但又不能充分地表达出来。作为母亲，要尽量挤出时间与孩子谈心，并且在谈的过程中，要耐心地引导孩子尽情地说，说出自己生活、学习中的困惑，说出自己对家长、学校、老师、同学等的不满。

孩子在“说”过之后，会有一种发泄式的满足，他们会感到轻松、舒畅。如此，他们在学习中就会更加努力，生活中就会更加自信。

7. 心理规律七：增减效应

人际交往中的“增减效应”是指：任何人都希望对方对自己的喜欢能“不断增加”而不是“不断减少”。比如，许多销售员就是抓住了人们的这种心理，在称货给顾客时总是先抓一小堆放在称盘里再一点点地添入，而不是先抓一大堆放在称盘里再一点点地拿出。

我们在评价孩子的时候难免将他的缺点和优点都要诉说一番，并常常采用“先褒后贬”的方法。其实，这是一种很不理想的评价方法。在评价孩子的时候，我们不妨运用“增减效应”，比如先说孩子一些无伤尊严的小毛病，然后再恰如其分地给予赞扬。

8. 心理规律八：蝴蝶效应

据研究，南半球一只蝴蝶偶尔扇动翅膀所带起来的微弱气流，由于其他各种因素的掺和，几星期后，竟会变成席卷美国德克萨斯州的一场龙卷风！紊乱学家把这种现象称为“蝴蝶效应”，并作出了理论表述：一个极微小的起因，经过一定的时间及其他因素的参与作用，可以发展成极为巨大和复杂的影响力。

“蝴蝶效应”告诉我们，教育孩子无小事。一句话的表述、一件事的处理，正确和恰当的，可能影响孩子一生；错误和武断的，则可能贻误孩子一生。

9. 心理规律九：贴标签效应

在第二次世界大战期间，美国由于兵力不足，而战争又的确需要一批军人。于是，美国政府就决定组织关在监狱里的犯人上前线战斗。为此，美国政府特派了几个心理学专家对犯人进行战前的训练和动员，并随他们一起到前线作战。

训练期间心理学专家们对他们并不过多地进行说教，而特别强调犯人们每周给自己最亲的人写一封信。信的内容由心理学家统一拟定，叙述的是犯人在狱中的表现是如何地好、如何改过自新等。专家们要求犯人们认真抄写后寄给自己最亲爱的人。三个月后，犯人们开赴前线，专家们要犯人给亲人的信中写自己是如何地服从指挥、如何地勇敢等。结果，这批犯人在战场上的表现比起正规军来毫不逊色，他们在战斗中正如他们信中所说的那样服从指挥、那样勇敢拼搏。后来，心理学家就把这一现象称为“贴标签效应”，心理学上也叫暗示效应。

这一心理规律在家庭教育中有着极其重要的作用。例如，如果我们老是对着孩子吼“笨蛋”“猪头”“怎么这么笨”“连这么简单的题目都不会做”等，时间长了，孩子可能就会真的成为了我们所说的“笨蛋”。

所以，妈妈必须戒除嘲笑羞辱、责怪抱怨、威胁恐吓等语言，多用激励性语言，对孩子多贴正向的标签。

10. 心理规律十：登门槛效应

日常生活中常有这样一种现象：在你请求别人帮助时，如果一开始就提出较高的要求，很容易遭到拒绝；而如果你先提出较小要求，别人同意后再增加要求的分量，则更容易达到目标，这种现象被心理学家称为“登门槛效应”。

在家庭教育中，我们也可以运用“登门槛效应”。例如，先对孩子提出较低的要求，待他们按照要求做了，予以肯定、表扬乃至奖励，然后逐渐提高要求，从而使孩子乐于无休止地积极奋发向上。

——摘自百度文库

例文 2

九则趣味心理学小故事

1. 相信自己是一只雄鹰

一个人在高山之巅的鹰巢里，抓到了一只幼鹰，他把幼鹰带回家，养在鸡笼里。这只幼鹰和鸡一起啄食、嬉闹和休息，它以为自己是一只鸡。这只鹰渐渐长大，羽翼丰满了，主人想把它训练成猎鹰，可是由于终日和鸡混在一起，它已经变得和鸡完全一样，根本没有飞的愿望了。主人试了各种办法，都毫无效果，最后把它带到山顶上，一把将它扔了出去。这只鹰像块石头似的，直掉下去，慌乱之中它拼命地扑打翅膀，就这样，它终于飞了起来！

磨炼会召唤成功的力量，尝试能帮助你逃脱困境，甚至能解救你的生命！

2. 五枚金币

有个叫阿巴格的人生活在内蒙古草原上。有一次，年少的阿巴格和他爸爸在草原上迷了路，阿巴格又累又怕，到最后快走不动了。爸爸就从兜里掏出5枚硬币，把一枚硬币埋在草地里，把其余4枚放在阿巴格的手上，说："人生有5枚金币，童年、少年、青年、中年、老年各有一枚，你现在才用了一枚，就是埋在草地里的那一枚，你不能把5枚都扔在草原里，你要一点点地用，每一次都用出不同来，这样才不枉人生一世。今天我们一定要走出草原，你将来也一定要走出草原。世界很大，人活着，就要多走些地方，多看看，不要让你的金币没有用就扔掉。"在父亲的鼓励下，那天阿巴格走出了草原。长大后，阿巴格离开了家乡，成了一名优秀的船长。

珍惜生命，就能走出挫折的沼泽地。人生的道路漫长而又丰富，我们应多关注现在的每一时刻。

3. 扫阳光

有兄弟二人，年龄不过四五岁，由于卧室的窗户整天都是密闭着，他们认为屋内太阴暗，看见外面灿烂的阳光，觉得十分羡慕。兄弟俩就商量说："我们可以一起把外面的阳光扫一点进来。"于是，兄弟两人拿着扫帚和簸箕，到阳台上去扫阳光。等到他们把簸箕搬到房间里的时候，里面的阳光就没有了。这样一而再再而三地扫了许多次，屋内还是一点阳光都没有。正在厨房忙碌的妈妈看见他们奇怪的举动，问道："你们在做什么？"他们回答说："房间太暗了，我们要扫点阳光进来。"妈妈笑道："只要把窗户打开，阳光自然会进来，何必去扫呢？"

把封闭的心门敞开，成功的阳光就能驱散失败的阴暗。我们可以改变自己，来实现自己的目标。

4. 一只蜘蛛和三个人

雨后，一只蜘蛛艰难地向墙上已经支离破碎的网爬去，由于墙壁潮湿，它爬到一定的高度，就会掉下来，它一次次地向上爬，一次次地又掉下来…… 第一个人看到了，他叹了一口气，自言自语："我的一生不正如这只蜘蛛吗？忙忙碌碌而无所得。"于是，他日渐消沉。第二个人看到了，他说："这只蜘蛛真愚蠢，为什么不从旁边干燥的地方绕一下爬上去？我以后可不能像它那样愚蠢。"于是，他变得聪明起来。第三个人看到了，他立刻被蜘蛛屡败屡战的精神感动了。于是，他变得坚强起来。

有成功心态者处处都能发觉成功的力量。每一个动作都有其特殊的意义，更何况不同的人对它的看法。

5. 自己救自己

某人在屋檐下躲雨，看见观音正撑伞走过。这人说："观音菩萨，普度一下众生吧，带我一段如何？"观音说："我在雨里，你在檐下，而檐下无雨，你不需要我度。"这人立刻跳出檐下，站在雨中："现在我也在雨中了，该度我了吧？"观音说："你在雨中，我也在雨中，我不被淋，因为有伞；你被雨淋，因为无伞。所以不是我度自己，而是伞度我。你要想度，不必找我，请自找伞去！”说完便走了。第二天，这人遇到了难事，便去寺庙里求观音。走进庙里，才发现观音像前也有一个人在拜，那个人长得和观音一模一样，丝毫不差。这人问：“你是观音吗？” 那人答道：“我正是观音。” 这人又问：“那你为何还拜自己？” 观音笑道：“我也遇到了难事，但我知道，求人不如求己。”

成功者自救。迫切需要改变自己，正是自己本身的动力。

6. 让失去变得可爱

一个老人在高速行驶的火车上，不小心把刚买的新鞋从窗口掉了一只，周围的人倍感惋惜，不料老人立即把第二只鞋也从窗口扔了下去。这举动更让人大吃一惊。老人解释说：“这一只鞋无论多么昂贵，对我而言已经没有用了，如果有谁能捡到一双鞋子，说不定他还能穿呢！”

成功者善于放弃，善于从损失中看到价值。失去也是一种价值，人生不仅仅是满足个人的需要，价值的体现在于人的高贵品质。

7. 人生的秘诀

30 年前，一个年轻人离开故乡，开始创造自己的前途。他动身的第一站，是去拜访本族的族长，请求指点。老族长正在练字，他听说本族有位后辈开始踏上人生的旅途，就写了三个字：不要怕。然后抬起头来，望着年轻人说：“孩子，人生的秘诀只有 6 个字，今天先告诉你三个，供你半生受用。”30 年后，这个从前的年轻人已是人到中年，有了一些成就，也添了很多伤心事。归程漫漫，到了家乡，他又去拜访那位族长。他到了族长家里，才知道老人家几年前已经去世，家人取出一个密封的信封对他说：“这是族长生前留给你的，他说有一天你会再来。”还乡的游子这才想起来，30 年前他在这里听到人生的一半秘诀，拆开信封，里面赫然又是三个大字：不要悔。

中年以前不要怕，中年以后不要悔。对发生过的事，我们不必悔之又悔，我们还需前进，岁月不等人。

8. 司机考试

某大公司准备以高薪雇用一名小车司机，经过层层筛选和考试之后，只剩下三名技术最优良的竞争者。主考者问他们：“悬崖边有块金子，你们开着车去拿，觉得能距离悬崖多近而又不至于掉落呢？” “二公尺。”第一位说。“半公尺。”第二位很有把握地说。“我会尽量远离悬崖，越远越好。”第三位说。结果这家公司录取了第三位。

不要和诱惑较劲，而应离得越远越好。认知固着，以致失去了一次机会。

9. 狮子和羚羊的家教

每天，当太阳升起来的时候，非洲大草原上的动物们就开始奔跑了。狮子妈妈在教育自己的孩子：“孩子，你必须跑得再快一点，再快一点，你要是跑不过最慢的羚羊，你就会活活饿死。” 在另外一个场地上，羚羊妈妈也在教育自己的孩子：“孩子，你必须跑得再快一点，再快一点，如果你不能比跑得最快的狮子还要快，那你就肯定会被他们吃掉。”

记住你跑得快，别人跑得更快，人应知己知彼。

——摘自新浪网

例文3

与对手合作

刘晓玲

冰雪始融，春回大地。海洋里休眠了一季的动物们开始苏醒，并承担着养儿育女的重任。

这个季节，是沙丁鱼向近岸作生殖洄游，返回大海的时节。沙丁鱼是海洋中最有礼貌最守纪律的生物。在“迁徙”过程中，沙丁鱼数量庞大，多如天上的星斗，但它们非常自觉地排着整齐的队伍，好似训练有素的大部队。浩浩荡荡、井然有序地向理想中的家园进发。海豚已经追随它们几天了，只等适合的时机、适合的水域“下手”。

壮观、密集的沙丁鱼群跟着海水的“洋流”，跋过浅水，涉过深水。当它们又一次进入浅水海域时，蓄谋已久的海豚施了一个小小的“手段”，将其中的“一股”沙丁鱼截断。使它们从大部队里分流了出来。海豚们用超声波“误导”迷路的沙丁鱼群，将它们控制在“股掌”之间。可是，它们要想在短时间内吃到可口的沙丁鱼，却相当费力和困难。

这是因为，海豚不能长期待在水底，必须每隔几分钟浮到水面呼吸一次。尽管海豚“捕猎队”团结一致，分工合作，轮流呼吸，轮流围追，可终究“一心不能二用”。在它们换气轮岗的时候，沙丁鱼不可能“坐以待毙”，而是更紧密地“抱”成一团，左冲右突、上蹿下游。这样的“战术”持续几十个来回后，海豚也会精疲力竭，功亏一篑，失去嘴边的一顿大餐。

就在海豚们有些力不从心的时候，它们的死敌——鲨鱼不期而至。鲨鱼远远地嗅到海豚的气味，快速地朝它们的食物游来，准备进行一场生与死的搏杀。然而，当鲨鱼看到被海豚控制的沙丁鱼，如一个巨大的“鱼肉团”时，立刻自发地游到海水深处，也就是沙丁鱼群的下方，协助海豚合力“围剿”。瞬间，原本的冤家、死敌，精诚合作，目标一致：鲨鱼队“严守”沙丁鱼往下逃跑的路径，海豚队则分散在沙丁鱼上方水域的四周，进行包抄、夹击。沙丁鱼无路可逃，晕头转向，茫然无措地抱成一团，徒劳地左冲右突，却是掉进一张张“血盆大口”，水面上击起很大的声浪……

箭鸟闻“讯”赶来，箭一样射进水里，大快朵颐。密集的箭鸟的身影，很快招来饥饿的毛水獭。毛水獭一见被包围、滚动的大“鱼肉团”，也顾不得箭鸟，一起加入“饕餮”的大军，分得一杯羹……等待沙丁鱼的，只能是“全军覆没”的命运。

有位商界高手说：没有永远的敌人，只有永远的利益。或许，今天的两个对手，为了生存而相互争斗、厮杀，但也许明天，两方就会携手共进，结为联盟。这，的确是聪明之举。

——摘自《意林》2008 年第 10 期

例文 4

美国大选中那些精彩的失败者

在当代民主政治体系中，失败者并非一定意味着永不得翻身。在美国历史上，不乏虽在总统选举中失败，却活得更加精彩的人物。

“伟大的失败者”：克莱、西奥多·罗斯福

克莱被公认具有出色的才能、敏锐的政治眼光、高瞻远瞩的政治远见和宽厚的政治胸怀。

在奴隶制仍十分盛行的 19 世纪早期，他就清醒地认识到蓄奴制度的不合时宜；在政治斗争不择手段的当时，他能以大局为重，利用议员、议长的身份周旋、调停于各派之间，努力维系美利坚合众国的统一；他认定蓄奴制度是落后的，美国的未来属于大工业时代，就坚定不移地主张废除奴隶制，发展大工业，并因此屡屡在总统选举中名落孙山；当幕僚建议他“委婉些”“先当选再说”时，他坚定地表示，“如果在总统和真理间只能选择一个，我选择真理”。

如今，这位“美国总统选举史上最伟大的失败者”长眠于莱克星顿公墓，墓碑上刻着一句格言：“在我看来，地不分东西，人不分南北。”1957 年，他被评为美国历史上最伟大的 5 位参议员之一。

另一位让人扼腕的失败者，是曾经当选总统、退休后又试图卷土重来的西奥多·罗斯福。

1909 年退休后，老罗斯福过起了周游世界的悠闲生活。1912 年，他发现共和党选情堪忧，便慨然决定“回炉”，不料“老东家”共和党不领情。愤怒的老罗斯福毅然另起炉灶，建立“进步党”，并在很短的时间里形成强大声势。当年 10 月，他在密尔沃基遇刺中弹，胸口的子弹此后终生留在他体内。但他带弹参选，并最终压倒了共和党正式候选人、时任总统威廉·塔夫脱。然而，共和党的内讧让民主党候选人威尔逊渔翁得利，最终成为胜利者。

对于老罗斯福的这次失败，人们有许多不同的看法。一些人认为，老罗斯福的意气用事导致共和党衰落了整整一代人，但老罗斯福“像雄鹿一样顽强”的斗志却赢得了普遍钦佩。

败选后，老罗斯福意志不衰，在身体不适的情况下完成了亚马孙热带雨林探险，并写出了脍炙人口的畅销书和学术报告。晚年他虽然疾病缠身，却仍然坚持积极参政，乐观生活，成为童子军运动的积极推动者。他也因此被称为“斗志最旺盛、情绪最乐观的败选者”。

败后更精彩：卡特、蒙代尔、戈尔

吉米·卡特在总统任上政绩平庸，在1980年大选中更是完败于此前是电影明星、后来是明星总统的里根。但这位任上口碑平平的失败者，在败选后却秀出了精彩人生。

从总统任上下来后，他积极促成美苏削减核武器协议，多次斡旋朝鲜危机，在海地和南斯拉夫政治过渡进程中也发挥了重要作用。他主持的埃默里大学卡特中心，更是研究国际问题的学术重镇。

他不知疲倦地奔走和其丰硕的成果，使他赢得"美国历史上最佳卸任总统"的美誉，美国一句流传久远的笑话，就是"卡特败选后比当选时称职多了"。

在1984年的大选中，曾当过副总统的沃尔特·蒙代尔挑战如日中天的里根，结果创下美国大选有史以来最惨的败局：在全部538张选举人票中仅获13张（除家乡明尼苏达和哥伦比亚特区外全部失利），说是"惨败"毫不过分。

但失败后的蒙代尔活得有滋有味，他当律师、做教授，兼任了许多大公司的董事，干得风生水起。1992年，民主党在野12年后重新执政，蒙代尔作为为数不多的有执政经验的民主党耆宿，被克林顿重用为美国驻日本大使，并圆满完成了4年任期。

2000年"只差一步进白宫"的戈尔败选后逐渐淡出政坛，却在自己的老本行——环保领域取得重大成就。2006年，他参与制作的环保纪录片《难以忽视的真相》，一举获得第79届奥斯卡金像奖最佳纪录片和最佳电影歌曲两座"小金人"。2007年10月，他以"唤醒对由气候变化所带来的环境风险的认识"，和"政府间气候变化专门委员会"一起，荣获当年的诺贝尔和平奖。

有福之人不用忙：菲尔莫尔、塔夫脱、福特

有些失败者自身能力、业绩平平，却运气极好，败选后名利双收，正所谓有福之人不用忙。

只当了两年半总统的米勒德·菲尔莫尔就是这样一员福将。他从没选胜过大选，却因身为扎卡里·泰勒总统的副手，而在1850年泰勒突然去世后"顶替上岗"；两年后，他第一次正式参选就一败涂地，四年后又输得稀里哗啦。两次败选让他债台高筑，不得不郑重其事地向政府提议，为了"不让退休总统开杂货铺糊口"，应该给每位退休总统1.2万美元的退休年薪，却未得到任何理会。1858年2月，眼看就要破产的他却神奇地赢得富有寡妇卡洛琳的爱情。两人结婚后，他不仅"脱贫致富"，还得以在余生中成为家乡布法罗出名的教育热心人、文化赞助者和慈善家。

前面提到的威廉·塔夫脱也是个"有福之人"。1908年，如果老罗斯福谋求连任，他作为国防部长只能再等四年，可老罗斯福认定他是合适的接班人，硬是"脱袍让位"；这位接班人上任后，内政、外交乏善可陈，国内外矛盾激化，不但遭民主党对手猛烈抨击，连恩师老罗斯福也翻脸另行组党和他打对台，最后他成为有史以来唯

一竞选连任却得票第三的现任总统,惨遭败绩。

然而,这位在任与卸任后都无出色表现的“福将”,却在1921年被号称“美国有史以来最蹩脚总统”的哈定任命为美国首席大法官。这不仅让他终身显贵(大法官任职终身),更让他成为美国迄今唯一一位出任过总统和首席大法官的政治家。

另一位福将则是1976年败选的杰拉尔德·福特。

许多人都知道,他和菲尔莫尔一样,是因前任出事(尼克松因水门事件辞职)而以副总统身份继任的。但是,很少有人知道,他的副总统身份其实也得之偶然——前任副总统斯皮罗·阿格纽于1973年辞职,当年底福特被推举为继任者。也就是说,他以副总统资格接任总统时,当副总统也不过8个月。

他败选的主要原因是特赦尼克松,这在当时被认为是一桩政治丑闻,甚至他的许多幕僚、朋友也以辞职或绝交表示抗议。但时过境迁,几十年后,人们渐渐认识到,福特的做法是明智的。当年曾对福特此举口诛笔伐的希拉里后来表示,在那时,用这件丑闻来抨击共和党再容易不过。但如今看来,对国家团结而言,此举是一件好事。正因为“任上最大劣迹”如今被重新评价,他晚年的风评也变得越来越正面。

——摘自《南方人物周刊》

例文5

无聊的大学有趣地过

在可以容纳500多人的公开课教室里,一场别开生面的心理学授课正在进行中。

有位同学向周教授提了这样一个问题:“我原本不想上大学,只是为了不让父母失望才来的,那我的大学该如何过呢?”他的话音还没落,立即就有很多同学鼓起掌来,看来这个问题非常“深入人心”。

“这是一个很典型的问题,谁来帮他出出主意?”周教授并没有直接回答他,而是把问题抛了出来。

一位同学站起来,说:“我认为大学并不只是以往学习过程的延续,你应该从中找到乐趣……”

“那么,你找到乐趣了吗?”

“我没有。”

大家都笑了,周教授示意他坐下。

“我来问你几个问题吧?”周教授认真地走向那位提问的男孩儿,“你不愿意来财院对吗?”

“对。”

“假设你现在考上了清华或北大,你愿意去吗?”

“……您这个假设是没有意义的,我现在就在财院,我不想要假设,我只想知道我现在该怎么办。”

“嗯,好……!”老师看起来并不介意这个有些敌对的答复,“我还有一个问题:你只是为了父母才选择继续上学的吗?”

“是的,我一直没有辍学,就是不想让父母失望。”

“坚决为了父母牺牲自己?”

“对。”

“好,我明白了。”

“我已经从这位同学的回答中找到了答案。”周教授缓缓地走上讲台,面对大家渴盼的目光。

周教授说:“我来讲几个原则:第一,快乐的秘诀,不是做你喜欢的事,而是喜欢你所做的事。快乐的秘诀,不是天天朝思暮想着章子怡,而是珍惜你身边的女朋友;不是想着吃不到的龙虾,而是品味正拿在手中的烧饼——快乐的秘诀,是感激、是悦纳。

“第二,重视现在。其实这个同学刚刚已经说出来了,只是他自己没有意识到,我问他要是考上清华北大去不去?他说过‘不要假设’,因为假设就是假设,是没有意义的。心理健康十大原则之一——重视现在。所有过得幸福快乐的人,都是‘重视现在’的人。

“第三,弗洛伊德的人格理论。弗洛伊德把人格分为三类,本我、自我、超我。

“完全以本我行事的人,孩子气、不成熟,仅凭心愿生活,我想怎么样就怎么样——这是不可能的,谁都不能仅凭心愿生活。

“单以自我行事的人,表现为自私自利,以自我为中心,别人怎么样我才不管。

“仅以超我行事的人,是殉葬者——自己怎么样都行,只要别人好。这位男同学其实就是在做殉葬者,父母让上学我就上学;等到毕业了,父母在老家给找了一个媳妇儿,不管自己是否已经有了女朋友,也就要老家的那个了……这样的男生内心非常柔弱,没有自我。

“道家有一句经典:‘道生一,一生二,二生三,三生万物。’凡事有三。人格的三个方面也是不能割裂开的,任何只以其中一条生活的人,都将与成功无缘。

“当然,我们分析问题不是仅为了分析问题,而是为了解决问题。下面,我写几种人,你们来猜猜看,哪一种人更需要有超强的心理素质……”

大家目不转睛地看着周教授在黑板上写下了:学者、科学家、商人、军人、政治家、工人、农民……超强的心理素质?科学家?政治家?大家莫衷一是。

“对军人而言,你领十万,我领十万,明天就得死十万,看本事吧——没本事,死的十万就是你的。这里要的是综合素质、心理素质,是挑战,所以军界的人是最强的。商界也是如此,投入两个亿,三个月以后,可能家破人亡,我干不干?——要的是同样的素质。而学术界则不同,它可以调整,可以反复,一次不行两次,两次不行三次……永远不行都可以。”

“我们来看看他们是怎样做的,有谁知道商人最信奉的生财之道是什么?”

“和——气——”五百多人异口同声。

“对,和气生财。”

“用现在一个最流行的词汇,叫作——”

“双——赢——”师生之间有着强烈的默契与共鸣。

"对，就是'双赢'，"周教授笑了，"戴尔本来也是不愿意上大学的，父母非逼着他上，他就选择了一个'双赢'的方式，从进大学开始一边上学、一边装电脑，规模大了一些以后，就租房子、招工人——当然，这一切都是他自己悄悄干的，一直做到自己注册公司。大一的那一年里戴尔干了这么多事，到学期期末他给学校递了份休学报告，从此结束了他的大学生涯，因为他知道他的能量不在学校、不在学习，但他的本我又是十分善良的，不愿伤害父母，所以悄悄做自己想做的事。直到戴尔的父母也说：'听说戴尔电脑不错，要不咱也换一台？咦，怎么和咱儿子同名儿啊？不会就是他吧？问问他？'一问果然是。'你不是在上大学吗？''我早就休学了，我们学校的毕业生都在我公司里面打工呢，前一段校庆，捐了五十万，学校给我做了一个铜像还立在大门口呢……'这个时候，他的父母还怎么会失望啊！"

周教授用他那明亮的眼睛扫视了一下所有崇拜爱戴的目光，带着最亲切迷人的微笑继续他不凡的讲解："你们的大学生活也可以'双赢'，就看你们的选择了。"

"这位同学，"周教授再一次走向那位提问的男孩儿，将麦克递给他，"我想知道你现在的感受。"

"我想我会照着做的，谢谢您！"

——摘自《东西南北(大学生)》

例文 6

浇灌坚定的花朵

信念对一个人很重要，然而更重要的是坚定我们的信念。

目标的坚定是性格中最必要的力量源泉之一，也是成功的利器之一。没有它，天才也会在矛盾无定的迷津中徒劳无功。

出身于腾希族的曼德拉如果遵从命运或家庭的安排，他的人生本来是可以一帆风顺的。曼德拉的父亲是腾希人大酋长的首席顾问，按照他父亲和大酋长的意思要把他培养成酋长。

曼德拉逃到了约翰内斯堡。在这个城市，他看到了白人和黑人生活的鲜明对比，白人生活在宽阔的市郊，到处是繁荣昌盛的景象；可是非洲人(即土著人)却被限制在许多"郊区土著人乡镇"和城市贫民窟里，这里居住拥挤，条件极差，还不断地受到警察的查抄。

他的政治态度因此受到影响，黑人严峻的生活环境和被曼德拉称为"疯狂的政策"的种族隔离，使曼德拉踏上了一生为黑人解放而进行斗争的征程。他参与"青年联盟"，领导全国蔑视运动，组织黑人对白人的斗争。

1952 年，曼德拉因领导全国蔑视种族隔离制度运动而被捕入狱。获释后，他继续坚持斗争。

在之后的日子里，曼德拉多次被捕，遭到南非当局的通缉。他的斗争使他妻离子散，多年都未能与妻子、女儿团聚，而他的妻子也多次被捕。

1962年，曼德拉因莫须有的“叛国罪”被判为终身监禁，面对监禁，他说：“在监狱中受煎熬与监狱外相比算不了什么。我们的人民在监狱内外正在受难，但是光受苦还不够，我们必须斗争。”他没有向命运妥协，向命运退缩，在狱中坚持斗争。他拒绝南非当局提供的释放条件——只要他放弃斗争就给他自由，他说：“我的自由同非洲人的自由在一起。”

这次的监禁持续了28年！人的一生能有几个28年呢，何况是在最年富力强的时候。但是以信念坚强著称于世的曼德拉对理想的追求仍矢志不渝。

曼德拉本可以担任酋长，可以做律师而享受好生活。而他把南非黑人的民族斗争当作终生的事业，这种无限的忠诚给了他奋斗的勇气，也使他以非凡的经历、传奇的色彩、顽强的意志、超人的美丽，成为南非黑人民族解放的象征，为全世界瞩目和尊重。

一个人的智力和体力水平，无疑是发挥才能、自我塑造生命力的必备条件，但更重要的应当是发挥意志的作用。因为智力与体力的获得、发展、运用，也离不开意志力的作用。很难想象一个意志薄弱者、一个软弱无能之辈会有什么大的作为。

能够在质疑中继续前行需要莫大的勇气，如果没有坚持下去的毅力是很难做到的，可是成功者做到了，那么我们也可以做到，只要我们的信念向他们一样足够坚定。

——摘自《听心理学家讲故事》

例文7

我也曾是一棵无人知道的小草

俞敏洪

当你是地平线上的一棵小草的时候，你有什么理由要求别人在遥远的地方就看见你？

你的心灵如果是草的种子，你就永远是一棵被人践踏的小草。如果你的心灵是一棵树的种子，你早晚有一天会长成参天大树……

我们在生活中做的事情一定会留下痕迹，每一天都可能会出现感人的事情，我们要懂得热爱和珍惜生活中每一个感人的片断。我常常对学生说的一句话是：人活一辈子，回首往事，如果你不能想起一些日子可以让你自己感动，如果别人想起你这个人和与你有关的一些事情，无法让他们为之感动的时候，你这个人在这个世界上就算是白活了。

如果你没有留下一些令自己感动的日子，你就不可能有奋发的动力。如果当别人想起你来的时候，觉得你这个人一无是处，没有留下一点足以让人纪念和感动的事情，那么用一个GRE的词来说就是nonentity，你在这个世界上是一个不存在之物，你的存在与不存在对别人不构成任何影响，你就是一个被别人疏忽和遗忘的人。

记得我是从北大的80级转到81级的，因为我在大学三年级肺结核病休一年，结果80级和81级的同学几乎全部把我忘了。当时我的同学从国外回来，80级的拜访

80级的同学,81级的拜访81级的同学,但是没有人来看我,因为两届同学都认为我不是他们的同学。我感到非常痛苦,非常悲愤,非常辛酸,甚至自己在房间里咬牙切齿,恨不得把两批同学统统杀光。

现在,我明白了当时这种心态是错的。打一个比喻,大家就明白了。当你是地平线上的一棵小草的时候,你有什么理由要求别人在遥远的地方就看见你?即使走近你了,别人也可能会不看你,甚至会无意中一脚把你这棵草踩在脚底下。当你想要别人注意的时候,你就必须变成地平线上的一棵大树。人是可以由草变成树的,因为人的心灵就是种子。你的心灵如果是草的种子,你就永远是一棵被人践踏的小草。如果你的心灵是一棵树的种子,你早晚有一天会长成参天大树。不管你是白杨树还是松树,人们在遥远的地方都能看见在地平线上成长的你。当人们从你身边经过的时候,你能送他们一片绿色、一片阴凉,他们能在树下休息。因此做人的要求是你自己首先要成为地平线上的一棵大树。当你是草的时候,你没有理由让别人注意到你。

明白了这个道理之后,我就再也不会去责怪那些同学了。现在,我多少也做了一些事情,两届的同学都承认我是他们优秀的同学。因此,你不可能强迫别人承认你,一定要自己通过行动证明自己。

——本文摘自新东方新浪微博

例文8

毕业后不能再做的21件事

如果你现在还没毕业,那就更应该好好珍惜学生生活,在大学里,可以想做什么就做什么,但毕业进入职场后就没那么自由了,原本可以通宵打游戏、喝到挂的日子通通都"回不去了"。

为了顾及隔天准时打卡上班,许多夜生活都得取消,早早上床睡觉,连买东西、看电影、唱歌都没有学生票优惠,只能含泪掏出大把钞票;也没有寒暑假,只能期待法定节假日,或者将年假凑成连续假期;最重要的是,再也不能恣意地想干嘛就干嘛,累了不能趴着睡一觉,只能靠咖啡因撑开双眼,更不能翘班逃避现实。

在社会上遇到很多不如意的事情,让部分上班族想要疯狂玩乐、放松一下,却又得顾虑隔天要工作,因此,十分怀念自由的学生生活。最近网络热传"毕业后不能再做的21件事",许多网友看完都心有戚戚焉,呼吁现在还是学生的人要好好把握当下。

(1)白天不能小睡一下。

(2)不能享受廉价的饮料。

(3)只能在下班后去健身房。

(4)不能通宵玩电脑。

(5)没有寒、暑假。

(6)不能和同学坐在一起看比赛。

(7)没有生活费,得自给自足。

(8)少了定期的活动,如春游。

(9)不能穿宽松的运动服上班。

(10)不能疯狂地吃喝玩乐。

(11)少了主题派对。

(12)很少能看到首播的电视节目。

(13)没有机会出国留学。

(14)身边少了许多零食。

(15)没有学生优惠。

(16)无法翘班。

(17)不能和好朋友腻在一起。

(18)少了爱吃的消夜。

(19)没有闲暇时间。

(20)以前还有助学贷款,现在却贷不起款。

(21)以前容易获得满足,进入社会却感觉事事不满足。

——摘自中国新闻网

例文 9

冲破思维的屏障

若不给自己设限,那么人生中就没有限制你发挥的藩篱。

你越是为了解决问题而拼斗,你就越变得急躁——在错误的思路中陷得越深,也越难摆脱痛苦。“大鱼吃小鱼”,这是大自然的规律,然而科学家通过一项特别的实验,却得到了不同的结论。

研究人员将一个很大的鱼缸用一块玻璃隔成了两半,首先在鱼缸的一边放进一条大鱼,连续几天没有给大鱼喂食,之后,在另一半鱼缸里放进很多条小鱼,当大鱼看到了小鱼后,就径直地朝着小鱼游去,但它没有想到中间有一层玻璃隔着,所以被玻璃顶了回来。第二次,它使出了浑身的力气,朝小鱼冲去,但结果还是一样,这次使得它鼻青脸肿,疼痛难忍,于是它放弃了眼前的美食,不再徒劳尝试了。

第二天,科学家将鱼缸中间的玻璃抽掉了,小鱼们悠闲地游到了大鱼的面前,而此时的大鱼再也没有吃掉小鱼的欲望了,眼睁睁地看着小鱼在自己面前游来游去……

其实,很多人心中也有无形的“玻璃”,他们不敢大胆地表明自己的观念,或者在挫折面前采取“一朝被蛇咬,十年怕井绳”的态度。一个人要走向成功,就要不断地打碎心中的这块“玻璃”,超越无形的障碍。

很多人不敢追求成功,不是追求不到成功,而是因为他们的心里面已经默认了一个“高度”,这个高度常常暗示自己的潜意识:成功是不可能的,这个是没有办法做到的。因此,“心理高度”是人无法取得伟大成就的根本原因之一。

在生活中,你可能一直尝试着做些改变,可是一再地失败,那一定是你所希望的改变跟你的自我认定不符所致。自我认定只是一种固定的模式,这种模式是可以改变和扩展的。

走进美国航天基地的人，会看到一根大圆柱上镌刻着这样的文字：If you can dream, you can do it。这句话的意思是：如果你能够想到，你就一定能够做到。一个人在个人生活经历和社会遭遇中，如何认识自我，在心中如何描绘自我形象，也就是你认为自己是个什么样的人——成功或是失败，勇敢或是懦弱，都将在很大程度上决定着个人的命运。

自我认定的转换很可能是人生中最有趣、最神奇和最自在的经验，当你换了个自我认定，撕掉贴在身上的旧标签，你很可能就此超越了过去。改变和扩展自我认定，是一个艰难的过程，然而，如果你不满意当前的自我认定，并下定决心去改变它，冲破固有的思维屏障。那么，你的人生将迅速而奇妙地得到改善，你会发现一个崭新的自己。

想象力比知识更重要，因为知识是有限的，而想象力概括着世界上的一切，推动着进步，并且是知识进步的源泉。

爱因斯坦

——摘自《听心理学家讲故事》

例文 10

假若我再上一次大学

季羡林

“假若我再上一次大学”，多少年来我曾反复思考过这个问题。我曾一度得到两个截然相反的答案：一个是最好不要再上大学，“知识越多越反动”，我实在心有余悸。一个是仍然要上，而且偏偏还要学现在学的这一套。后一个想法最终占了上风，一直到现在。

我为什么还要上大学而又偏偏要学现在这一套呢？没有什么堂皇的理由。我只不过觉得，我走过的这一条道路，对己，对人，都还有点好处而已。我搞的这一套东西，对普通人来说，简直像天书，似乎无补于国计民生。然而世界上所有的科技先进国家，都有梵文、巴利文以及佛教经典的研究，而且取得了辉煌的成绩。这一套冷僻的东西与先进的科学技术之间，真似乎有某种联系。其中消息耐人寻味。

我们不是提出了弘扬祖国优秀文化，发扬爱国主义吗？这一套天书确实能同这两句口号挂上钩。我举一个具体的例子。日本梵文研究的泰斗中村元博士在给我的散文集日译本《中国知识人的精神史》写的序中说到，中国的南亚研究原来是相当落后的。可是近几年来，突然出现了一批中年专家，写出了一些水平较高的作品，让日本学者有“攻其不备”之感。这是几句非常有意思的话。实际上，中国梵学学者同日本同行们的关系是十分友好的。我们一没有“攻”，二没有争，只是坐在冷板凳上辛苦耕耘。有了一点成绩，日本学者看在眼里，想在心里，觉得过去对中国南亚研究的评价过时了。我觉得，这里面既包含着“弘扬”，也包含着“发扬”。怎么能说，我们这一套无补于国计民生呢？

话说远了，还是回来谈我们的本题。

我的大学生活是比较长的：在中国念了 4 年，在德国哥廷根大学又念了 5 年，才获得学位。我在上面所说的“这一套”就是在国外学到的。我在国内时，对“这一套”就有兴趣，但苦无机会。到了哥廷根大学，终于找到了机会，我简直如鱼得水，到现在已经坚持学习了将近 60 年。如果马克思不急于召唤我，我还要坚持学下去的。

如果想让我谈一谈在上大学期间我收获最大的是什么，那是并不困难的。在德国学习期间有两件事情是我毕生难忘的，这两件事都与我的博士论文有关联。

我想有必要在这里先谈一谈德国的与博士论文有关的制度。当我在德国学习的时候，德国并没有规定学习的年限。只要你有钱，你可以无限期地学习下去。德国有一个词儿是别的国家没有的，这就是“永恒的大学生”。德国大学没有空洞的“毕业”这个概念。只有博士论文写成，口试通过，拿到博士学位，这才算是毕了业。

写博士论文也有一个形式上简单而实则极严格的过程，一切决定于教授。在德国大学里，学术问题是教授说了算。德国大学没有入学考试。只要高中毕业，就可以进入任何大学。德国学生往往是先入几个大学，过了一段时间以后，自己认为某个大学、某个教授，对自己最适合，于是才安定下来。在一个大学，从某一位教授学习。先听教授的课，后参加他的研讨班。最后教授认为你“孺子可教”，才会给你一个博士论文题目。再经过几年的努力，搜集资料，写出论文提纲，经教授过目。论文写成的年限没有规定，至少也要三四年，长则漫无限制。拿到题目，十年八年写不出论文，也不是稀见的事。所有这一切都决定于教授，院长、校长无权过问。写论文，他们强调一个“新”字，没有新见解，就不必写文章。见解不论大小，唯新是图。论文题目不怕小，就怕不新。我个人觉得，这是非常重要的一点。只有这样，学术才能“日日新”，才能有进步。否则满篇陈言，东抄西抄，饾饤拼凑，尽是冷饭，虽洋洋数十甚至数百万言，除了浪费纸张、浪费读者的精力以外，还能有什么效益呢？

我拿到博士论文题目的过程，基本上也是这样。我拿到了一个有关佛教混合梵语的题目，用了三年的时间，搜集资料，写成卡片，又到处搜寻有关图书，翻阅书籍和杂志，大约看了总有一百多种书刊。然后整理资料，使之条理化、系统化，写出提纲，最后写成文章。

我个人心里琢磨：怎样才能向教授露一手儿呢？我觉得，那几千张卡片，虽然抄写时好像蜜蜂采蜜，极为辛苦；然而却是干巴巴的，没有什么文采，或者无法表现文采。于是我想在论文一开始就写上一篇“导言”，这既能炫学，又能表现文采，真是一举两得的绝妙主意。我照此办理。费了很长的时间，写成一篇相当长的“导言”。我自我感觉良好，心里美滋滋的，认为教授一定会大为欣赏，说不定还会夸上几句哩。我先把“导言”送给教授看，回家做着美妙的梦。我等呀，等呀，终于等到教授要见我，我怀着走上领奖台的心情，见到了教授。然而却使我大吃一惊。教授在我的“导言”前画上了一个前括号，在最后画上了一个后括号，笑着对我说：“这篇导言统统不要！你这里面全是华而不实的空话，一点新东西也没有！别人要攻击你，到处都是暴露点，一点防御也没有！”对我来说，这真如晴天霹雳，打得我一时说不上话来。但是，经过自己的反思，我深深地感觉到，教授这一棍打得好，我毕生受用不尽。

第二件事情是，论文完成以后，口试接着通过，学位拿到了手。论文需要从头到尾认真核对，不但要核对从卡片上抄入论文的篇、章、字、句，而且要核对所有引用过的书籍、报刊和杂志。要知道，在三年以内，我从大学图书馆，甚至从柏林的普鲁士图书馆，借过大量的书籍和报刊，耗费了大量的时间。当时就感到十分烦腻。现在再在短期内，把这样多的书籍重新借上一遍，心里要多腻味就多腻味。然而老师的教导不能不遵行，只有硬着头皮，耐住性子，一本一本地借，一本一本地查，把论文中引用的大量出处重新核对一遍，不让它发生任何一点错误。

后来我发现，德国学者写好一本书或者一篇文章，在读校样的时候，都是用这种办法来一一仔细核对。一个研究室里的人，往往都参加看校样的工作。每人一份校样，也可以协议分工。他们是以集体的力量，来保证不出错误。这个法子看起来极笨，然而除此以外，还能有“聪明”的办法吗？德国书中的错误之少，是举世闻名的。有的极为复杂的书竟能一个错误都没有，连标点符号都包括在里面。读过校样的人都知道，能做到这一步，是非常非常不容易的。德国人为什么能做到呢？他们并非都是超人的天才，他们比别人高出一头的诀窍就在于他们的“笨”。我想改几句中国古书上的话：德国人其智可及也，其笨（愚）不可及也。

反观我们中国的学术界，情况则颇有不同。在这里有几种情况。中国学者博闻强记，世所艳称。背诵的本领更令人吃惊。过去有人能背诵四书五经，据说还能倒背。写文章时，用不着去查书，顺手写出，即成文章。但是记忆力会时不时出点问题的。中国近代一些大学者的著作，若加以细致核对，也往往有引书出错的情况。这是出上乘的错。等而下之，作者往往图省事，抄别人的文章时，也不去核对，于是写出的文章经不起核对。这是责任心不强，学术良心不够的表现。还有更坏的就是胡抄一气。只要书籍文章能够印出，哪管它什么读者！名利到手，一切不顾。我国的书评工作又远远跟不上。即使发现了问题，也往往“为贤者讳”，怕得罪人，一声不吭。在我们当前的学术界，这种情况能说是稀少吗？我希望我们的学术界能痛改这种极端恶劣的作风。

我上了9年大学，在德国学习时，我自己认为收获最大的就是以上两点。也许有人会认为这卑之无甚高论。我不去争辩。我现在年届耄耋，如果年轻的学人不弃老朽，问我有什么话要对他们讲，我就讲这两点。

1991年5月5日写于北京大学

——摘自《季羡林：读书与做人（纪念珍藏版）》

[思考与实训]

（1）规划的寓言——把一张纸折叠51次。

想象一下，你手里有一张足够大的白纸。现在，你的任务是，把它折叠51次。那么，它有多高？

一个冰箱？一层楼？或者一栋摩天大厦那么高？不是，差太多了，这个高度是地球和太阳之间的距离。这个对比让不少人感到震撼。因为没有方向、缺乏规划的人生，就像是将51张白纸简单叠在一起。有些人，一生认定一个简单的方向而坚定地做下去，他们的人生最后达到了别人不可企及的高度。

（2）积极自我暗示训练（60秒PR法）。

如何获得积极的自我心理暗示，美国的一位心理学家设计了一种被称为"60秒PR法"的放松方法。它要求一个人每天花60秒钟以讲演的形式简洁地描述自己的天赋和能力以及自己应该达到的成功目标。根据行为科学的理论，一个人对自己失去信心，垂头丧气，沮丧忧郁，必然产生一种厌恶和否定自己的自卑情绪。要克服这种不良情绪，就要时常赞美自己的优点和长处，鼓励自己在人生道路上勇敢奋进，对未来充满信心和希望，以塑造出全新的自我形象。

该项训练的具体要求如下。

①每天早起后和晚睡前，各用一分钟左右的时间进行积极的自我暗示。在自我暗示的前半部分，要选择一些积极、肯定并富有激励性的语言，并固定下来。天天背诵做到反复强化，例如：

a. 我正在进行自信训练，我一定会越来越有自信的；

b. 我是有能力的；

c. 我在各方面都会越来越好；

d. 我是我生命的主人；

e. 活着，我感到充实与快乐；

f. 重要的是不断行动；

g. 自信、勇敢、乐观、实践是我人生的宗旨。

②完成了前半部分固定内容的背诵以后，后半部分可即兴发挥。比如在讲演过程中，还应多提到自己过去成功的例子。当然未来的目标也是必不可少的，这可分为长期目标和短期目标，长期目标要富于想象和激发性，短期目标则应切实可行，具体明确。

具体步骤及需注意的内容如下。

a. 现在先把自己的优点写下来；

b. 安静地坐下来，背板挺直但身体放松；

c. 深呼吸两次，然后大声将自己写的字句说出来；

d. 说这些句子时，一定要全神贯注，没有一丝杂念；

e. 每次说2～3句，一个句子重复说3～4遍；

f. 每天练习两次自我暗示，早上起床后及晚上睡觉之前各一次。

第七讲 领略津城文化的魅力——津沽风韵

［经典案例］

六百年前的一天
中国明朝的一个天子指着脚下说，这设为渡口
于是，天津出现了
深深岁月，带来又带走了多少宠辱与得失
甲午之败，条约之耻，李鸿章洋务初成，袁世凯练兵勤王
义和举事，望海火光，诸王侯津门筹措，紫竹林霓虹初上
乱世莫谈繁华
兵陈卢沟，血染峰口，三千里河山沦陷，四万万国胞同殇
须臾乾坤重换
公私合营，开洋建港，梨园新花除旧裳，商学农工竞优强
六百年城市的记忆
探寻残留的遗迹
记录过往的音容
讲述这个城市里曾经发生的故事

【思考】：通过以上内容让我们了解了一个怎样的天津？

【分析】：天津位于华北平原的东北部，东临渤海，北依燕山，西倚京城，处在海河流域的下游，海河上吞九水，中连七十二沽，下游入海，大运河流经此地南下，居航运枢纽，为京畿门户，总面积约 11 305 平方千米，有 152 千米长的海岸线，是中国第三大城市。在短短的六百年历史中，津沽大地发生了翻天覆地的变化。

［知识导航］

沽上寻踪

七八百年前，在雄伟辽阔的渤海湾西部，在京杭大运河与海河交汇处的三岔河口周围，诞生了一座座小聚落。历经百年风雨，她终于崭露头角——她就是当今北方最大的沿海开放城市，繁华、美丽的历史文化名城天津。

天津是个既古老又年轻的城市，说她古老，是因为远在 12 世纪初就开始显现，迄今已经有 700 多年的历史。说她年轻，是因为她从传统城市过渡到近代大城市，不过

是近一百多年的事情。

天津既成于水又兴于水，追溯到大运河开通时，在今天的三岔河口附近就是天津的发源地。唐朝以后，天津逐渐成为了水陆码头，她承担了南粮北运、南绸北调的重任。正是因为如此，天津得到了更多关注的目光，先是金代设立“直沽寨”，派都统完颜佑戍守，后是元朝设“海津镇”，命副都指挥使伯颜镇守。至此，随着天津的不断发展，人口的不断增加，经济也开始繁荣起来。天津的漕运中心和军事重镇的影子也慢慢清晰起来。

明朝建都南京，由燕王朱棣驻守原来的大都后改名为北平。不久朱棣以“靖难”为名，与其侄朱允炆争夺皇位，挥兵从直沽渡河南下，偷袭沧州，直至攻下南京。朱棣夺取政权后，改年号为永乐。

明永乐二年，朱棣为了纪念由此起兵攻下金陵，决定在此筑城设卫，赐名“天津”，意谓“天子车架渡河之地”，那一天是 1404 年 12 月 23 日（农历十一月二十一日），这就是天津的生日。

“卫”是明朝的军事建制，不属于地方行政规划，由指挥使统领，直隶于后军都督府。每卫驻有士兵 5 600 人，在天津设立三个卫，目的在于保护北平的安全，保证漕运的正常运行。卫的建制虽然没有行政权，但是有一定的土地、较多的民众和政事。因为每年都有大量粮食通过漕运运往天津，所以先后在小直沽、卫城以北和尹儿湾建百万仓，这时的天津已经成为北平的粮食储备基地。随着人口的不断增加，商业的不断发展，事务也逐渐增多，诉讼纠纷也时有发生，卫所已经不能治理这个军民混杂的商业化城市，明朝陆续在天津设官衙，建学或将外地官衙迁津理事。天津作为区域性商业中心的作用一点点显现出来，曾被诗人誉为“小扬州”和“蓟北繁华第一城”。

清朝雍正时期，改卫为州后又改为天津府，属直隶省，辖天津、静海、青县、南皮、盐山、庆云、沧州六县一州。

随着“北洋政府”的成立，袁世凯的掌权，撤销了天津县的建制，保留了“府”；不久又裁撤天津府，改回天津县。

1928 年 6 月，国民革命军占领天津，南京国民政府设立“天津特别市”，自属于国民政府。两年后，天津特别市更名为天津市，隶属南京国民政府行政院管辖。同年 11 月，改为河北省省会，省辖市。1935 年，河北省省会迁往保定，天津重新成为直辖市。抗日战争期间，天津被日军占领后先后更名为伪天津市治安维持会、天津特别市公署、伪天津特别市。天津还同时成为西方列强的租界。直至 1945 年日本投降，中国政府正式收回各国在天津的租界。

新中国成立后，除 1958 年 2 月至 1967 年 1 月天津曾为河北省省会外，一直为中央直辖市。大大促进了天津经济和社会事业的全面发展，进一步巩固了中国重要的综合性工业基地以及商贸中心的地位。

天津与那些穿越千年的古城比起来，只能算个孩子，但是仅数数天津在中国近代史上上百项的中国第一，如：第一支近代海军、第一所近代大学、第一支警察部队、第一座拥有公共交通的城市、第一所邮政管理局、第一条运营铁路、第一家制碱企业、第一批国产汽车、第一所自办西医医院等等，这一切正是天津作为历史文化名城的资本，既是天津的昨天，也是今天以及明天的骄傲。

七百多年的风雨沧桑，形成了独特的天津风格，她开放、包容，如果你对天津还有着神秘的好奇，那么我们就来看看天津独特的文化。

天津方言

天津话是天津人性格的外在表现。天津话的特殊口音和词汇直接反映了天津人的幽默、豪放和直爽。

天津方言是北方方言的一个小小的分支。天津分四郊五县，各地区的方言各不相同，包括市区在内，统称为天津话。

天津地区面积虽然不大，但是各个地方的天津话仍有差别。普遍认为，天津话以南开区的语音最为纯正，南开区位于旧城里地区（也就是天津四条正南正北的马路：东马路、南马路、西马路、北马路所围起来的地区以及南市和娘娘宫）附近。

关于天津话的起源，目前说法不一。其中一种说法认为，天津话就是一种土著方言，是在静海话的基础上逐渐演变而来的；另外还有一种民间传说，认为天津人的祖上在山西洪洞大槐树村，根据有关资料证实天津确有许多早期人物的籍贯山西，因而使一些人相信天津话来自山西；第三种说法认为天津人大部分是通过明朝时期“燕王扫北”从安徽、江苏迁徙而来的，因此天津话源于皖、苏一带。目前根据历史和语音等角度研究，普遍认为第三种说法最为可信。

明朝时期，朱棣被封为燕王，驻守北京、天津一带。同时他招募了许多士兵大部分是安徽人和苏北人，他们在这里戍边屯垦。直到天津成为正式的城市之后，安徽和苏北的军人仍是最大的居住群体。他们的亲属、家眷也随迁入津。他们理所当然地占据了天津的上层地位，其使用的江淮方言也逐渐成为主流语言。此外，天津卫内其他地区的人较少，所以形成了以北京音和静海音包围的天津方言岛的态势。根据调查天津话的语音语调近于凤阳音，又似徐州语，类同淮安言，最像宿州话。

天津在清朝时期也是淮军的大本营，同时与北京的经济、文化交流日益密切，并且天津又是距离北京最近的大城市，所以不少贵族、官员在此修宅。此时，北京话与天津话开始进行双向影响，两者之间出现了大批相同的读音与词汇。

从晚清到中华人民共和国成立，京、津两地通过许多曲艺形式，如相声、京剧等，进一步促进了两地语言的一致性。

随着经济社会的进一步开放、文化教育事业的发展、广播影视、人口流动等因素的影响，天津话中的一些词汇已经很少使用甚至消失，天津话的语音、声调也在向普通话慢慢靠拢。

天津话，海纳百川，通俗易懂，干净利落，讲究一个嘎嘣脆。天津人说话为什么这么利落？因为人们的生活节奏快，人走在街上总是行色匆匆，头也不抬。大街上可以看到有天津人看打架的，却很少看到有天津人站在马路边聊闲天的。天津人评论是非大都只用一个字“哏”，这个字包含了褒贬两层意思。近几年来，天津话风靡大江南北，广受追捧的原因就是春晚相声、小品中的广泛采用。走在大街小巷中偶尔会听到许多外地人，有事没事地来上两句地道的天津话。

津味饮食

天津的形成始于隋朝大运河的开通，天津的饮食文化也是从那时开始形成自己与众不同的风格。这种风格更多地饱含着天津多年来深厚的历史积淀和人文精神。天津的小吃文化在全国都是独具特色的，不但做出了名气，还做出了水平。据说，乾隆几次下江南路过天津，都对天津的美食赞不绝口，竟然将五品顶戴花翎和黄马褂赐予厨师。

天津人的饮食习惯也同它所处的环境有着密切的联系。天津历史上，因为河多、湾多，水域宽阔，距海又近，所以水产品种繁多。天津人对河鲜、海鲜也是非常喜爱的。天津有句俗话说得好：“借钱吃海货，不算不会过。”

从天津人的饮食文化来看，其受到历史传承的影响很大，从饮食风俗来看既有浓厚的本地特色，又不乏晋、鲁、豫及苏杭饮食的影响。鸦片战争后，天津被开辟为通商口岸，帝国主义势力侵入天津。辛亥革命以后，天津又成为封建军阀混战之地。所以，宫廷菜，西洋饮食，闽、粤、江浙菜在天津都有一定的市场。

如今天津的饮食文化早已驰名中外，不少到天津旅游的人都是奔着美味而来的。天津既有登得大雅之堂的天津菜，也有众多风味独特的津门小吃，下面我们就详细说说这些独具特色的津菜与天津小吃。

津菜不是单独的一个菜系，它是对天津饮食文化的一种称谓和专指，也是天津的一种文化财富。津菜来源于民间，烹调方法以扒笃见长，讲究软、嫩、烂、脆、酥，口味以鲜咸为主，加之又吸收了宫廷菜和西洋菜的元素，菜肴风格粗犷、华贵。由于天津盛产鱼虾，故河海两鲜菜、冬令四珍、“八大碗”及“四大扒”都是百姓喜寿宴席之必备菜品。天津人盛菜多用大碗大盘，鱼、肉更是大快朵颐，虽然比不上南方菜的精致，但是菜量十足，每品佳肴都有清香浓郁，不失本味之特点，颇有几分酣畅豪爽之气。

天津曾有“饮食之都”的美誉，天津的风味小吃更是林林总总、应有尽有，其花样之繁多，在中国名小吃之中都颇具特色。早在清朝乾隆、嘉庆时期就有一位孝廉杨一昆，外号杨无怪，著有《天津论》流传于世，其中就记载了：“鼓楼北出酱肉，双立园的包子白透油，南糖北果，荤素菜头，映月斋的点心最可口。”清同治、绪光时期以后，名小吃的数量更是有增无减，除“天津三绝”狗不理包子、耳朵眼炸糕、桂发祥麻花之外，桂顺斋点心、石头门坎素包、胜兰斋月饼、北门西牛记牛肉包、甘露寺烧卖、查家胡同蒸食、杨村糕干、大福来锅巴菜、吊炉烧饼等等，不胜枚举，载誉津城，家喻户晓，老少咸宜。天津卫最常见的煎饼果子、锅巴菜更是风味独特，经久不衰。

（1）狗不理包子。

天津三绝之一。始创于公元1858年，店主高贵友的乳名为“狗子”，他的包子很受顾客欢迎，生意越来越红火，他卖包子时忙得顾不上与顾客说话，所以大家都取笑他：“狗子卖包子，一概不理。”久而久之，大家就喊顺了嘴，包子也越来越出名。历史上连慈禧太后也称赞狗不理包子：“山中走兽云中雁，腹地牛羊海底鲜，不及狗不理香矣，食之长寿也。”狗不理包子经慈禧一宣传，更是闻名遐迩，从此走上了百年不衰之路，并成为天津小吃的典型代表。如今，狗不理包子的兴盛依旧不减当年，一盘盘热腾腾、白嫩嫩的圆包，已经成为天津人宴请宾客、阖家欢聚的席上佳品，同时也寄予了人们对生活蒸蒸日上的期盼与憧憬。

（2）十八街麻花。

清朝末年，在天津大沽南路有一条名为“十八街”的巷子，有一个叫刘老八的人在这个巷子里开了一家小小的麻花铺，字号唤作“桂发祥”。这个人炸麻花有一手绝活，炸的麻花真材实料，选用精白面粉，上等清油。他的铺子总是顾客盈门。后来，他的生意越做越大，开了店面。开始还算是宾客满盈，但是随着时间的推移，大家越来越觉得麻花有点乏而生腻，渐渐地生意就不如以往了。后来店里有个少掌柜的，一次出去游玩，回到家是又累又饿，就要点心吃，可巧点心没有了，只剩下一些点心渣。又没有别的什么吃的，那少掌柜的灵机一动，让人把点心渣与麻花面和在一起做成麻花下锅炸。结果炸出的麻花和以前的不一样，酥脆可口、香气扑鼻。按照这个方法，刘老八研究在麻花的白条和麻条之间夹进了什锦酥馅。桂花、闽姜、核桃仁、花生、芝麻，还有青红丝和冰糖。为了使自己的麻花与众不同，增强口感味道，把放置时间延长，取材也是越来越精细，如用杭州西湖桂花加工而成的精品咸桂花、岭甫种植甘蔗制成的冰糖、精制小麦粉等等。最终形成的“桂发祥”什锦夹馅大麻花是“天津三绝”之首。

(3)耳朵眼炸糕。

耳朵眼炸糕起源于清光绪庚子年间,当时的北门外大街是去往京师的通得街大道,东西两侧的估衣街、针市街、竹竿巷等,有着全市最大的干鲜果、皮货、染料、药材市场。耳朵眼炸糕店的第一代掌柜刘万春原来就是推着独轮车在鼓楼、北大关一带走街串巷流动售货,后改为在估衣街西口的北门外大街上摆摊设点现做现卖。该店铺选址北门外窄小的耳朵眼胡同出口处,被食客戏称为耳朵眼炸糕。耳朵眼炸糕用糯米做皮面,红小豆、赤白砂糖炒制成馅,以香油炸制而成。成品外形呈扁球状,淡金黄色,馅心黑红细腻,流传至今。

当然,天津的特色小吃还远不止这些,比较有天津特色的还有云吞、茶汤以及糖炒栗子等等,在这里就不一一介绍了。

租界文化

1860 年至 1945 年期间,英、法、美、德、意、俄、日、奥、比等国通过签订不平等条约在天津老城东南部区域相继设立了拥有行政自治权和治外法权的租借地。英国于 1860 年首先在天津设立租界,最高峰时有九个国家在天津设立租界。同时,天津也是中国最早收回租界的城市之一。

天津租界也是西方文化与中国传统及地域文化的承载体,是天津多元文化的重要组成部分。天津曾作为中国近代史上北方最为繁华的“徽辅首邑”,见证了中国近代的繁华和辉煌。

(1)英租界(1860—1943)。

英租界位于海河西岸,紫竹林村一带。初期面积约为 460 亩,经过不断扩增,形成东临海河，北至营口道与法租界相邻，西面扩展到墙子河，南到佟楼。1902 年，美租界并入英租界成为它的南扩充界。次年英租界再次向墙子河以西扩展 3 928 亩，叫作推广界。

天津英租界是天津主要的金融贸易区和高档住宅区，其中集中了汇丰银行、华俄道胜银行、花旗银行、金城银行、横滨正金银行等中外知名银行的维多利亚道是一条繁华的金融街。20 世纪初，在西部的推广界形成了天津最大高档住宅区，现称“五大道”。

五大道在天津市中心南部，东、西并列着重庆道、常德道、大理道、睦南道及马场道五条街道（另一种说法为马场道、睦南道、大理道、重庆道、成都道）。天津人把它称为“五大道”，也被公认为天津市独具特色的万国建筑博览会。这里浓缩了英、法、意、德、西班牙等国建筑 230 多幢，名人故居 50 余座。这些建筑风格迥异的小洋楼，那玲珑、秀气的楼房与花木掩映的庭园；那严实而不透空的围墙，在阴影重重中显现的幽静、舒适和神秘的环境，构成了津门独特的异域风情。尤其在五大道散步，那种宁静，令人有置身于喧嚣的城市之外的超然之感。希腊式、文艺复兴式、哥特式、浪漫主义、折中主义随处可见。这种多样性，也充分显示了天津的包容性、天津的开放性和天津的融合性 。现在这些小洋楼已经成为天津建筑的标志。

（2）美租界（1860—1902）。

1860 年，美国在英租界南面设立租界，但美国政府因南北战争一直没有批准租界事宜，后美国领事馆以日后有权恢复行政管理为前提，归还租界，由天津海关代理。1896 年，清政府没有回应美国放弃管理租界的权力。几经周折，美国私自将租界有条件转让给英国与英租界合并。由于美租界行使行政管理的时间十分有限，所以直到其并入英租界都无人知晓。

(3)法租界(1861—1945)。

1861年清政府和法国签订了《天津紫竹林法国租界条款》,确定了法国租界在英租界以北的位置。起初法租界内没有任何法国机构,仅有一个宗教建筑合众会堂,法国在天津的主要活动地点就是望海楼天主教堂。1900年以后,由于海河航道疏通,各国房地产公司竞相在这里建造房屋出租,加上当时天津老城遭到破坏,大量商户迁入这里,使法租界迅速充满生机。久而久之,这一区域成为天津最为繁荣的商业中心。

(4)德租界(1895—1917)。

德租界北部与英租界相连,东临海河,基本位于天津河西区一带。1895年5月,德国驻华公使绅柯借口德国在甲午战争时"迫日还辽"有"功",向清政府索要租界,并且要求享受与英、法等国同等的特殊待遇。同年9月,天津海关道盛宣怀与德国领事签订《天津条约港租界协定》,自此,德国在天津设立了永久租界。1900年,德国人趁八国联军入侵,大肆扩张租界。翌年,德国强迫清政府签订《推广租界合同》。1902年,直隶总督袁世凯派天津海关道唐绍仪接收联军都统衙门时,德方已经将德军占领之地归入新界。

(5)日租界(1898—1943)。

近代中国五个日租界中属天津的最大,也是唯一一个比较繁华的日租界。西抵南门外大街,南至墙子河,东临海河,北起东南角闸口沿旭街(今和平路)两侧至福岛街(现多伦道)折向西,面积2 150亩。1896年7月21日,清政府与日本政府签订《中日通商行船条约》,根据此条约内容又签订了《天津日本租界协议书及附属协议书》,划定日本租界,位于天津老城东南部,但没有进行开发。直到1903年日租界正式成立时,又进行扩展。

(6)俄租界(1900—1924)

天津俄租界位于海河北岸,东抵车站西侧(今二经路),南至大直沽(今十五经路),东迄京山铁路,西面与英、法、德租界隔海河相望。俄租界的面积仅次于英租界,是天津工业及仓储区。1900年,俄国趁八国联军入侵,先霸占土地,再与清政府签订《天津租界条款》,正式划定俄租界。俄军占据老龙头火车站,引起了英国的不满,后来通过德、美两国居间调停,俄国才将车站及通往车站的大道让出，归还中国。因此俄国租界分成东、西两块地区。1924 年 8 月 6 日，新成立的苏联政府将俄租界正式还给北洋民国政府。

（7）意租界（1902—1947）。

天津意租界位于俄租界与奥租界之间，北到京山铁路，南临海河。天津意租界，是意大利在境外唯一一处租界，也是亚洲唯一一处具有意大利风格的大型建筑群，目前保存下来的原汁原味有百年历史的欧洲建筑将近200 余栋。1900 年 10 月，意大利驻华公使萨尔瓦葛以“为了有效地保护意大利人在商界及航运方面的利益”为由，下令参加八国联军的意军，占领海河东北岸，俄军占领区以西，占地 700 余亩。这个地区临海河一侧是一片露天储盐场地，其余地方多为沼泽和垃圾堆。随后与清政府进行了关于开辟意大利租界的交涉。在 1902 年 6 月 7 日，天津海关道唐绍仪与新任意大利驻华公使嘎里纳签订了《天津意国租界章程合同》，正式划定意租界。意租界特意将其发展为造型独特的高级住宅区。

（8）奥租界（1902—1917）。

天津奥租界是中国近代史上仅有的奥匈帝国租界。奥租界只存在了 14 年，也是存在时间最短的一个租界。天津奥租界位于金钟河（今狮子林大街）和海河、京山铁路之间，东面与意租界相邻。1900 年，八国联军占领天津时，德国军队占领了天津城东海河东浮桥对岸的一片市区，当这支部队调防北京时，改由奥国军队驻守。当沙皇俄国、意大利、比利时陆续在天津开辟租界后，奥匈帝国也要求援例设立专管租界。1902 年 12 月 27 日，奥匈帝国驻天津署理领事贝瑙尔与天津海关道唐绍仪订立了《天津奥国租界章程合同》，天津奥租界正式开辟。

（9）比租界（1902—1931）。

天津比租界是中国近代史上仅有的一个比利时租界。虽然比利时没有派兵直接参与八国联军入侵天津、北京，但是比利时驻天津领事梅禄德向天津领事团宣布，他奉比利时驻华公使之命，占领海河东岸俄国占领区以下长 1 公里的地段。1902 年 2 月 6 日，清政府天津道台张莲芬与比利时驻天津代理领事嘎德斯签订《天津比国租界合同》。地点位于俄租界以南，海河与大直沽村之间，直到小孙庄地区。天津比租界地处偏僻，从开辟直到交还中国，始终未能进行开发。

天津曲艺

天津又称曲艺之乡，是因为在天津形成和繁衍了多种曲艺形式。比如说像天津时调、天津快板，都是天津所特有的。而京韵大鼓、京东大鼓、铁片大鼓、快板书等等就是在天津形成的。像相声、评书、单弦还有梅花大鼓、西河大鼓等就是在天津兴盛和繁衍的。曲艺在天津经久不衰、几度辉煌并产生过多位大师级人物。

(1)天津时调。

天津时调产生于明末清初，是天津特有曲种，也是最具代表性的天津曲艺。它用天津地方语的字音演唱，内容通俗易懂，腔调高亢爽朗，具有浓郁的天津乡土气息。这个曲种唱腔包括靠山调、鸳鸯调、胶皮调等民间小调。专业艺人出现后，对这些民间小调进行了加工改造和创新，使之成为反映时代风貌、社会生活的一个曲种，并定名为天津时调。2006 年 5 月 20 日，该曲艺经国务院批准列入第一批国家级非物质文化遗产名录。

(2)天津快板。

天津快板是 20 世纪 50 年代出现的一个新曲种，是由群众自发创造并发展起来的。这种快板完全以天津方言来表演，在形式上采用了数来宝的数唱方式及快板书所用的节子板，同时融合了天津时调中“数子”的曲调，用三弦伴奏等艺术手段，增强了表现力。天津快板风格爽朗、幽默，有着浓厚的生活气息和地方特色，深受天津人民的喜爱。

(3)京韵大鼓。

京韵大鼓是由河北省沧州、河间一带流行的木板大鼓发展而来，形成于京津两地。京韵大鼓是天津曲艺中的一个主要曲种，又名小口大鼓，该曲种前身原是怯大鼓，后经钟万起、于德逵等人的改革，将唱词改为京口上韵，腔调翻新，变为京音大鼓。后经不断改革，才最后定为京韵大鼓。京韵大鼓发展至今已有一百多年的历史。

(4)铁片大鼓。

铁片大鼓是北方较有代表性的曲艺鼓书暨鼓曲形式，广泛流传于冀东、京、津及东北的辽宁、吉林、黑龙江等地。演出时由一人自击鼓板站立说唱，另有人分持三弦等乐器伴奏。自形成以来，名人辈出，流传较广，有较为深厚的群众基础和文化底蕴。

(5)相声。

相声是一种历史悠久，流传较广，有深厚群众基础的曲艺表演形式。尽管相声艺人供奉的祖师是汉代的东方朔，但这个曲种真正形成和发展起来却是在清代。相声虽兴起于北京，但天津却成为相声演员必到之地，而且逐渐形成一个新段子必先得到天津观众的认可才能进京演出的局面。许多著名的相声演员如侯宝林、张寿臣都是在天津演出过多年，成名后才走向全国的，这也使天津成为全国相声名家的摇篮。

(6)西河大鼓。

西河大鼓传入天津较早，以郝民一派独占优势，一直有天津西河大鼓为郝民家传之说。由于西河大鼓所唱多为“蔓子活”，如“杨家将”“施公案”等，因此很吸引观众。其中女艺人马增芬于1936年所唱的“绕口令”一曲，风靡津沽，妇孺皆唱，有如今日的通俗歌曲，想必当年西河大鼓也会有一支强大的追星族出现。

[阅读拓展]

例文1

津艺大成泥人张

风情积淀久，津门民艺绝。

百味齐全的“泥人张”便是天津民间艺术的一张醒目的名片。

《津门杂记》载：“城西张姓名长林，字明山，以捏塑世其家，向所捏戏出人物，各班角色形象逼真，早已远近闻名。西洋人曾重价购之，置诸博物馆中，供人玩赏，而为人做小照，尤其长技也。”

张明山时代，天津泥人制作者众，但大多手艺平平，到张明山独领风骚之后，其他艺人纷纷改行，他们认为泥人张的作品太过精致，难以望其项背，与其瞠乎其后，不如另谋出路。张家的泥人之所以能鹤立鸡群，悟性乃其一，技艺乃其二，制法乃其三。特别是那不为人知的秘方：泥人色彩柔和，犹如涂上一层面纱之后的朦胧。

据“泥人张”传人极其谨慎地披露，张家塑技，首重在料，对用泥极其讲究，不但一晒二搅三过滤，还要专用当时西郊古河道地下一米处的一层红色黏土（俗称胶泥）。

张家老宅院内垒有一高一矮的相连双池，将黏土放入高池内，注水成浆，通过高池与矮池底部相连的一个设有铁丝网的孔洞将泥浆挤进矮池，然后晒干、打制成坯。制坯过程中还要加入棉絮，然后用油布包好，放入地窖保存，至少存三年才能启用。

在张明山以前，早期的天津泥塑手法夸张，忽视写实，张明山的头脑中最早萌生了求变之法。有一回，他跟着父亲张万全赶庙会，看见一个耍猴艺人，把个小猴子指挥得乖巧逗人，机灵活泼。张明山当场就用泥捏了个小猴，神形毕肖，回家后，经过加工，一个栩栩如生又不落窠臼的“白猿偷桃”跃然案上。张万全大加赞赏，鼓励儿子自创一派。张明山有了信心，苦心磨砺，终有大成。

中年时的张明山技艺臻于炉火纯青的境界，为人捏像，只需对面而坐，谈笑之间，即可成像。特别是他藏泥袖内，默捏人像的绝技，更是叫人佩服得五体投地。

有个外国人慕名找到张明山，请他塑制一组反映天津风俗的场景像，他选了"大出殡"的场面。在他奇妙的手中，各项执事、吹鼓手、执佛的亲朋、送丧的孝子依序排列。有趣的是，他把熟识的友人相貌融入其中，甚至披麻戴孝，手执哭丧棒，俯首哭泣不止，熟悉的人看后都忍俊不禁，就连被开了玩笑的朋友也是一脸悦色，只说张明山的幽默无处不在。

清末，张明山曾被召进紫禁城，为皇家捏塑人物像。但一向天马行空惯了的他不堪忍受红墙后森严的管束，买通内监逃了出来。

从张明山那一代算起，到如今"泥人张"已是第六代传人。走进鼓楼商业街的泥人张美术馆，可以看到张明山13岁时的经典名作《蒋门神》，"泥人张"第二代张玉亭的代表作《卖糖堆儿》等一级文物。那原汁原味的津门艺术，可不是轻易能领略到的，需要细细咂摸。

——摘自《全景天津》

例文2

石家院内看盛衰

这本是一个家族的私宅，历经风雨后，成了一处有名的风景。前卫的设计，上好的材料，雅致的雕饰，经过一百多年的风吹雨打，依然结构无损，屹立不变。这样保存完好的大宅院，全国城市盘点下来也屈指可数，这就是位于天津杨柳青的石家大院。

石家大院的兴建，是大族豪富的展示。当年天津有"八大家"之说，即天成号韩家、益德裕高家、长源杨家、益得临张家等，天津八大家之一的石家，家道豪富，这处宅子1875年开工，两年后主要建筑完工，之后几度增扩、拆改，直到1923年石家迁走，前后近50年才建成一座占地6 000多平方米、院落15进、房屋278间的巨型宅邸。

大门连着一条宽而长的甬道，为大院的中轴线，间隔矗立着五座样式各异的门楼。从南向北门楼次递升高，寓意"步步高升"，而每道院门都是三级台阶，一眼便知是想托举着主人“连升三级”。

甬路两边各有五进院落。东院为内宅，私密性很强，内设账房、会客室、书房、鸳鸯厅、内眷住房等要紧之处环院而立，现在已开辟为杨柳青年画、泥塑、木雕、砖雕及天津民俗的专题展示馆。西院是接待贵宾的大客厅、暖厅、戏楼和祠堂，现今已基本恢复原有陈设。与内宅相比，由于这里是家族的门面，所以建筑用材更考究，做工更细。大客厅院内有高近5米的大天棚，用来夏季遮阳，当年从镇外就能看到。戏楼宽敞华贵。西院的西边还有三进院落，是家塾先生设帐授徒的好处所。

清雍正年间，石氏先人从山东来到天津从事漕运。乾隆五十年(1785年)，石家落户杨柳青，到石万程，因其颇善经营，家资日丰。石万程之子石献廷时期，石家一改累代单传的凋零景象，人丁兴旺，家大业大。道光三年(1827年)，石献廷的儿子们遵照父亲遗嘱，分家各立堂名。因老大石宝福早夭，老二石宝善立长门福善堂；老三石宝庆立二门正廉堂；老四石宝苓立三门天赐堂；老五石宝珩立四门尊美堂。福善堂、正廉堂以及天赐堂的后世子弟中，虽也有勤勉上进、可以经营者，但大多是纨绔子弟，寄生度日。到清末民初，三门家道先后中落。而尊美堂一支，石宝珩长子石元俊在咸丰十一年(1861年)考中举人，授工部郎中，却以父老弟幼为名不去到任，而致力于家业经营，使得尊美堂买卖兴隆，资产剧增。清光绪十年(1884年)，石元仕继石元俊之后主持尊美堂。他不仅注重家产累积，更善于扩大政治势力。石元仕力交权贵，子女多与天津官绅、豪门结姻，其妻即是两广总督张之洞的族侄女。光绪二十六年(1900年)，八国联军入侵时，石元仕带头出资在家乡办“支应局”，使地方免遭战祸，得到清政府的赏识，先后受到李鸿章和慈禧接见，获赏四品卿衔，一时名重津门，而当选为天津议会、董事会委员，从而确立了他集地主、官僚、资本家于一身的社会地位。

石家因拥有大片土地以及钱庄、当铺、布庄、酱菜园等实业，而成杨柳青首富，人称“石万千”。在建造家宅时，石家考察了形形色色的宅第，融合了王公官邸与大户民宅的建筑形式，绘制出蓝图，同时从北京高薪请来十几位建筑名匠，动用了囤积50年之久的上等砖瓦和木材，耗银几十万两修建“尊美堂”。院中的长回廊达800余米。它的垂花门雕饰繁复，显示出豪奢华贵。门楼精雕细刻，门柱石鼓上的“八骏图”和“丹凤朝阳”由两位石匠雕了一年，耗银500两。

今天的杨柳青镇，街衢洒净，河水清清，屋舍青灰，扁舟自横，一派古雅之气。嘚嘚作响的仿古马车，在车把式的吆喝下，穿行在古镇的里巷间，载着访客去探访深锁的宅院，窖藏的民风，每一片瓦当，每一角屋脊，都让人不看不知道，一看准醉倒。

——摘自《全景天津》

例文3

风云动荡说静园

末代皇帝溥仪在自传《我的前半生》中提到过被逐出宫后在津寓居的地方“静园”，这是天津城内一处闹中取静的院落。

静园原名“乾园”，由陆宗舆于1921年建造，为东西方混合风格的庭院式住宅。

1924年末代皇帝溥仪逃避天津，初居张园，后移居乾园并将之更名为静园（今和平区鞍山道70号），溥仪在这里度过了两个颇不平静的年头。

尽管静园落成不过百年，但因侵蚀严重，如今的静园早已失去了往昔的光彩。当年末代皇帝彳亍其间的红花绿柳荡然无存。近年，天津市决定全面修复这个在中国近代史上产生过重要影响的院子。

静园修复后，将通过图片展、复原陈列等形式反映溥仪在津活动，并揭露日军的侵华历史。其中，最令人关注的便是“中国末代皇帝在天津”展览，此展拟分四部分：溥仪的政治生活、溥仪的日常生活、溥仪与婉容、溥仪与文绣。

修复设计图中的静园一派贵族之风，重现了静园当年的雕梁画栋，绿荫遮日。修复后的静园前院迎面为主楼。四面由高达6.5米的日式围墙和门楼环绕。进门便可望见三环套月式的三道院落——前院、后院和西侧跨院。

静园主楼为西班牙式二层砖木结构别墅，中央亭子突出。正立面为非对称式；西半部有通天木柱的外走廊；东半部为封闭式。静园前院是花园，配有荷花池、小亭阁等设施。靠东北面为传达室、厨房、汽车库和网球场，后院内一段小游廊和前院隔开并建有砖木结构的小二楼。主楼西南侧建有一座长17米、宽1.5米的游廊，划分出西跨院，院内建有龙形喷泉和日式花房以及假山石等，这些还原历史细节的亮点将把观者重新带回到动荡多变的20世纪初。

——摘自《全景天津》

例文4

估衣街

天津商气盛，首在估衣街。

明初设卫以来，天津一直是通衢大邑，人杂五方，素称“畿南花月无双地，蓟北繁华第一城”。而衣食住行，风月霓虹，无不丰富多彩，蔚为大观。繁中之繁在何处，清代诗人有分晓：“繁华要数估衣街。”估衣街，地处今红桥区北门东，乃昔日集中出售服装之所，天津服装业的启蒙、发展与鼎盛均可在此找到答案。

天津典籍里有踪可寻的老商业街，也数估衣街。《元史·海运编》里曾提到杨村马头。清初《天津卫志》中更是屡屡提到马头渡等地名。马头渡即今北大关桥址。由此推断，元明时天津卫的繁华商业街便是马头东街，也就是而今的侯家后中街、估衣街一线。明代天津巡抚李继贞被天津人崇祀而建有祠堂。据民国《天津县新志》编撰人高凌雯考证，李继贞祠堂即在马头东街。李氏祠堂在清代名为万寿宫，即今北马路北门东小学，学校前门原在今估衣街上（后移至北马路）。人证物证俱在，马头东街就是今天的估衣街。

两百年前，绍兴文人李慈铭（莼客）来津，常到估衣街游玩，在其《越缦堂日记》中，他描写这条街“廊舍整洁”“几及二里”，繁华绝似“吴（苏州）之阊门”。

旧时的天津民谣唱得好听：“估衣街，一里长，裘皮店来绸缎庄。旧衣花上几个子儿，皮衣只有八块洋。谦祥益，瑞蚨祥，都在北方响当当。喜事来买好绸缎，白事买走寿衣裳。”估衣街东起大胡同，西至北门外大街，中与影院街、通衢胡同、东坊楼胡同、金钟桥大街、归贾胡同、万寿宫胡同、耳朵眼胡同、五彩号胡同等街巷相交，全长710米，宽6米。

估衣街上商铺林立，名号云集，是个“高消费”的处所，曾有“估衣街里赵洪远，一饭寻常费万钱”的说法。天津赫赫有名的老“八大成”（八家字号中含有“成”字的大饭庄），也大都选址估衣街归贾胡同或侯家后。

不过，热闹的推杯换盏只是估衣街红火的一个侧影，真正美名传世的还是它的服装店和绸缎庄。一份1937年前的统计表明，估衣街（东到锅店街）上开设的绸布棉纱呢绒布庄、裘皮商及服装店（包括内局货栈）就有谦祥益、敦庆隆、元隆、瑞蚨祥鸿记、华祥、瑞蚨祥、锦章、宝丰、崇庆、万聚恒、庆得成、益庆和、怡庆、德益栈、同丰裕、义丰厚、德益成、庆利恒、义聚恒、宝昌、西裕兴、庆祥、天顺成、裕兴文、毓盛长、荣馨、裕盛永、庆丰、荣庆、大庆元、永康、新丰泰、瑞森祥、义信成、公益、庆盛恒、恒祥公、大丰泰、鸿生义、恒利、东泉盛、永聚成、四合元、德源、瑞兴、同益、广兴永、华泰、聚源德、德源、益合、恒兴德、宝顺合、万兴厚、祥记、文兴顺、华盛、义兴合、信达永、德茂成、毓成斋、宝元隆、顺兴德、益生、春泰、恒泰庆等。这些诗一般好听的名字连缀起来，勾勒出一幅绫罗绸缎、锦衣玉食的生活场景。

其实，估衣街的兴盛，并不都是靠光鲜的新装，更主要的是式样繁杂的估衣，也就是旧衣服。天津诗人崔旭在清道光四年（1824年）写有这样一首《估衣街竹枝词》：

衣裳颠倒半非新，
挈领提襟唱卖频；
夏葛冬装随意买，
不知初制是何人。

这首诗有情有景，再现了估衣街上来来往往的繁华，很多人肯定是奔着旧衣裳的便宜来的。当时的天津，当铺满街（“四十八家当铺齐”），家境大起大落司空见惯（天津有“富贵无三辈”之说），为了应急，尽管是刚刚缝制的鲜衣华服，也只好送进当铺，但是时间久了没钱赎回，衣服便成了死当，任由当铺处置了。

本来挺好的衣服，一到了当铺，身价暴跌，按堆儿编号外卖，还要敞开嗓子吆喝着:“这一件皮袄呀,把它卖了吧!”在那歌曲似的旋律中,买主不厌其烦地讨价还价,诗中所言“唱卖频”说的就是这样一种情景。至于那些来历无考的旧衣服,自然是“不知初制是何人”了。

估衣街的兴盛,得益于得天独厚的地理位置——它地处海河及五大支流汇合处,漕粮、盐运的大批货船都在南运河靠岸。估衣街南邻北马路,北靠南运河南岸,西临北大关,直对竹竿巷,斜对针市街,东口可达大胡同,沿大经路(今中山路)可通北站;也可过毛贾伙巷,到宫北大街。中间有归贾胡同、金店胡同,可与侯家后、鸟市、小马路、鱼市一带沟通。这里水陆八达,四方口音杂处,旺盛人气自不待言。

距今一个多世纪前,一进腊月,估衣街商铺的橱窗一齐摆出吉庆福瑞的精致陈列,可圈可点的有泰和公瓷店陈列的景德镇出产的福、禄、寿“三星”像以及满面堆笑、身上拥满童子的弥勒佛;大丰泰皮货庄布置了北国风光的深山学林,将虎、豹、狐、羊和松鼠标本点缀其间,仿佛一个鲜活的动物世界……

可惜的是,有着“繁华要数估衣街,宫南宫北市亦佳”美誉的商业中心,1900 年,被八国联军的炮火轰成一片焦土,也被拆毁。而海河两岸的外国租界,竟达到九个之多。大关河沿、侯家后、北门外的繁荣景象一去不返。

例文 5

年　画

杨柳青木版年画兴起于明末清初,至今已有 300 多年的历史。它因发源于天津西郊的杨柳青而得名。在漫长的历史发展过程中,杨柳青年画,始终以喜闻乐见的形式、雅俗共赏的内容、鲜艳明快而又和谐典雅的色彩等受到各界人士之喜爱。每逢新春佳节,人们总是在自家的门、窗、厅堂、内室、炕头儿、灶旁、影壁、水缸、粮囤等处张贴杨柳青年画,以示喜庆和吉祥。

年画本身就是中国人民非常喜爱的一种民间艺术品。早在汉代,民间就有换桃符、贴门神的习俗;宋代,民间就有了彩版印刷的年画。明清之际,更是年画的全盛时期。年画的产地几乎遍布大江南北。然而,影响最大、艺术成就最高的还属天津的杨柳青年画。

杨柳青年画是以木版套印与人工彩绘相结合的方法制作而成。要制作一幅年画,首先创作画稿,然后按画稿勾描于木版上,再按照画稿内容进行刻版。杨柳青年画因为是“套印”,故而,一幅画上应大体有几种主要颜色。然后再按照一种颜色刻一个版,先后将这一幅图刻出几个版。再往版上刷色,将画纸铺在上面,用棕刷将版上的颜色拓印于纸上,再揭下来,改换另一版,刷上另一种颜色,再将那幅图反扣上面,用棕刷再次拓印。将第二种色也拓印其上。由此,将这几种版的大致颜色全部拓印完之后,再进行最后一道工序,即人工彩绘,将画面上小面积的颜色和人物的五官及手指等部位，均由艺人用毛笔进行彩绘，这幅画就算完成了。这种“半印半画”，或者说七分印三分画的方法成为杨柳青年画的一大特色，它使一幅年画既有粗犷的“版味儿”，又有精致的人工描绘。不仅色彩鲜艳，而且层次分明，为杨柳青年画赋予了极强的艺术生命力。

杨柳青年画的体裁大致可分为：贡尖（整张横幅粉纸印刷的画样）、板屏（与贡尖尺幅相同，分单张和对幅两种形式）、条屏（分四扇和八扇两种）、屏对（配于单幅板屏两侧的条对）、横三裁（将整张粉纸横裁出三开）、立三裁（与横三裁相同，只是成立幅式）、炕围、门画（分门神和门童两种）、历画、灯画、斗方（用于壁灯或影壁上）、缸鱼、窗花纸、格景（专为西北蒙古、回等少数民族印制的）、选仙图、洋片、祖师神码儿和朝衣大像等。

起初，杨柳青年画的品种只有一些神码儿，如灶王、门神、财神、钟馗以及天地日月诸神。后来，随着人们的喜爱和情趣，又在神码儿基础上设计印制了《升官图》《消寒图》《转八蛇》《福禄寿喜》等寓意吉利、发财、喜庆的年画。这些年画上市后，受到人民群众的普遍欢迎，不光当地人纷纷购买，就连外地来的商人也来订货。从而使杨柳青年画业迅速地发展起来。制作也逐渐出现了分工，即由过去艺人自己画样，自己刻版、印刷、着墨等，变为各种工序相互分离的专门性生产作坊和画铺。

在这种盛况下，其他画铺作坊也争相效仿，不惜重金聘请画师画样。力图以新、奇取胜。出现了大批的优秀作品，也提高了杨柳青年画的整体水平。据民间追溯，清光绪前后著名的年画制作家就有张俊庭、王润伯等 20 多人。其中最著名的农民画师是高桐轩，对杨柳青年画影响最大的文人画家是钱吉生 。

杨柳青年画总的风格受宋元民间版画和明代木刻版画的影响，画风工整，写实性强。以后又博采众长，并融建筑、戏曲等艺术于一体，逐渐形成自己独特风格，即雕版精细、线条流畅、构图丰满、形象生动、画面富于装饰。

此外，杨柳青年画的题材广泛，有历史故事、神话传说、文学典故、戏曲、时事、世俗佳境、名胜风景、仕女娃娃和花鸟走兽等。杨柳青年画，善于运用象征、寓意和夸张的手法表达人们的美好愿望。其中最有特色的图案就是娃娃抱大鲤鱼的“连年有余”。用莲花取“连”，用娃娃抱大鲤鱼，取“余”的谐音。再如“连生贵子”，用男娃手持的莲子和画面中的乐器“笙”，取“连续生子”之意。此外在杨柳青年画中，还多用蝙蝠，取“福”的谐音。用蝙蝠、鹿和寿桃，象征“福、禄、寿”之意等等。有的年画还在一幅整体画面中出现若干个情节，并在每个情节旁边附上一段话。如《代唱三国叹十声》，画面根据戏曲内容共分出“蒋干盗书”“单骑救主”“草船借箭”“连环计”“讨荆州”“东吴招亲”“张松献地图”“失街亭”“铁龙山”等场面，上面各附有一段唱词，使画面显得生动、活泼。

卖此年画者，一边卖，一边唱着画面上的唱词小调，以招揽顾客。这种年画的表现形式，为杨柳青年画所独有。

杨柳青年画色彩鲜艳，表现手法细腻润泽。既富于变化，又典雅和谐。所表现的仕女艳丽俊秀，衣着华贵精巧。娃娃嬉乐自在、活泼可爱。加之该画用木版套印与人工彩绘相结合的方法制作，使画面层次分明。因此，杨柳青年画被人们称之为“细货”，有的地方又称为“卫货”（天津卫的货）。还有的人因印年画时用树棕子在纸背上来回刷，所以又称为“卫抹子”。由于当时杨柳青年画的知名度高，又有图案的吉祥寓意。因而，有人将年画作为嫁妆的一部分，还有人利用年画的寓意，将其作为礼品送与邻里亲朋。

杨柳青年画不仅在民间享有盛誉，而且也深受清代宫廷的厚爱。著名艺人常在北京听旨候差。杨柳青年画每年进入宫廷的数量相当大，他们将年画张贴在三宫六院的内室。如价格昂贵的巨幅门神，最大者如真人一般，也为宫廷、王府的朱门于除夕时悬贴。

清代晚期，天津沦为半封建半殖民地的城市，经济萧条、百业俱废，杨柳青年画业也开始走向衰退。尤其是西洋画、石印年画和胶印年画的出现，更加冲击了以手工业方式生产的杨柳青木版年画的制作和生产，使许多的年画作坊不得不改行或者专门印刷一些灶王、财神、门神、跑码儿（给受惊吓的小孩追魂）、月宫码儿、鲁班码儿、杜康码儿、火神、水神、关帝像等神码儿一类的年画出售。

清末民初，由于农村经济的衰落，画铺作坊日益减少。特别是外来新式洋画的兴起，对杨柳青年画构成严重的威胁。从此，杨柳青年画一蹶不振，濒临灭绝的境地。新中国成立后，经过抢救，才使杨柳青年画艺术保存下来，后继有人。60年代，杨柳青年画再创辉煌，推出一批有影响的精品和人才。《四季开花》构图饱满，色彩强烈，装饰性强，《山鹊山鹊别处啼》名噪一时，为杨柳青年画代表作，被中国美术馆珍藏。

杨柳青年画工艺出新，在套过两三色单版后施以彩绘，晕粉描金，增加画面色彩的富丽，有如工笔重彩。以宣纸印刷，用国画原料，保证年画久不褪色。印绘完成后，加上装裱修饰，成为跻身艺术殿堂的珍品，颇有保存收藏的价值，在全国历次画展和历届全国年画评选中均得到好评并不断获奖。许多国家也都喜欢收藏，法国还正式出版了多种有关杨柳青年画的专著。杨柳青年画先后到英、法、意、比、加、日等国展览，均受到各国人民的喜爱。不少来津旅游的中外朋友，也都购买杨柳青年画作为纪念品。或自己收藏，或馈赠亲朋。

——摘自《古镇杨柳青的民俗文化》

例文6

震惊中外的天津教案

西方国家来中国传教本来是不合法的，可是在1858年（咸丰八年）签订的《天津条约》中，英法侵略者却为西方宗教取得了在中国传教的自由。然而外国传教士对此并不满足，当1860年中法《北京条约》签订的时候，担任翻译的法国传教士艾美，竟在中文第六款上擅自加上了“任法国传教士在各省租买田地，建造自便”的内容，昏庸的清朝官吏并没有察觉，便在条约上签了字。等到事后发现条约的法文本并没有这些内容时，为时已晚，结果为外国传教士非法在中国侵占土地、修建教堂提供了条约依据。

法国天主教传教士正式来到天津是1861年(咸丰十一年)的事。这些人来到天津后,通过法国驻天津领事德尔沃与三口通商大臣崇厚交涉,以每亩1千文的租金,先后取得了坐落在三岔河口北岸的崇禧观和望海楼一带15亩地的永租权,准备修建教堂。当时的三岔河口本是九河下梢的水旱码头,不仅地面繁荣,而且紧靠天津城的东关和三口通商大臣衙门。由于地势重要,清朝军队还在这里设有炮台。

外国传教士来到天津以后,一般群众都把他们看成是歪门邪道,不敢接近。法国天主教会想方设法,在繁华的天津城东关的海河右岸,与望海楼隔河相望的小洋货街,修建了收养孤儿的"仁慈堂"以及医院和施诊所,企图用小恩小惠收买人心,以便扩大传教范围。

然而最终引起天津人民愤怒的还是传教士凭借不平等条约到处横行不法。当时主持天津教务的神甫谢福音就是一名披着宗教外衣的侵略分子。第二次鸦片战争刚一结束,谢福音便搭乘一艘外国军舰来到上海,并参与了镇压太平天国革命的活动。不久他又到了北京,乘机向清王朝勒索教产。后来谢福音又去直隶传教,他无视中国主权,经常插手干预群众与教堂之间的种种纠纷。谢福音来到天津之后,立即与法国驻天津领事丰大业勾结起来,强迫三口通商大臣崇厚为教会筹建仁慈堂捐钱。当时群众不愿意把孩子送到教会的仁慈堂,谢福音又鼓动修女购买婴儿收养,名义上是"奖励"送婴儿去仁慈堂的人。为扩大教会势力,谢福音还不择手段,给许多平时鱼肉乡里、作奸犯科的地痞流氓受洗入教。直隶盐山县天主教徒因为欺压良民百姓,被群众殴打送官。谢福音得知后,立刻强迫崇厚向盐山县发出一道公文,规定:"所有教民,不分中外皆可自由传教;殴打教民者,一律严惩。"紧接着谢福音又亲自到盐山四处张贴这道公文,还强迫当地群众向他磕头认罪。

1869年(同治八年)5月,谢福音不顾当地群众的反对,拆掉了平时香火很盛的香林院,然后为修建望海楼教堂举行了盛大的奠基典礼,把各国驻天津领事、天津各衙门的官员和天主教北京教区的主教都请来参加,以壮声威。教堂于当年12月竣工。谢福音得意忘形地宣称,要是没有圣母的仁慈,我们就不能得到战争的胜利,要是没有战争的胜利,也就无法建造这座为大法国效力的教堂,所以建造这座教堂是圣母仁慈和战争胜利的结果。于是他让工匠在教堂钟楼正面,用大理石刻上"圣母得胜堂"的法文金字。不久法国人又违反租约中"只限建造教堂"的规定,拆掉望海楼行宫,盖起了法国领事馆。这就为教堂与法国领事相互勾结、横行不法提供了方便条件。

教堂建成以后,谢福音借口"传道讲经的地方必须肃静",强迫崇厚和地方官下达命令拆除附近民房,赶走周围的摊贩,使许多居民流离失所、无家可归。法国传教士的种种不法行为,激起了天津人民的极大愤慨。

1870 年(同治九年)6 月,仁慈堂里发生了传染病,有十几名儿童染病死亡,被传教士雇人草草埋葬在河东盐坨桥附近的义地,有的两三具尸体放在一口棺材里,有的在掩埋时离地面很浅,结果被野狗扒出,吃去脏腑,惨不忍睹。群众见到这种情形非常愤怒,再加上当时风传教堂用迷魂药拐卖儿童,于是纷纷要求官府查办教堂。就在这个时候,天津官府先后查获了数名迷拐儿童的犯人,其中一人就是天主教徒;审讯结果很快传遍全城,不少群众开始围哄教堂、袭击走在街上的传教士。士绅在孔庙集会,书院的学生开始罢课,反洋教的传单也出现在街头巷尾。

迫于群众压力,崇厚等人不得不亲自出面和法国领事丰大业交涉,但丰大业矢口否认教堂的罪行。6 月 21 日,当天津知县刘杰将迷拐犯押往教堂对质时,广大群众得知消息,立刻从四面八方涌向教堂。到中午时已聚集到一万多人。传教士见状,公然放出恶犬,并指使教民手持棍棒驱赶聚集在教堂周围的群众。群众被迫起来自卫,将教堂的门窗砸毁。为此,法国领事丰大业竟带着枪支、利刃,伙同秘书西蒙,直奔三口通商大臣衙门去找崇厚。丰大业见到崇厚一语未发,就连开两枪,但没有击中,于是顺手将屋内的陈设砸毁,然后扬长而去。

就在丰大业返回领事馆的途中,遇到了知县刘杰,丰大业竟向刘杰开枪,击中刘杰家人高升。周围群众见外国侵略分子竟在光天化日之下肆意开枪杀人,奋起将丰大业和西蒙打死。接着涌向教堂,打死了恶贯满盈的谢福音,放火烧了教堂和法国领事馆。这场反洋教斗争总共持续了 3 个多小时。事后,各国军舰也陆续开到天津,联合起来向中国挑衅,法国军舰还开炮轰击大沽口的沿海村落。

清王朝非常害怕事态扩大,事件发生后,立即命令直隶总督曾国藩赶到天津,又派崇厚出使法国“赔礼道歉”,同时让总理衙门转告法国驻华公使不要把军舰开到天津,条件是处死带头进行反抗的群众,惩办地方官吏,赔偿损失,重修教堂。曾国藩来到天津,忠实执行这些条件,一味委曲求全,群众对他十分不满。曾国藩贴出讨好外国人的告示,一到夜间,便被人撕毁,有人还在曾国藩的告示上面挂一缕白麻,表示曾国藩是为死去洋人披麻的孝子贤孙。就在曾国藩逮捕无辜群众的恐怖中,有人把杀洋人、烧教堂绘图制版,印成宣传画或扇面到处叫卖,尤其是画有烧教堂的扇子,很快就卖出几万把。曾国藩的倒行逆施,引起了住在北京的湖南人的一致愤慨,宣布把他从湖南同乡会中除名,同时还烧毁了曾国藩亲手书写的“湖南会馆”匾额。

天津人民的不屈斗争,使曾国藩在处理天津教案时十分困难,于是清王朝又改调李鸿章任直隶总督。李鸿章到达天津不久,便在西关刑场杀死了马宏亮等 16 名爱国志士,将天津知府、知县发往边远地区充军,同时根据法国公馆提出的数额赔银 46 万两。天津人民的反洋教斗争虽然遭到血腥镇压,但群众心中蕴藏着的反抗精神是无法消灭的。16 名爱国志士被杀以后,天津群众募集款项,准备为他们举行公葬和建祠立碑,后来因为外国侵略者的出面干涉而被官府制止。福建和广东旅津商民,为了纪念这 16 名志士,在第二年阴历七月十五公请扎彩匠模仿 16 人肖像,扎成纸人,安放在梁家园闽粤山庄的盂兰会会场上,由和尚诵经超度英魂。此后,每到志士们牺牲的日子，一些群众都要组织游行，队伍中有16人扮成志士生前模样，中途必经望海楼教堂、金华桥，一直到西关刑场。这种悼念仪式，一直持续到1937年七七事变之前。

——摘自《天津史话》

例文7

天津市老地名的历史故事

每个城市的地名都有很多历史故事和民间传说，天津市也不例外。尤其与唐太宗李世民东征有关的地名就有不少，如河西区的挂甲寺和蓟县、宝坻区一些地名。

与李世民有关的地名

据民间传说，蓟县地名中的“擂鼓台”是李世民东征时筑台擂鼓点将之处；“东二营”“西二营”是李世民东征时，驻扎兵马的两个营盘；“大安宅”“小安宅”是李世民曾于此安营扎寨，初名大、小安寨，后改今名；“验甲宫”是李世民东征途中晾甲的地方；“邦均镇”原名“商君店”，因传说战国商鞅曾在此宿店，故名，后唐太宗东征至此，因地名谐音“伤军”犯忌，故改名“邦军店”，后民间演化为“邦均镇”；“马伸桥”是李世民东征路过此地，御马劳乏伸腰，故村名马伸腰，后演化为马伸桥。

据民间传说，宝坻区石桥镇有两个相邻的村子——大小“黑豆窝”，传说当地盛产黑豆，唐王征东回师路过此处时曾用黑豆喂马，故名黑豆窝。石桥镇还有一个叫“歇马台”的村落，传说李世民东征时曾在此地高台歇马，故名。“帐房衢”是李世民东征途中设帐房之处。

与宋辽时期有关的地名

历史上，宋朝和辽国相隔大清河、拒马河南北对峙，辽国曾多次越过河界与宋军杨延昭部激战。今静海县与河北省交界一带，就是两军驰骋交战之处。传说静海县南部的古城洼（今子牙河与南运河之间的堤外洼地）一带，就是杨延昭军队的大营。其辕门就设在古城洼的北部，后形成村落初名“辕门口”，元朝时更名为“元蒙口”。为侦察搜集辽军情报，杨延昭派出两个侦察机构，一处设在辕门以北，后形成聚落初名“探马庄”，后演化为今名“谭庄子”。另一处设在辕门以西的寺庙内，由杨五郎弟子（僧人）刺探敌情，人称“禅房”。后形成聚落，现为“东禅房”“当禅房”“西禅房”三个村落。

静海县子牙镇所在地名“王二庄”，原名“望儿庄”，传说每当杨延昭临阵与辽兵交战，其母佘太君常于此眺望观战，故名。距王二庄一里多远有“宗保村”，传说是杨延昭之子杨宗保领兵驻扎之处。附近还有“孟庄子”和“焦庄子”，传说是杨延昭部将孟良、焦赞的驻地。宁河县“潘庄”，因是宋将潘仁美的封地而得名。据民间传说，武清区“牛镇”是杨六郎当年抵御辽兵大摆牤牛阵的地方。最具浪漫色彩的地名是宝坻区的“南仁浮”，相传杨六郎在此与大刀王怀女交战被俘，在王的威逼下杨被迫与王怀女成婚，故名“男人服”，后演化为今名。

作为宋辽战争的另一方，关于辽国和萧太后的故事在天津地名中亦有反映。宝坻区有"打扮庄"，相传辽国萧太后督军南下，与宋兵交战，曾在此筑梳妆楼，梳洗打扮，故名。宝坻区大口屯镇绣针河东岸有毗邻两村——大小"绣针口"，相传辽代建村，绣针河当时为萧太后的运粮河，此处为巡查护卫运粮河的哨口，故名。

另外，武清区有黄花店乡，始建于辽代会同年间，据《东安县志》载："省抑宫在安次南，辽会同中建。以禁嫔妃之有犯者。元时屡迁废后于其地。今属武清县，俗名皇后店。"此地原属安次县，明初划入武清县。今称"黄花店"，系由"皇后店"谐音演化而来。与之对应的地名是泗村店乡的"太子务"，辽代成村。传说辽太子曾前往皇后店，探视被罢黜的母亲，途中在此留宿，故村落得名太子府，后演化为太子务。

——摘自北方网

[思考与实训]

(1)学一学天津方言，尝一尝天津的传统美食，看一看天津风景，听一听天津传统曲艺，体会天津的特色生活。

(2)谈一谈你对天津的印象。

第八讲 通向成就梦想的阶梯——求职宝典

[经典案例]

在一次面试中一位应聘者推门就说:“各位评委好,我是一号选手!”说完后,她自己都觉得别扭,到底是哪里说错了呢?

【思考】:求职时得体的礼仪是什么?

【分析】:面试考场上经常会出现这样的问好,而且大多数是女生这样说。初听只觉得别扭,但说不清别扭在哪儿,仔细一琢磨才发现,原来就别扭在这“评委”和“选手”上。实际上,面试是竞聘,是选拔,是考试,与比赛还是有很大区别的,所以“评委”和“选手”这样的字眼还是慎用为妙。

[知识导航]

求职规划

女孩在18岁之前,不知道自己想做个什么样的人,每天就在艺校里唱唱歌,跳跳舞,偶尔接一些不知名的小角色去演。直到有一位老师跟她谈话:“你能告诉我,你对于未来的打算吗?”她愣住了,不明白老师怎么突然问她如此严肃的问题,更不知道该怎么回答。

老师接着又问:“你对现在的生活满意吗?”她摇摇头。老师笑了:“不满意的话证明你还有救。你现在就想想,十年以后你会是什么样?”

老师的话音很轻,但是落在她心里却变得很沉重。她在脑海里思考了很久,最后很坚定地说:“我希望十年以后自己成为最好的女演员,同时可以发行一张属于自己的音乐专辑。”

老师问她:“你确定了吗?”她慢慢地咬紧着嘴唇回答“Yes”,而且拉了很长的音。老师接着说:“好,既然你确定了,我们就把这个目标倒着算回来。十年以后,你28岁,那时你是一个红透半边天的大明星,同时出了一张专辑。

那么你27岁的时候,除了接拍各种名导演的戏以外,一定还要有一个完整的音乐作品,可以拿给很多很多的唱片公司听,对不对?25岁的时候,在演艺事业上你就要不断进行学习和思考。另外在音乐方面一定要有很棒的作品开始录音了。23岁就必须接受各种各样的培训和训练,包括音乐上和肢体上的。20岁的时候就要开始作曲、作词。在演戏方面就要接拍大一点的角色了。”

老师的话说得很轻松，但是却使女孩一阵恐惧。这样推下来，她应该马上着手为自己的理想做准备了，可是她现在却什么都不会，什么都没想过，她觉得有一种强大的压力忽然朝自己袭来。老师平静地笑着说："要知道，你是一棵好苗子，但是你对人生缺少规划，散漫而且混乱。我希望你能在空闲的时候，想想十年以后的自己，到底要过什么样的生活，到底要实现什么样的目标。如果你确定了目标，那么希望你从现在就开始做。"

2003 年 4 月，恰好是老师和女孩谈话后的十周年，她也不知道这是偶然还是必然，她居然真的拥有了属于自己的第一张专辑——《夏天》。这个女孩就是——周迅。

其实一个人职业的选择与他本人的兴趣、爱好、性格、气质及能力有着密切的联系。从某种意义上来说，这些因素是一个人在选择职业时首先要考虑的问题。所以，求职者在择业的过程中，应对自己各方面的情况作出客观全面的分析与定位，进而制定出适合自己的职业发展规划。

那么，什么是职业生涯规划？

职业生涯就是一个人一生工作经历中所包括的一系列活动和行为。而职业生涯规划是指根据个人对自身主观因素和客观环境的分析，确立自己的职业生涯发展目标，选择实现这一目标的职业，制定相应的工作、培训和教育计划，并按照一定的时间安排，采取必要行动，实施职业生涯目标的过程。简而言之，职业生涯规划就是在下列 3 个方面中寻找平衡点。

(1)本人的性格特点与兴趣。

(2)具备的能力、条件与专业知识。

(3)社会需求与市场需求。

为什么要进行职业生涯规划？

要想知道为什么要进行职业生涯规划，首先应该明白成功的一般规律。美国的成功学大师安东尼·罗宾斯曾经提出过一个成功的万能公式：成功 = 明确目标 + 详细计划 + 马上行动 + 检查修正 + 坚持到底。从这个公式可以看出，我们要想成功，首先要明确目标和详细的计划。职业生涯领域也是同样。我们要选择一个最适合我们发展的行业和工作，然后确定目标，同时对我们的整个职业生涯进行初步规划，最后付诸行动，并且经常地对自己的目标和计划进行检查修正，坚持到底，必定能获得职业生涯的成功。

根据生涯发展大师萨珀的理论，高职学生正处于职业生涯的探索阶段，且正好跨越了该阶段的过渡期(18～22 岁)和试验承诺期(22～24 岁)两个时期。在这两个时期内，学生的个体能力迅速提高，对职业兴趣趋于稳定，逐渐形成了对未来职业生涯的预期；而完成了职业学习和职业准备，学生毕业后则会初次走上就业岗位，开始正式的职业生涯。因此，在实验承诺期内，许多学生需要就自己的未来职业生涯作出关键性的决策。所以，大学期间是职业生涯规划的黄金阶段，对学生未来职业走向和职业发展具有非常重要的影响。

通过对自己职业生涯的规划，大学生可以解决好职业生涯中的“四定”——定向、定点、定位、定心，尽早确定自己的职业目标，选择自己职业发展的地域范围，把握自己的职业定位，保持平稳和正常的心态，按照自己的目标和理想有条不紊、循序渐进地努力。

职业生涯规划的训练有助于全面提高高职学生的综合素质，避免学习的盲目性和被动性；规划个人的职业生涯，可以使职业目标和实施策略了然于心，并便于从宏观上予以调整和掌控，能让大学生在职业探索和发展中少走弯路，节省时间和精力；同时，职业生涯规划还能对大学生起到内在的激励作用，使大学生产生学习、实践的动力，激发自己不断为实现各阶段目标和终极目标而进取。大学生首先要认识到生涯规划的重要意义，职业生涯活动将伴随我们的大半生，拥有成功的职业生涯才能实现完美的人生。

求职信息

小张刚进入大学时，看到高年级同学为找工作辛苦奔波的情景，心中便暗暗为自己的将来着急。于是，从大二开始，他就有意识地搜集求职方面的资料。一年下来，搜集的信息已经汇集起厚厚的一大本了。从对这些信息分门别类的整理中，他了解到哪些单位是本专业的主要用人单位，哪些地区需要的毕业生较多，主要就业单位对毕业生的素质和能力有哪些要求。

大二第二学期，小张就不动声色地忙开了。他先给一些在外地工作的师兄、师姐打电话，请他们提供本单位本年度的需求情况；然后，他到就业办公室查询了学校本学期就业工作的安排和即将举行的各地人才交流会信息；最后，根据自己以往搜集的需求信息，对主要用人单位需求情况做了分析和预测，理性地确定了自己应聘的目标单位。

最终，小张在上海一家公司成功就业。

对于面临求职择业的毕业生来说，最重要的莫过于能搜集到更多的就业信息。谁能拥有更多、更有效的信息，谁将赢得择业的主动权。高职学生在搜集就业信息时需要注意以下问题。

首先，应全面了解就业信息的内容。

就业信息是指用人单位发布的、择业者未知的、经过加工处理后对择业者具有一定价值的、有关就业的信息和情报。要想使毕业生成功就业，既取决于本人的学习水平、能力、综合素质和社会需求等因素，也与毕业生能否及时有效获取就业信息息息相关，就业信息分为宏观信息和微观信息。

(1)宏观信息：狭义的宏观信息包括行业信息、职业信息、企业信息等。广义的宏观信息是指国家的政治经济与方针政策的制定,国家对毕业生的就业政策和人事制度改革信息,社会各部门、企业的职业需求情况及未来职业的发展趋势信息。

(2)微观信息:微观信息即毕业生必须要搜集的具体信息,它包括职业发展前景、任职条件、岗位职责、福利待遇等。

其次,应具备筛选就业信息的方法与技巧。

怎样将广泛搜集来的信息进行分析判断、归纳总结、去伪存真、去粗取精,提高就业信息的科学性、准确性、针对性和实效性,以便更好地为自己的求职择业服务,就是接下来要介绍的。

1. 搜集就业信息的方法

1)全方位搜集法

全方位搜集法指把与专业有关联的就业信息全部搜集起来,再按一定的标准进行整理和筛选,以备使用。这种方法获取的就业信息广泛,选择余地大,但较浪费时间。

2)定向搜集法

定向搜集法指根据自己选定的职业方向和求职的行业范围来搜集相关信息。这种方法以个人的专业方向、能力倾向和兴趣特长为依据,以便找到更适合自己的职业与用人单位。值得注意的是,当毕业生选定的求职范围过于狭窄时,会大大减少选择余地,特别是所选定的职业范围是竞争异常激烈的"热门"工作时,对下一步选择带来困难。

2. 筛选就业信息的技巧

毕业生通过上述办法获得的就业信息通常都是比较杂乱的,其中有相当一部分信息甚至是毫无价值的。毕业生根据自己的实际情况和需求,进一步对信息进行筛选,使获得的信息更好地为自己服务,在处理信息时应掌握如下技巧。

(1)搜集方向:专业相符、有发展前景、适合自己的特点、能发挥自身作用的就业信息。

(2)掌握重点:初步将所搜集到的信息进行筛选,对重点信息进行标注并注意留存,其他信息则仅供参考。

(3)适合自己:毕业生根据自身情况选择适合自己的就业信息。

(4)时效性:搜集到就业信息后,观察截止时间,以免过期。

(5)分类判断:将搜集到的信息按性质、地区进行分类,再按照自己制定的择业标准逐级分类,作为择业的重要选择方向。

(6)兼顾"冷门":搜集就业信息的范围不能局限于"热门"职业和地区,否则就业的成功率会大打折扣。

(7)拓宽就业渠道:获取就业信息的渠道越广,择业的视野就越宽阔;就业信息越有效,择业的把握性就越大。因此,多留意且尝试更多渠道和方式来搜集信息,对毕业生是非常有益的。

最后,是获取就业信息的途径。

获得就业信息的途径主要有以下几条。

1. 招聘会

(1)政府和人才市场组织的招聘会。通常,每年春节前后或是夏季,各省市的政府和人才市场会组织大规模的招聘会,参与企业众多,覆盖范围广泛,但这类招聘会参与企业成分较复杂,有时难免鱼目混珠。

(2)校园招聘会。一些著名公司、大型国企通常会将所需求的职位信息发给各高校的就业处,与就业处协商妥当后,来校召开专场招聘会,即宣讲会。校园招聘会所提供的职位主要针对应届毕业生,一般不要求工作经验,而注重应聘人员的综合素质,所以这也是应届毕业生找工作的最佳途径之一。

2. 通过网络求职

(1)专业求职网站。专业求职网站在学生求职信息来源中扮演着越来越重要的角色。如今,很多专业招聘网站提供大量招聘信息,许多公司直接通过这些网站提供在线职位申请。大部分网站还帮助学生制作简历与求职信,并提供在线投递简历业务。

(2)各大用人单位网站。也有许多单位通过自己的企业网站、把最新招聘信息放在公司主页并提供在线职位申请业务。所以,要随时关注心仪用人单位的招聘专栏,以便作好准备。

3. 新闻媒体

广大新闻媒体也是毕业生不可忽视的一条重要渠道。在临近毕业之际,电视、报纸、杂志、广播上都会有大量关于大学生就业的信息,同时还包含新的就业政策、专业分析、人才需求、就业前景等方面的报道。

4. 社会关系

通过社会关系网获得信息也是一个重要渠道,在找工作时,要充分利用一切社会关系,包括周围的亲戚、朋友、老师以及朋友的朋友等,也许他们会给你提供一些好的求职机会。充分利用社会关系只是主动地给自己寻找机会,而能不能把握好这个机会最终还是要靠自己。如果你已经作好充分准备,具备应有的实力,那么好的机会会让你如虎添翼。

当然,如果你还有更多更好的信息来源渠道的话,也应该充分利用和把握。同时,每一种渠道在具体搜集信息的时候,还会有更多的小窍门,会帮助你做得更快、更好,这些也是你需要积累的经验。

求职材料

在某大学为毕业生组织的现场招聘会上,有一位应聘大学生在个人简历的"座右铭"一栏中填写着"长风破浪会有时,直挂云帆济沧海"的诗句,这本是李白《行路难》三首之一的诗句，喻指施展自己远大抱负的时日必定会到来。用人单位很感兴趣，就问他这是谁写的。这位报名者回答说："这是我的座右铭。"见他答非所问，用人单位就直接问："这是谁的诗句，作者是谁？"没想到这名学生愣住了，尴尬地说："不好意思，我忘了。"结果，他掉进了自己挖的"陷阱"。

那么，作为一名毕业生，要想让用人单位迅速正确地认识你、了解你、选择你，就需要利用多种途径向用人单位准确地展示你的出色与优势，但不要过分追求完美。事实证明，一封契合用人单位心意，准确简洁的展示你自己的求职信和简历是求职者脱颖而出的敲门砖。

1. 求职信的撰写技巧

求职信是一种具有自我推荐性质的信件，它通过表述求职意向和对自身能力的概述，引起对方兴趣。求职信是毕业生给用人单位的第一印象，正所谓"未见其人，先观其信"。求职信若写得简短清晰、富有个性、针对性强，会给用人单位留下过目难忘的印象，从而对你产生兴趣，你便能从成百上千的求职者中脱颖而出。因此，如何让你的才能、潜力在有限的空间里闪耀出夺人的光彩，在瞬间吸引住用人单位挑剔的目光，写好求职信极其关键。

1）求职信的书写格式

求职信与普通书信的格式大致相同，一般来说由开头、正文、结尾和落款四部分组成。求职信的重点在于"荐"，在书写时一定要按照"为何荐""凭何荐""怎么荐"的思路进行构思。

（1）开头。

求职信的标题要醒目、简洁。用较大的字体在纸上标注"求职信"三个字，要显得美观、大方。接下来就是要写明收信单位的称呼，这类信件一般要比普通书信的称呼正规一些，在实际书写中要注意此类问题。在格式上，称呼要写在信笺第一行起首位置且单独成行，以示尊重。如果对用人单位的性质及负责人比较清楚，可直接写出负责人的职称、职位。如"尊敬的××处长""尊敬的××经理"；由于求职信往往是和用人单位之间的首次交往，毕业生对用人单位及负责人不熟悉，也可写成"××领导"等。称呼之后使用冒号，然后另起一行，写上"您好"之类的问候语。

（2）正文。

正文是求职信的核心部分，其形式多样，风格各异。要打动用人单位，正文的措辞和风格要经过反复揣摩和修改。正文主要包括个人基本情况，所具备条件，受到何种奖励，社会实践情况，担任社会职务以及参加竞赛情况等，这是求职的关键部分。要突出自己对从事此项工作感兴趣的原因，愿意到该单位工作的愿望和自己已经具备的资格。

正文部分可以写的内容有很多，但切记要简明扼要，重在突出你就是最适合此职位的人选，写明你对招聘单位的了解程度及你能胜任此职位的各种能力。简而言之，正文就是"我具备什么＋我能做什么＋我要做什么"。

（3）结尾。

一般结尾就是两个内容：一是盼复，二是祝词。在一般的求职信中，表达希望对方答复或者获得面试机会的结束语几乎已经成为定式，如可以写上“希望得到您的回音”“我希望能获得与您面谈的机会”。此外，正文后的问候虽然只有几个字，但也不容忽视。如可用“祝贵公司兴旺发达”，也可用“此致敬礼”等词。

(4)落款。

落款包括署名和日期。署名与信首的“称呼”对应，当然也可以直接签上自己的名字。但需要注意的是，不管求职信是打印的还是手写的，署名一定要手写。署名下方要注明日期，一般用阿拉伯数字完整地写上年月日，还应注明联系方式。若有附件，应在信的左下角标注出来。

2)求职信的注意事项

求职信虽然不难写，但是要写得有吸引力，不落俗套，还要突出自己的特点还是很不容易的。毕业生在书写求职信时一定要注意以下四点。

(1)求真务实。

在书写求职信时要本着实事求是的态度，应做到正确评价自己，既不可缺乏自信，也不能自吹自擂、炫耀浮夸，更不能凭空捏造根本没有的荣誉。

(2)态度诚恳。

写求职信要体现出诚恳的态度、谦虚的品质、委婉的语气，做到自谦而不自卑，自信而不自大，让人感觉到你的真诚。

(3)有的放矢。

求职信讲究分寸。只有通过尽可能多的渠道去了解招聘单位的基本情况，特别是现状，才能针对不同性质的单位及岗位的不同要求来写出你现在能做些什么，将来能为单位做什么，来表达你对招聘单位的了解和关心，从而赢得招聘单位对你的好感。切忌用一种求职信版本复印后到处投递。

(3)精炼文字。

求职信要篇幅适中，一般应控制在一页以内，不是越长越好、越详越好，而是要简明扼要、突出重点、独具特色。同时还要注意用词是否得当，语法标点是否正确，避免出现错别字。

2. 个人简历的制作

简历是你展现自己的第一幕舞蹈，完美的简历就像一出无声的舞剧在静静地展示你独特的个人魅力，让用人单位看到你的出色与优势。

1)制作简历的基本要素

(1)个人基本信息。

简历中的信息是由求职者自己决定的，但有些信息是不可或缺的。其中包括姓名、出生年月、年龄、性别、学历等个人基本信息以及电话、地址、政治面貌、电子邮箱等。

(2)教育背景及所获荣誉。

对于应届毕业生来讲，教育背景是简历中一个十分重要的信息，一般按照时间逆序的写法来写，时间上也要衔接好。比如，你即将大学毕业，那么先写大学阶段再写高中阶段，一般初中阶段经历不写。这部分可以将每个阶段所获得的荣誉写进去，例如：三好学生、优秀党员、优秀学生干部、参加各种竞赛所获奖项、各类资格证书及奖学金证书等。

(3)求职意向。

意向体现在简历中就是让用人单位了解你的求职目的，在简历中要尽可能描述你向往职业的地域、行业、岗位等。

(4)工作经历。

主要是大学以来的简单经历，包括社会职务或活动、义务性工作、社会性工作、社会实践及在这些工作中用到的工作技能等。

(5)自我评价。

总结自己良好的个性品质。比如：学习能力、沟通能力、解决问题的能力、适应能力、创新能力、团队精神、工作态度、责任心、敬业精神等。

2)如何撰写简历

撰写简历中的常见问题。

第一，不够重视。对简历不够重视主要表现为结构混乱、语句不通、错别字频现、缺乏求职目标等。简历中一旦出现此类问题，很难求职成功。

第二，篇幅过长或过短。篇幅过长，会让挑选简历的人失去耐心，从而失去面试机会；篇幅过短则缺乏必要信息，使挑选者对求职者认识不全面。

第三，版面设计不科学。版面设计不科学一般指版面过于压缩、字体太小、行间距与段间距压缩得过密。

第四，求职者在写好中文简历后往往以为大功告成，其实还应该准备一份英文简历，英文简历一定能与中文简历相互对应。

3)简历的投送方式

(1)本人直接送达。本人直接送达要按照单位指定的时间将自己的求职材料直接送达招聘单位手中。采用此种方法能使本人利用与招聘者初次面谈机会，表达选择用人单位的强烈意愿，为自己在众多求职者中脱颖而出创造一个机会。

(2)快件或信函投递。按照指定的时间、地点将自己的个人简历用信函或快件投寄到招聘单位。在信函或快件的封面上注明“应聘”字样，字迹要工整清楚。

(3)利用网络投送。这种方式省时省力，是目前主要的应聘材料送达方式。求职者最好选择在招聘公司上班之前将自己的简历和求职信发送到指定电子邮箱，值得注意的是不要用附件的形式发送简历。

求职面试技巧

小刘在大学里成绩一直很优秀，所学专业也十分热门，还当过学生会干部，本来凭自己的条件完全可以进入外企，但由于平时大大咧咧惯了，结果在面试中被一些细节断送了前程。

面试当天，小刘细心打扮了一下自己，脱掉脏兮兮的牛仔服，换上笔挺的西装。

面试时，主考官要看小刘的实习鉴定材料，他赶紧打开资料袋，由于资料没有分类，小刘心里一慌，资料散落一地。好不容易找到实习资料，却又在慌乱中将主考官的水杯碰倒，小刘心中暗暗骂着自己。这时，主考官要验他的毕业证原件，可文件已弄得一团糟，等他找出毕业证时已花了一分半钟，主考官脸色铁青。面试结束后，小刘长嘘一口气，可马上又慌了，原来离开时竟将毕业证原件和钢笔遗失在主考官那里，想到事关重大，他只好厚着脸皮回去拿自己的毕业证。就在小刘转身离去的一刹那间，主考官大笔一挥，将他的名字从复试名单中划掉了。

从小刘的经历中可以看出面试中很多细节都是不能忽视的。那么我们就来详细了解一下面试需要注意哪些细节。

1. 资料搜集及准备

1）深入了解用人单位

俗话说得好：“知己知彼，百战不殆。”所以在面试之前，深入了解用人单位就显得至关重要了。

深入了解用人单位可以通过单位的宣传资料、网站、杂志、报纸、广告宣传手册和新闻媒体的报道等渠道来进行。通过这些渠道大致了解用人单位的性质、规模、组织结构、特色、发展前景、福利待遇、企业文化等情况。如果你应聘的是知名企业，很可能一些求职 BBS 上会有专门的版块，介绍该单位的笔试和面试例题、过程、筛选标准，甚至会有很多热心人分享自己笔试和面试的经验。也许他们的经验未必可取，但却是非常重要的，这无疑会使你在后面的应聘过程中更为自信。

2）充分准备材料

参加面试要提前准备好求职信、个人简历、学习成绩单、身份证、学历证及相关证书的原件复印件等材料，并将所有准备好的材料平整地装在一个袋子里。

3）调整面试状态

面试时一定要精神饱满，在参加面试前要适当放松，洗澡、理发，搞好个人卫生，调节自己的生活规律，充分保证休息时间。

在各类面试及咨询中，一定要独自前往，不要让自己的父母或亲戚朋友陪同。这样可以避免用人单位怀疑你的自信心和独立能力。

4）准备好你的故事

根据对用人单位的了解，求职者应该对常见面试问题准备有针对性的回答。比如，自我介绍中要强调面试的职位及相关经历；讲述优缺点时，要针对对方的职位需求等。

2. 面试仪表

当你敲开面试的大门，面试官第一眼看到的就是你的着装打扮，所以面试仪表非常重要。一般要求大方、得体，符合职业形象，面试最好着职业装，女生化淡妆。下面让我们一起来把握具体细节。

1）女生着装

(1)西装。

选择西装时，黑色、深蓝色、灰色等稳重的颜色是比较理想的选择，要注意选择较好的面料。款式不要太过前卫，宜传统。可以根据自身的气质、体型、气候等选择裤装或是裙装。如果选择裙装，就要注意裙子的长度，不要在膝盖以上，裙子太短是不专业的体现，会使你的印象分大打折扣。另外，无论是裤装还是裙装都不能太过贴身。

(2)衬衣。

在挑选衬衣时，无论是款式还是颜色也以保守为宜。不要挑选那些透明面料的上衣，也不要雪纺薄纱或蕾丝花边。另外，衬衣领口不能太低。

(3)丝袜和鞋子。

丝袜的颜色也最好是常见的颜色，比如黑色、肉色等，但必须与套装、鞋子相匹配。不要穿鲜艳的颜色，最好在你的包里再多带一双相同的丝袜，以备不时之需。鞋子的款式要专业，不花哨并与套装相配。鞋跟高度以 3 ~ 5 厘米为宜，不能露出脚趾。

(4)包。

包的颜色和风格应该与整体着装相协调，不要太大，中等或小型尺寸即可。不必是名牌包，但最好是皮质的。

(5)发型。

发型是仪表的重要组成部分。要保证头发干净整洁，长头发最好盘起来，或者其他看起来专业的发型，不要让自己看起来特别夸张。头发的颜色自然是黑色的最好，有自然光泽的头发会使你显得健康、有活力。

(6)淡妆。

女生去面试前，应该稍微化一点妆，这样会使你看起来更有精神。但不要化浓妆，要选择自然清淡的颜色，稍作修饰，清新自然，保持妆容的干爽，不要掉妆。另外要注意，化妆一定要与服装搭配。

(7)配饰。

选择配饰也要尽可能简单。面试属于正式场合，不应佩戴手链；手表表带只能是皮质和金属，表盘不能过大，避免卡通造型；不要佩戴夸张的耳饰，简洁的耳钉就可以带来良好的效果。值得注意的是，如果你面试的是公务员或事业单位，最好不要佩戴耳饰。

2)男生着装

(1)西装。

男生应选择剪裁得体、款式经典的西服套装,切忌前卫设计。颜色也以黑色、灰色、深蓝色为宜,并且最好是纯色,不要有格子、条纹。衣服的面料最好是比较容易打理又不容易变形的。

(2)衬衫。

要选择面料挺一点的长袖衬衫。双臂下垂时衬衫袖口至虎口处,穿上西装外套后需露出1厘米左右。白色衬衫是最佳选择。

(3)领带。

领带最好选择传统的条纹、几何图案等。要注意与西装和衬衫的颜色相协调。领带的长度需超过皮带上沿约1寸。

(4)鞋子。

一定要选择皮鞋,在面试前擦拭干净并上些鞋油。清洁、光亮的皮鞋能够表现出你专业的做事风格以及良好的职业素质。要确保你的鞋子是完好的,不要出现脱皮等情况。黑色的皮鞋是很好的选择。

(5)袜子。

袜子是一个很容易被忽视的环节,许多求职者都失败在袜子上。一定要注意袜子的颜色,一般来说,袜子的颜色要比裤子深,黑色袜子通常比较保险,而白色袜子与黑色鞋子的搭配是非常不专业的,要加以避免。此外,袜子也不能过短,以袜筒到小腿中部为宜,以免坐下的时候露出小腿。

(6)头发。

保持适度的短发,注意仔细打理,并且不要忘记刮胡子,保持整个面容的整洁。

(7)饰品。

男生最好少带饰品,越简单越好。一般只佩戴手表,但表带以皮质和金属为宜,表盘大小适中。

3. 面试礼仪

除了着装以外,面试时大方的举止和文雅的谈吐,也能给你加分。这就是礼仪方面的问题了。

1)守时

守时是职业道德的基本要求,以提前10~15分钟到达面试地点最佳。提前半个小时以上到达会视为没有时间观念,但匆忙赶到或是迟到都是致命的。不管你的理由是什么,迟到会被视为缺乏自我管理和约束能力。

如果路程较远,可以早点出门,但早到后不宜立即进入考场,可在附近的咖啡厅等候。

2)敲门进入考场

当轮到你面试时,应在考场外轻轻敲门,得到许可后方可进入。注意敲门不可太用力,也不能先伸头张望后再进门,更不能直接推门而进。进门后,轻轻带上门。

3)微笑与主考官打招呼

微笑是自我推荐的润滑剂,是自信的表现,所以面试时面带微笑会提高求职的成功率。此时与主考官点头微笑,也可以问候,如"各位考官好"。若考官没有主动伸手与你握手,千万不要主动与考官握手。要礼貌地告诉考官你是谁,举止要大方,态度要热情。

4)回答问题时精神集中

面试时回答问题要精神集中,力求给对方留下诚恳的印象。冷静并不卑不亢地应对考官提出的问题。

在语言方面,不可随意打断别人讲话,回答问题时不要有太多的手势和口头语。

5)面试时的姿势

进入考场落座后的姿势最为重要。正确的坐姿是:全身放松,两腿自然并拢,手放在膝上,挺直腰板,身体微向前倾,坐时只坐椅子的三分之二。正确的坐姿,会让人精神振奋、朝气蓬勃。切记不要有小动作,如不停地看手表;跷二郎腿还不住地抖动;或思考问题时挠后脑勺。这些小动作会引起考官们的反感。

6)认真倾听并注意目光交流

面试时要与考官保持眼神的交流,这是起码的礼貌,也是自信的表现。正常情况下,求职者应将大部分时间望着发问的考官,但不要一直将目光死死盯着对方。正确的方法是把目光放在对方额头或鼻梁上方,保持眼神的自然,传达你真实的想法。多个考官在场时,应适时环顾其他考官以示尊重。

7)微笑告辞

当主考官示意面试结束时,应微笑起立,感谢对方给予的面试机会,然后道"再见"。如果进入考场有人引导你,离开时也一并向其致谢、告辞。

4. 面试以后

面试结束后并不是只能坐等结果,其实你还有一些事可以做,这也是提高求职成功率的好办法。在求职过程中,许多求职者只注重面试时的礼仪,而忽略了善后工作。在此建议注意以下几点。

1)回顾与反省

求职者应尽量把你参加面试的所有细节记下来。万一落选,也应该虚心请教你有哪些欠缺,以便今后改进。这样就可以知道自己为什么落选。能得到这样的反馈不容易,应抓住时机。

2)耐心等待结果

一般情况下,面试结束后用人单位都要进行讨论和投票,然后送到人事部门汇总,最后确定录用人选,这个阶段需要一定的时间。因此,要耐心等候,不要过早打听面试结果。

3)调整心态

这次面试结束后,要注意调整心情,全身心投入到下一家单位的面试中。因为,在接到聘用通知之前,面试结果还是个未知数,不应该放弃其他机会。

4)查询结果

通常在面试两周后还没有收到对方的答复,就应该打电话给招聘单位,询问面试结果。

5)做好继续冲刺的准备

万一落选了,千万不要气馁,就业的机会不只有一次,关键是总结经验教训,为下一次面试做好准备。

转换角色,爱岗敬业

有一位本领高超的木匠,因为年事已高就要退休了。他告诉他的老板:他想离开建筑业,然后和妻子儿女享受一下轻松自在的生活。老板实在是有点舍不得这样好的木匠离去,所以希望他能在离开前再盖一栋具有个人品位的房子来。木匠欣然答应了,不过令人遗憾的是,这一次他并没有很用心。他草草地用劣质的材料就把这间屋子盖好了。其实,用这种方式来结束他的事业生涯,实在是有点不妥。房子落成时,老板来了,顺便看了看,然后把大门的钥匙交给这个木匠说:"这就是你的房子了,是我送给你的一个礼物!"木匠实在是太惊讶了!当然也非常后悔。因为如果他知道这间房子是他自己的,他一定会用最好的木材,用最精致的工艺来把它盖好。

其实这则故事告诉我们"自己的生活是自己创造的"。我们每个人自己正在做的活儿,归根结底都是在准备为自己建造一间房子。如果我们不肯努力地去做,那么我们只能住进自己为自己建造的最后的也是最粗糙的"房子"里。

那么作为一名高职毕业生应如何从学生角色转换到职业角色?如何适应社会?

1. 确定角色,增强责任意识

(1)强化学生角色主体意识。所谓学生角色主体意识,是指学生在求学期间对自身所扮演的角色主体存在一种自觉的能动的意识。学生在学期间既要明确自身的地位和所充当的角色,又要培养良好的自我意识。在成功与失败后,能表现出符合社会要求的行为,尽快实现社会自我。

(2)明确自我人生定位。只有明确了人生定位,才可能有正确的人生动机,才有动力去履行相应的责任和义务。

(3)进行人格角色定位。责任从完成某种社会要求或道德要求的角度说明人格。一个人担当社会责任的状况与他的人格素质有着一种内在的、正向的关系。

2. 树立岗位意识

岗位是一种稀缺资源,拥有岗位的人是幸福的。岗位是人的谋生的基本手段更是人生价值实现的平台。无论处于什么样的岗位,每个人都应该兢兢业业、尽职尽责,这是对从业者最基本的要求。因此,树立岗位意识包括毕业生对职业的性质、特点的适应，对职业要求的适应，对劳动制度、职业规范等的适应。

岗位是唯一的，但能胜任同一岗位的人却有很多。因此，毕业生必须转变观念，树立危机意识，增强工作的主动性和学习的积极性。而岗位意识的具体表现就是乐业、精业、勤业精神。

3. 融入工作，增强自主意识

刚刚步入工作岗位的应届毕业生，往往发现要做的工作很多，希望自己在工作中能有一个良好的开端，希望给领导和同事留下一个好印象。要想实现这一愿望，就要融入工作，加强自主意识，努力做到“嘴勤”“眼勤”“手勤”。

［阅读拓展］

例文 1

大学生职业规划范文

一、自我认知

结合职业生涯规划测试报告，我对自己进行了全方位、多角度的分析。

1. 性格方面

我的性格属于外向型。

性格特点：

(1) 有创造力，动力十足，独立性强，善于思考，热心并愿意帮助他人，易于察觉周围事物的细微变化；

(2) 能从全局考虑问题，对某些事物有自己独到的见解并对此充满了激情；

(3) 处事谨慎、小心，通常对于开展带有一定难度的工作，能做到深思熟虑，做事有步骤、有条理，按计划行事；

(4) 极富创意，情感强烈、原则性强，且具有良好的个人品德，善于独立进行创造性思考；

(5) 即使面对怀疑，对自己的观点仍坚信不疑，看问题常常更能入木三分。

2. 职业兴趣

更倾向于艺术、社会、常规型。

3. 职业价值观测试

最重要：能充分发挥自己的能力特长。最不重要：工作不太紧张、外部压力少。

4. 自身优势与劣势

1) 优势

(1) 对平面设计感兴趣，有想象力；

(2) 有较强的学习动力，积极进取的精神；

(3) 具有创新精神，力求完美；

(4) 亲和力强，性格温顺，易与人相处。

2）劣势

（1）缺乏相关经验，专业能力与知识储备需加强；

（2）信心不足，与人沟通易紧张；

（3）难以把复杂的想法简明地表达出来。

二、职业认知

1. 外部环境分析

参考职业规划测评报告建议，我对影响职业选择的相关外部环境进行了较为系统的分析。

（1）家庭环境分析：如经济状况、家人期望、家族文化等以及对本人的影响。

（2）学校环境分析：如学校特色、专业学习、实践经验等。

（3）社会环境分析：如就业形势、就业政策、竞争对手等。

（4）职业环境分析：

①行业分析（如××行业现状及发展趋势，人业匹配分析）；

②职业分析（如××职业的工作内容、工作要求、发展前景，人岗匹配分析）；

③地域分析（如××工作城市的发展前景、文化特点、气候水土、人际关系等，人城匹配分析）。

2. 目标职业分析

根据职业生涯规划测试报告，可得出我适合的职业是：能从事创新型的工作，主要是能帮助别人成长。喜欢生产或提供一种自己能感到自豪的产品或服务。工作必须符合个人的价值观。因而由此报告，我初步确定并分析自己的目标职业如下。

（1）目标职业名称：创意设计师。

（2）工作内容：……

（3）任职资格：……

（4）就业和发展前景：……

3. 职业认知小结

（例）如今的计算机行业可谓机遇与危机并存，一方面企业为找不到合格的技术人员，企业发展受阻而发愁，另一方面大量的计算机专业的本科生找不到理想的工作，可见要想有所成就必须掌握出色的专业知识，知识决定自身的发展。

三、职业生涯目标的确立

通过对自己性格、优势与不足、兴趣爱好、潜能等等以及现在的社会、经济、政治、文化环境的分析，我开始对自己以后的职业生涯有了明确的规划。打算利用自己丰富的平面设计知识，从事设计师工作。

四、职业生涯规划设计

第一步：努力学习运用不同的工具设计平面或3D作品，为今后求职作好充分准备。同时，精读励志书籍，不断自我肯定，增强信心。

第二步：通过网络系统学习知识，又能做些实践项目，利用兼职项目形式小试牛刀。

第三步：关注相关行业发展趋势，对某些岗位进行系统分析，找到自己的强项与薄弱环节，并不断修正。

第四步：通过阅读求职技巧书籍，提高求职成功率。

第五步：调整简历，突出某些方面的项目经验，特别是工作中取得的成绩和得到的成长。

第六步：准备面试，参考如何应对面试的书籍或参加求职就业专业特训。

第七步：进入企业工作，从事基础工作，积累经验。

第八步：在工作中不断挑战自我，提升专业能力，向更专业的职位迈进。

第九步：在设计的同时，参与更多的市场策划、推广活动，成为市场策划人员。

第十步：在工作之余，可以选择工商管理、企业管理方向，从专业型向管理型过渡。

五、与时俱进，灵活调整

俗话说"计划不如变化"，周围的环境随时在变，而且自己随着不断的成熟和接触不同的事物也会变，以上的计划并非是一成不变的，应搜索相关的信息，及时了解专业的动态，以便对计划做适当的调整。

结束语

计划固然宏大而美好，但更重要的在于其具体实践并取得成效。只说不做，所谓的职业规划目标就如空中楼阁般美好却遥不可及，到头来只是一个安慰自己的美丽的谎言。然而，现实是未知多变的，定出的目标计划随时都可能遭遇问题，要求有清醒的头脑，巨大的勇气，克服困难，取得成功。也许最终我们的目标也不能达成，但至少我们努力过，奋斗过，拼搏过，人生便也无悔。

——摘自百度文库

例文 2

简历模板

个人基本情况

姓名：××	性别：男	民族：汉
出生日期：1990.02.02	户籍：上海	政治面貌：团员
所学专业：电气工程及其自动化	学历：专科	身高：178 cm
联系电话：13###########	E-MAIL：	
联系地址：	邮编：200092	
家庭地址：	邮编：200092	

职业应用技能

- 外语能力：　CET　4 535 分

●计算机能力： 全国计算机等级考试二级 C 语言
全国计算机等级考试三级 PC 技术
熟悉计算机操作，熟练使用 office 系列办公软件及 Internet 应用

●掌握 C 语言，汇编语言，MATLAB，CAD 等，有较强的编程及程序分析能力。

教育经历(含培训)

教育：

2008 年 9 月—2011 年 7 月 上海职业大学

2005 年 9 月—2008 年 7 月 上海市工商外国语附属中学

专业课程

主修：电路原理、现代控制理论与采样系统、电力电子技术、供配电系统、自动控制原理、电机与电力拖动、模拟电子技术、数字电子技术、船舶电力拖动系统、船舶电站、主机遥控系统、集散控制系统、PLC 原理及应用、电力拖动控制系统等。

辅修：微观经济学、宏观经济学、世界经济概论、国际金融、会计学、跨国公司与直接投资、国际贸易实务、经贸英语等。

社会实践/见习经验

2008 年 7 月 在上海华联超市实习

2009 年 8 月 在上海电气科学研究所参与设计，测试转换开关(主要用于高压二次侧)

自我评价

严谨务实，以诚待人，团队协作能力强，英语听说读写能力强；
吃苦耐劳，工作上有较强的管理和动手能力，且有较强学习能力；
敢于面对挑战，具有良好的适应性并且做事情认真负责。

——摘自 58 同城网

例文 3

求职信

尊敬的领导：

您好！

我是××××工业技术学院的一名学生，于2012年7月毕业。非常感谢您在百忙之中能审阅我的求职材料。根据贵公司的求职招聘要求，我自觉有能力胜任贵公司的职务，希望贵公司能够考核并给予我一个展现自己才华的机会。现将自己的情况简要介绍如下。

面对新世纪的就业竞争，作为一名毕业生，我深知如何去面对挑战，那就是时刻保持不骄不躁的学习态度，运用科学的发展观，求真务实，开拓进取，积极开辟新的途径，探索新的方法，创造新的经验，不断充实自己、完善自己，使我们的思想和行动能及时跟上现代科技高速发展的潮流，以适应新形势下工作的需要。

尽管我还没有足够的工作经验，但是我满腔热情和信心，加之扎实的理论知识和现代化的工作技能。请相信，我将为贵公司献出自己的光和热。我会踏踏实实地做好属于自己的一份工作，竭尽全力在工作中取得很好的成绩。

希望能成为贵公司的一员，与众精英并肩奋斗，实现自己的价值。我不敢断言自己是最优秀的，但必将是最努力的。我坚信，在一个精诚团结、锐意进取的集体中，在领导的指导和提携下，初谙世事的学子定将兵可成将，木可成材。

愿成长的道路上有您的培养和关怀！

此致

敬礼！

××（手写）

2012年5月18日

——摘自56同城网

例文4

15个经典面试问题回答思路

面试过程中，面试官会向应聘者发问，而应聘者的回答将成为面试官考虑是否接受他的重要依据。对应聘者而言，了解这些问题背后的用意至关重要。这里对面试中经常出现的一些典型问题进行整理，并给出相应的回答思路和参考答案。读者无须过分关注分析的细节，关键是要从这些分析中“悟”出面试的规律及回答问题的思维方式，达到“活学活用”。

问题一：“请你自我介绍一下。”

思路：（1）这是面试的必考题目；

（2）介绍内容要与个人简历相一致；

（3）表达方式要尽量口语化；

（4）要切中要害，不谈无关、无用的内容；

（5）条理要清晰，层次要分明；

（6）事先最好以文字的形式写好背熟。

问题二：“谈谈你的家庭情况。”

思路：（1）家庭情况对于了解应聘者的性格、观念、心态等有一定的作用，这是招聘单位问该问题的主要原因；

(2)简单地罗列家庭人口;

(3)宜强调温馨和睦的家庭氛围;

(4)宜强调父母对自己教育的重视;

(5)宜强调各位家庭成员的良好状况;

(6)宜强调家庭成员对自己工作的支持;

(7)宜强调自己对家庭的责任感。

问题三:“你有什么业余爱好?”

思路:(1)业余爱好能在一定程度上反映应聘者的性格、观念、心态,这是招聘单位问该问题的主要原因;

(2)最好不要说自己没有业余爱好;

(3)不要说自己有那些庸俗的、令人感觉不好的爱好;

(4)最好不要说自己仅限于读书、听音乐、上网,否则可能令面试官怀疑应聘性格孤僻;

(5)最好能有一些户外的业余爱好来“点缀”你的形象。

问题四:“你最崇拜谁?”

思路:(1)最崇拜的人能在一定程度上反映应聘者的性格、观念、心态,这是面试官问该问题的主要原因;

(2)不宜说自己谁都不崇拜;

(3)不宜说崇拜自己;

(4)不宜说崇拜一个虚幻的或是不知名的人;

(5)不宜说崇拜一个明显具有负面形象的人;

(6)所崇拜的人最好与自己所应聘的工作能“搭”上关系;

(7)最好说出自己所崇拜的人的哪些品质、哪些思想感染着自己、鼓舞着自己。

问题五:“你的座右铭是什么?”

思路:(1)座右铭能在一定程度上反映应聘者的性格、观念、心态,这是面试官问这个问题的主要原因;

(2)不宜说那些易引起不好联想的座右铭;

(3)不宜说那些太抽象的座右铭;

(4)不宜说太长的座右铭;

(5)座右铭最好能反映出自己的某种优秀品质;

(6)参考答案——“只为成功找方法,不为失败找借口。”

问题六:“谈谈你的缺点。”

思路:(1)不宜说自己没缺点;

(2)不宜把那些明显的优点说成缺点;

(3)不宜说出严重影响所应聘工作的缺点;

(4)不宜说出令人不放心、不舒服的缺点;

(5)可以说出一些对于所应聘工作“无关紧要”的缺点,甚至是一些表面上看是缺点,从工作的角度看却是优点的缺点。

问题七:“谈一谈你的一次失败经历。”

思路:(1)不宜说自己没有失败的经历;

(2)不宜把那些明显的成功说成失败;

(3)不宜说出严重影响所应聘工作的失败经历;

(4)所谈经历的结果应是失败的;

(5)宜说明失败之前自己曾信心百倍、尽心尽力;

(6)宜说明仅仅是由于外在客观原因导致失败的;

(7)宜说明失败后自己很快振作起来,以更加饱满的热情面对以后的工作。

问题八:“你为什么选择我们公司?”

思路:(1)面试官试图从中了解你求职的动机、愿望以及对此项工作的态度;

(2)建议从行业、企业和岗位这三个角度来回答;

(3)参考答案——“我十分看好贵公司所在的行业,我认为贵公司十分重视人才,而且这项工作很适合我,相信自己一定能做好。”

问题九:“对这项工作,你有哪些可预见的困难?”

思路:(1)不宜直接说出具体困难,否则可能令对方怀疑应聘者不行;

(2)可以尝试采用迂回战术,说出应聘者对困难所持的态度——“工作中出现一些困难是正常的,也是难免的,但是只要有坚韧不拔的毅力、良好的合作精神以及事前周密而充分的准备,任何困难都是可以克服的。”

问题十:“如果我录用你,你将怎样开展工作?”

思路:(1)如果应聘者对于应聘的职位缺乏足够的了解,最好不要直接说出自己开展工作的具体办法;

(2)可以尝试采用迂回战术来回答,如“首先听取领导的指示和要求,然后就有关情况进行了解和熟悉,接下来制订一份近期的工作计划并报领导批准,最后根据计划开展工作。”

问题十一:“与上级意见不一致,你将怎么办?”

思路:(1)一般可以这样回答“我会给上级以必要的解释和提醒,在这种情况下,我会服从上级的意见;”

(2)如果面试你的是总经理,而你所应聘的职位另有一位经理,且这位经理当时不在场,可以这样回答:“对于非原则性问题,我会服从上级的意见,对于涉及公司利益的重大问题,我希望能向更高层领导反映。”

问题十二:“我们为什么要录用你?”

思路:(1)应聘者最好站在招聘单位的角度来回答;

(2)招聘单位一般会录用这样的应聘者:基本符合条件、对这份工作感兴趣、有足够的信心；

(3) 如“我符合贵公司的招聘条件，凭我目前掌握的技能、高度的责任感和良好的适应能力及学习能力，完全能胜任这份工作。我十分希望能为贵公司服务，如果贵公司给我这个机会，我一定能成为贵公司的栋梁！”

问题十三：“你能为我们做什么？”

思路：(1) 基本原则是“投其所好”；

(2) 回答这个问题前应聘者最好能“先发制人”，了解招聘单位期待这个职位所能发挥的作用；

(3) 应聘者可以根据自己的了解，结合自己在专业领域的优势来回答这个问题。

问题十四：“你是应届毕业生，缺乏经验，如何能胜任这项工作？”

思路：(1) 如果招聘单位对应届毕业生的应聘者提出这个问题，说明招聘单位并不真正在乎“经验”，关键是看应聘者怎样回答；

(2) 对这个问题的回答最好要体现出应聘者的诚恳、机智、果敢及敬业精神；

(3) 如“作为应届毕业生，在工作经验方面的确会有所欠缺，因此在读书期间我一直利用各种机会在这个行业里做兼职。我也发现，实际工作远比书本知识丰富、复杂，但我有较强的责任心、适应能力和学习能力，而且比较勤奋，所以在兼职中均能圆满地完成各项工作，从中获取的经验使我一定能胜任这个职位。”

问题十五：“你希望与什么样的上级共事？”

思路：(1) 通过应聘者对上级的“希望”可以判断出应聘者对自我要求的意识，这既是一个陷阱，又是一次机会；

(2) 最好回避对上级具体的希望，多谈对自己的要求；

(3) 如“作为刚步入社会的新人，我应该多要求自己尽快熟悉环境、适应环境，而不应该对环境提出什么要求，只要能发挥我的专长就可以了。”

——摘自《大学生职业发展规划与就业指导》

例文 5

买土豆的故事

张三和李四同时受雇于一家店铺，拿同样的薪水。一段时间后，张三青云直上，李四却原地踏步。李四想不通，老板为何厚此薄彼？

老板于是说：“李四，你现在到集市上去一下，看看今天早上有卖土豆的吗？”一会儿，李四回来汇报：“只有一个农民拉了一车土豆在卖。”

“有多少？”老板又问。

李四没有问过，于是赶紧又跑到集上，然后回来告诉老板：“一共 40 袋土豆。”

“价格呢？”

"您没有叫我打听价格。"李四委屈地申明。

老板又把张三叫来:"张三,你现在到集市上去看一下,看看今天早上有卖土豆的吗?"

张三也很快从集市上回来了,他一口气向老板汇报说:"今天集市上只有一个农民卖土豆,一共40袋,价格是两毛五分钱一斤。我看了一下,这些土豆的质量不错,价格也便宜,于是顺便带回来一个让您看看。"

张三边说边从提包里拿出土豆,"我想这么便宜的土豆一定可以挣钱,根据我们以往的销量,40袋土豆在一个星期左右就可以全部卖掉。而且,咱们全部买下还可以适当优惠。所以,我把这个农民也带来了,他现在正在外面等您回话呢……"

分析:同样的职场,不一样的人生规划。在职场中,没有人比你更在乎你自己的事业,没有什么东西像积极主动的态度一样更能体现你自己独立的人格。在现在的市场竞争中,单位的发展最终靠的是全体人员积极性、主动性、创造性的发挥。单位所渴求的人才不只是一个具有专业知识、埋头苦干的人,而更需要的是积极主动、充满热情、灵活自信的人。一个合格的员工不只是被动地等待别人告诉应该做什么,而是应该主动了解自己要做什么,并且认真地规划它们,然后全力以赴地去完成。

思想产生态度,当一个机遇摆在你面前的时候,你是主动出击、奋力一搏,还是畏首畏尾,任机会从你眼前悄悄溜走呢?当机遇出现的时候,每一个具备责任心和主动性的人都会非常自信地面对它,迎接挑战,主动出击。在平时的工作中,我们不能让懒惰的情绪占据我们的思想,应当培养自己的工作主动性,充分发挥自己的主观能动性,尽可能出色地完成任务。

——摘自《大学生就业与创业指导教程》

例文6

奥巴马的职业选择——高薪不干,基层做起

大学毕业以后,奥巴马没有像其他同学那样忙着寻找高薪工作或者进入法学院继续深造,却为了得到一份黑人社区的组织工作四处投简历。也许人们不相信一个哥大毕业的优等生会心甘情愿从事如此基层的一份工作,他投的简历没有收到一份回复。无奈之下,为了偿还贷款,奥巴马在纽约华尔街找了份工作,成了标准的商界精英。但奥巴马清楚,这并不是他想要的生活,他说:"有时候,我看到电梯门反射出自己西装革履、手提公文包的样子,我很不喜欢这样的自己,我更希望自己是为了社区活动而忙碌,而不是为了每天多挣些钱在奔波。"

一个黑白混血儿的草根出身,一个在没有父母陪伴的环境中成长的人,一个从名牌院校毕业却投入贫困社区工作的人,一个在大多数人怀疑目光中走向既定目标

的人。如今,这个人已成为美国第44任总统。

1985年夏天,为了实现自己的梦想,奥巴马在芝加哥谋得了一份黑人社区工作,年薪只有区区1.3万美元。这个工资水平在当时的美国属于“穷人行列”,而他在这个职位上一待就是3年。

在这3年时间里,他做的是改善社区的道路、照明、房屋修缮、劳资关系协调等具体而微小的事。一次会议上,大批同事集体辞职,因为觉得太累。奥巴马对大家说:“我们来这里并不是需要一份薪水,而是想改进这里的社区服务。我只知道,和你们一起工作,我们一定可以改变现状。”奥巴马的话鼓励了大家,都答应留下来继续想办法。奥巴马到现在都认为,几年社区服务工作是他“曾受到的最好训练”,他后来还把这段时间定性为一种“寻根式”的精神觉醒。

职场借鉴:奥巴马获得学士学位后,就职于华尔街咨询公司,本来有很体面的工作机会和优厚的薪水,可他最终勇敢地选择了放弃。美国人民有理由相信一个能够放弃高薪为社区服务多年的法学博士,极有可能成为可靠的领导者。

从奥巴马的选择,相比现在的青年人尤其是很多大学生害怕基层单位和艰苦岗位,追逐大城市、高薪的心态可以得出如下启示——应该改变观念,不要去苛求工资是否偏低,先找到对口自己专业的工作,工资不要要求太高,把这个工作当成培养自己,给自己增加社会和工作经验的平台,好的工作自然就会来了。

——摘自东莞阳光网

例文7

从Chinaren到空中网

2004年在纳斯达克上市的空中网的创始人杨宁就是个进取心非常强的人。1998年,他从斯坦福大学毕业,不顾家人期望他留在美国的意见,毅然和周云帆、陈一舟回国创业。当时,雄心勃勃的杨宁甚至要给这个网站取名为“中国人”,但因为“中国”这两个字无法注册,他们才不得已把名字改为Chinaren。互联网寒冬到来后,杨宁和Chinaren网站都难逃厄运,Chinaren被迫卖给了搜狐。杨宁连同200多名员工,加上几个创始人一起成了搜狐的员工。这是一个让杨宁终生难忘的日子,但他的进取心仍然没有熄灭。两年以后,在北京市的一间平房里,一个十几人的公司成立了,名字叫作空中网。从搜狐辞职出来以后的杨宁在公司黑板上写下“新浪、搜狐、网易、腾讯”四个互联网的名字,然后在后面加上“空中”两个大字,对团队说:“我们以后将是和他们齐名的公司!”当时,杨宁和周云帆卖掉搜狐的股票,加上一个朋友的投资共带着50万美元就又开始了创业。资金是首要困难,杨宁和周云帆首次创业的投资方,都无法再次投资。但杨宁和周云帆没有放弃,奔赴我国香港的中环,一个楼一个楼地去找投资机构。一个星期之后,碰壁无数次的他们遇见了当时在香港德丰杰工作的张帆，但张帆的推荐仍然被董事会拒绝。最后，张帆直接奔赴美国找老板投资。从此，改变了空中网的命运。后来张帆回忆说："正是因为这两个人的进取心，所以即使在香港只见了一面，我从直觉上就决定要帮助他们了。"

点评：我们并不是要求每个人都要有杨宁他们那样的远大目标。每个人的远大目标只是相对自己而言，只要你的目标不停留在你已有的成绩上，不停留在昨天，那么你的目标就可以变得"大"而"远"。一旦有了"大"而"远"的目标，你就会有新追求，你就会不断进取，你就会走向成功。

——摘自《大学生就业指导案例》

例文 8

职场新人切忌多跳槽

小王是学计算机的，毕业后到一家计算机公司干了三个月，感到公司销售业务量大，技术工作量小，学不到东西，于是跳槽到一家软件公司，以为这下有了学习的机会，结果工作拿不下，技术跟不上，非常吃力，质量和进步都不能满足要求，老板很不满意地说："我这儿是公司，不是培训班。"于是，这次小王被老板炒掉了。随后，小王找到一家专搞弱电的公司，公司业务很丰富，电子、通信、计算机都用得上。但是单调重复的工作、紧张疲惫的加班和沉闷压抑的气氛，让小王暗自又有了想离开的念头。正在此时，IT 业大裁员震撼了全球，也震住了小王，那么多精英都被裁下了，有工作先干着吧。于是，一年中的三次跳槽，暂告一段落，但小王心中的 500 强梦依然天天在做。

分析：有不少刚毕业的新人自恃能力高，总觉得现在的工作太屈才，刚踏进单位就计划着跳槽。结果跳来跳去，还是原来的山头最高。这个时候就需要保持良好的心态懂得自己平衡心理。良好的心理状态是至关重要的，抱有一颗平常心，不要一窝蜂去扎堆，要选择与自己专业匹配的职位。其实，找工作就是人岗匹配，适合自己，不能高攀，高攀了很难找到，也不能低就，低就了就会浪费自己的资源，导致心态不好，引发跳槽。职业规划就是找到这个最佳匹配点及未来各阶段的发展平台。每个人都要结合自己内、外优势，市场行情，行业信息，职位状况去具体分析。

——摘自《大学生就业与创业指导教程》

例文 9

辨别求职中的"真实谎言"

案例一：求职误入传销陷阱

某日早上，南方某市一市民从一座居民楼下经过时，无意中在马路上发现一个似是人民币捏成的纸团，捡起来打开发现是一张伍圆面额的人民币，钞票上写着"请求报警解救"的内容。这位市民急忙掏出手机拨打 110 报警电话。

发出求救信息的是来自湖南的女大学生小李。她刚刚毕业就被同学骗入非法传销网，在被拘禁 3 天后机智求救。当民警将几名犯罪嫌疑人带走，小李恢复了自由时，度过了3天噩梦般日子的她，一下子瘫倒在地，泪流满面。

大学毕业后暂时没有找到工作的小李，在家中待业期间，接到同学罗某的电话，说已替她找到一份工作，月薪在3 000以上，催她速来。随后，小李来到南方，见到了她的同学。而第三天，她被带去见“老板”，并被灌输了一通“网络营销”“一夜暴富”等非法传销者常用的“洗脑”思想。受过高等教育的小李当即怀疑自己被骗进了非法传销的陷阱，为了便于日后脱身，她记住了居住的楼名。

果然，当天小李即被要求交纳3 800元的“入网费”。怀疑被证实后，小李拒绝了“老板”的要求，考虑尽快离开，但她的想法被张某等人察觉，她被锁进了一间房里，手里的房门钥匙被暴力夺走。

骗小李来工作的同学为什么成为非法传销组织的帮凶呢？据该组织“头目”交代，他自己本是一名大学毕业生，在被非法传销组织控制和“同化”后，成为一名“帮凶”，组织罗某等人诱骗他们的亲朋、同学。东窗事发，等待罗某等人的将是法律的制裁！

案例二：签约只凭口头承诺

凭借自己以往在学校优秀的表现，武汉某高校行政法专业2009届毕业生小伍在求职过程中很是自信。他也希望进入待遇好、有前途的国有企业，端一端铁饭碗。

在一次招聘会上，他对广东省韶关市一职业技术学院较感兴趣。该学院向小伍许诺了很好的待遇，称自己是广东省政府批准成立的公办学校，在韶关城区内，并承诺课时费、津贴等补助合计工资应在4 000元左右。小伍认为公办学校应该没问题，就在招聘会上将《就业协议书》签字后交给该学院，在毕业前夕小伍的《就业协议书》由韶关一企业盖章后送到学校。

而到了这个时候，小伍才意识应到去该学院了解情况。他发现该学院招聘人员的宣传并不真实，该学院在韶关城郊，地理位置较偏僻，人事档案挂靠在一国有企业，基本上是个民办校，而且原先承诺的工资待遇也不可能实现。

小伍懵了！几经交涉，该学院同意放人，但不愿做任何补偿。小伍人生地不熟，投诉无门，只好黯然回到武汉，重新择业。可此时已经到了7月份，择业的高峰已过，再求职谈何容易，至今他仍在打零工度日。

专家点评：学会使用“知情权”。

——摘自《大学生职业发展规划与就业指导》

[思考与实训]

(1)写一封职业生涯规划书。

(2)制作一份个人简历。

(3)分析总结面试的注意事项和技巧，并以班为单位进行模拟面试。

第九讲

打造职场沟通的利器——写作天地

[经典案例]

新入职的实习生小王与办公室的同事肩并肩“办事、办会、办文”，一些简单的文案也交给了他们。可是，新鲜劲没过几天就过了：为什么这里跟学校不一样，要我写应用文，怎么不给我材料？也不介绍工作情况？领导扔下一句话“你马上起草一份有关实习生发放加班费的通知”，就走了。“巧妇难为无米之炊”，没有相关的公务信息叫我怎么写啊？初来乍到，不认识人也不了解公司的运作，叫我找谁去问清楚？怎么才能完成任务呢？

【思考】：实习生小王怎样才能按照领导的指示，顺利写好一份通知呢？

【分析】：初涉职场的毕业生往往会遇到这种情况，他们保留了许多在学校里的习惯，很典型的一点就是凡事都要领导吩咐了才去做，而且还需要有模版来参考，从不主动去做事。其实，上级交代的任何事都要尽力去做，不要偷懒，即使不会做、不会写，也要努力搜集材料，顺利完成领导交给的任务。

[知识导航]

随着现代社会各个领域的飞速发展，各种信息量也越来越大。无论是单位还是个人，在具体办理事务时，都离不开应用文。社会愈是进步，应用文在社会发展中的地位也愈加重要。能否得心应手地撰写应用文来解决问题，已经成为社会衡量一个人工作能力高低的重要标准之一。应用文的写作水平不仅能反映个人的综合素质，还能在很大程度上衡量管理部门或单位处理日常业务工作的质量和效能。因此，当前用人单位在招聘大学生时也十分注重考核其应用写作能力。应用文的学习是一个反复练习、不断实践的过程。只有付出耐心和刻苦，才能熟练掌握写作技巧并达到娴熟运用的境界。这一讲选取了高职学生在校园生活及走向社会后常用的一些文书形式，内容颇具价值。

“活动策划与开展”文书写作

××学院社团联合会为繁荣校园文化，推进素质教育，促进各学生社团的健康发展，培养调动各级学生社团开展丰富有益的社团活动，规范学生社团的管理，引导各级学生社团开展的积极性，促进学生社团的健康发展，准备开展促“三风”建设，展社团新貌活动。

为使此项活动顺利进行，作为社团联合会主席小周和他的同学们应该怎样向相关老师申请并使活动顺利达到预期效果呢？于是他们一起梳理了工作内容，并学习了相关写作知识，归纳出以下几项工作：

（1）凡事预则立，不预则废，事先写一份翔实的“计划”；

（2）为了使活动开展顺利，必须写一份针对性很强的活动执行方案，即“活动策划书”；

（3）在活动开展过程中要邀请有关领导和嘉宾出席，要准备“邀请书”；

（4）在每项具体活动开展之前要在校园里张贴“海报”以扩大宣传；

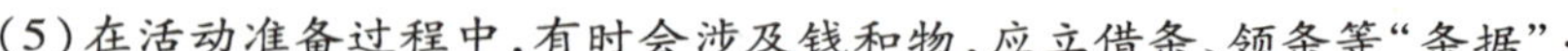

（5）在活动准备过程中，有时会涉及钱和物，应立借条、领条等“条据”；

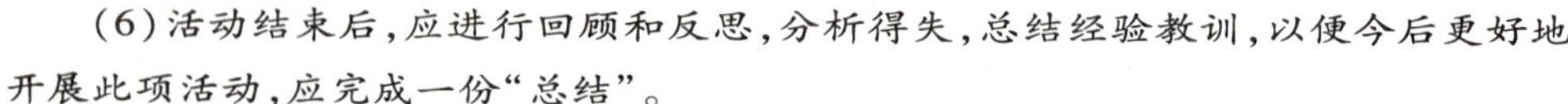

（6）活动结束后，应进行回顾和反思，分析得失，总结经验教训，以便今后更好地开展此项活动，应完成一份“总结”。

经过一阶段紧张的工作，小周和同学们共同完成了一系列任务。他们在实际工作中深刻体会到应用文写作的作用，并且了解了一项综合性活动开展的主要流程。

任务一：计划

1. 计划的概念

计划是预先对一定时期的工作、活动作出预想和安排的一种事务性文书。具体地说，国家党政机关、社会团体、企事业单位或个人在一定时期内，为了完成某项工作、生产和学习任务，依据党和国家的方针政策以及上级的指示精神，结合本部门、本单位或个人的实际情况，提出具体要求，确定明确目标，制定相应的步骤和措施，规定完成的时限，把这些内容按照一定格式写成书面材料，就叫作计划。

计划是计划类文书的统称，根据内容和期限的不同，还可以叫作规划、方案、安排、设想、打算、要点等。

2. 计划的特点

1）预见性

计划是先于实践活动制订的，必须对未来工作中可能出现的问题有充分的估计，提出科学的、切实可行的方案。计划在实施过程中，可视实际情况做相应调整。

2）可行性

计划必须切合实际情况，制订可行的措施和步骤，保证目标的实现。

3）明确的目的性

制订计划首先要考虑的是如何在将来一定时期内高效及时地完成某项任务，并围绕这个任务制定相应的方法、措施及步骤，以促进目标任务的实现。因此，计划具有一定的目的性。

4）一定的约束力

计划一经批准或决定，在一定范围内就具有规定性和权威性，具有约束作用，相应范围内的单位或个人必须依据计划的内容开展工作，不得随意违背对抗，但这并不排除计划的灵活性。

3. 计划的作用

1）指导作用

有了好的计划，在现实工作中才不会盲目办事，没有方向；而是有序、有步骤地进行，并以它作为行动的纲领从而使工作有条不紊地进行。计划一旦制定，就对实际行动起到指导和约束作用。工作的开展、时间的安排，都必须按计划严格执行。

2）计划是检查督促工作的依据

计划拟定了工作目标和有关要求，在实际工作中完成得如何，可以拿计划做比照，从而检查工作的实施情况，督促目标的实现和完成。

3）计划具有统一和协调作用

有了计划，就可以让整个地区、单位或部门统一行动围绕共同的目标，协调一致地完成工作任务同时，也可以使得各种资源得到有效的调配和利用，从而获取最佳效益。

4. 种类

计划的种类主要有以下几种。

（1）按性质分，有综合计划和专题计划。

（2）按内容分，有工作计划、生产计划、学习计划、科研计划、军事计划等。

（3）按时间分，有长期计划、短期计划、年度计划、季度计划、月度计划等。

（4）按范围分，有国家计划、部门计划、单位计划、个人计划。

（5）按形式分，有条文式计划、表格式计划和综合式计划。

5. 结构和写法

1）表格式计划

制作表格式计划时，先要把各项内容划分成几个栏目，再把制订好的计划内容填入，形成表格。

2）综合式计划

综合式计划即表格式和条文式相结合的计划。一般会先将各项内容填入表格，再用简短的文字加以解释说明。

3）条文式计划

这类计划一般由标题、正文、结尾和落款构成。

（1）标题一般由单位名称、适用时限、计划内容和计划种类四个要素组成。

（2）正文是计划的主体部分，一般由前言、目标和任务、措施和步骤构成。前言简要概括基本情况，并指出制订计划的政策依据及制订计划的目的。目标和任务是计划的核心内容，要提出工作任务及要达到的数量和质量的指标。写法一般采用分条列项式，即用小标题或序号标明层次，然后逐项写出具体任务和目标。措施和步骤是完成任务的保证，措施要具体，步骤要有序，时间安排要具体合理。

（3）结尾有的提出希望和号召，有的作补充说明，有的表示完成任务的决心或提出监督、检查的事项，也有的计划没有结尾部分。

（4）落款在正文右下方署上制订计划的单位名称，署名下行写上日期。

6. 写作要求

（1）从实际出发，统筹兼顾。无论是哪一类计划，都要既有前瞻性，又留有余地，使执行者通过一番努力能够达到目标。事关全局的计划，要处理好大计与小计之间的关系，把握好整体与局部。

（2）突出重点，主次分明。计划内容要重点突出，点面结合，这样才有利于全面开展工作。

（3）目标明确，步骤具体。计划的目标必须明确，指引实施者的方向。步骤和进程具体，有利于实施和检查。

（4）要有一定的灵活性。

任务二：活动策划书

1. 活动策划书的概念

策划又称企划，就是人们为了预定目标的实现或事情的成功而事先进行的设想及其创造性思维的过程，是确保社会管理活动决策和计划的实现而进行的有科学运作程序的谋划、构思和设计过程。反映策划过程及其结果的文书叫策划书或企划书。

活动策划书也叫活动计划书、活动报告、活动文案、活动方案、策划案、策划书等。

计划不同于策划。计划是具体常规的实施细则，重在对具体细则的安排。策划则是对未来工作的全面系统的构思、谋划、设计，并制订合理执行方案的具有创造性的思维活动，重在全面系统的安排。策划一般最终要落实成几个计划来执行。

2. 种类

策划书一般分为商业策划书、会展活动策划书、广告策划书、活动策划书、营销策划书、网站策划书、项目策划书、公关策划书、婚礼策划书、医疗策划书等。

3. 结构和写法

由于表格式活动策划书写作比较灵活，没有固定的文体结构，因此这里主要介绍文字式的活动策划书。文字式活动策划书的文体结构一般包括标题、正文、落款三部分。

（1）标题。

活动策划书的标题一般由单位名称、活动内容、文种三部分组成。

（2）正文。

活动策划书的正文书写没有固定格式，往往根据策划活动特点灵活选用正文内容。活动策划书正文一般由以下两方面构成。

①前言。前言一般概括地介绍策划的目的、背景、方法、依据、重要性等内容。

②主体。主体是策划内容的详细、具体而明了的说明，包括策划目标、策划内容

(具体方案的构想,如活动事项、时间地点、任务安排、经费开支和要求)、策划过程、策划预算、实施计划(时间、人员、费用、操作程序等计划表)、策划效果、预测期待效果、可供参考之策划、文献、案例等。

(3)落款。

落款主要包括策划者名称和完成时间两个方面。一般在正文右下方写明。如在标题中已经写清策划者名称,可不再署名,只写策划书完成时间。

4. 写作要求

(1)调研充分。充分的准备工作是活动策划书科学性的重要保证。

(2)目标要明确,主题要单一。有明确具体的目标可以防止策划的盲目性、片面性。要根据企业的本身的实际问题和市场分析作出准确判断。

(3)方案具体。活动策划书的方案越清楚、具体,就越有助于指导和规范活动的开展。

(4)安排合理、周全。活动策划书对活动起了导向性的作用,是活动开展成功与否的重要保障,因此在活动时间、地点、任务等的安排上必须科学合理,尽量周全。还要考虑不可测的因素,如天气、民俗、环境的影响。

任务三:邀请书

1. 邀请书的概念

邀请书(信)、请柬,都是一种礼仪性的邀请信函,是用于邀请亲朋好友或知名人士、专家等参加单位或个人的某项重要活动的文书。在国际交往及日常社交活动中,这类书信使用广泛,可以用在商品交易会、艺术节、电影节中,也可以用在庆祝会、学术研讨会等中。发出邀请的是举办单位,被邀请的可以是有关单位,也可以是有关人士。

2. 种类

邀请书按具体用途可分为会议类邀请书,专为庆祝会、纪念会、座谈会等发出;活动类邀请书,专为仪式、宴请、执行等发出的邀请书;工作类邀请书,专为成果的评审、鉴定、决策的论证发出的邀请书。

3. 结构和写法

(1)标题:在纸第一行居中位置写"邀请函",也可以在邀请函之前加上具体的事由。

(2)称谓:换行顶格写被邀请者姓名或单位全称,人名后加上"先生""女士"的后缀或相关的职务职称。

(3)正文:在称呼下一行空两个格写正文内容。正文一般写邀请的目的、活动内容、时间、地点及一些应注意的问题。如是向单位发出邀请,还需写明被邀请对象和人数。另外,如涉及一些重要的备注事项,应写明联系人、联系电话、交通线路、食宿地址等,如有礼品赠送,应附上领取礼品的赠券。

(4)结尾:结尾处要表示希望接受邀请、欢迎前来的诚意,一般用"敬请光临""请届时光临指导”等表示对被邀请方的恭敬和礼貌。

(5)落款:写上邀请单位的名称或个人姓名,下一行注明年月日。若是单位则需要加盖公章。

4. 写作要求

(1)发函的目的要明确,时间、地点要准确。

(2)如果有需要注意的事项如联系人,联系电话,食宿或携带物品、文件要求,交通线路等,要在邀请书或请柬的后面注明。

(3)请柬应注意使用于较庄重的场合,措辞要简洁、文雅,除用礼貌语外,语气应带有希望、请求之意,以表诚心。

(4)要精心制作。力求美观,书写要工整,把邀请函制作成一个有珍藏价值的纪念品。

任务四:海报

1. 海报的概念

海报是单位或团体向公众报道和介绍文化、娱乐、体育、学术报告会等消息时使用的招贴,是一种日常类事务文书。

2. 种类

海报的形式和种类繁多,常见的有电影海报、戏剧海报、体育海报、文艺活动海报、学术报告海报等。

3. 结构和写法

(1)标题:海报的标题写法较多,既可以直接用“海报”为题,也可以直接以活动内容为题。

(2)正文:海报的正文一般应写明活动的目的和意义;活动的主要项目、时间、地点等;参加活动的具体方法及一些必要的注意事项。

(3)落款:海报的落款应写明主办单位名称及海报发文日期并加盖公章。

4. 写作要求

(1)要准确。清楚地写明活动的具体地点、时间及主要内容。

(2)语言要注重鼓动性,但不可夸大事实,特别要注意诱导语的设计。

(3)海报文字要求简洁明了,篇幅要短小精悍。

(4)制作形式要注意对公众视觉的冲击力,可图文并茂。

任务五:条据

1. 条据的概念

人们在日常生活、学习、工作中,借到、领到、收到或者欠他人财物时,一般要写张字条交给对方,需要对某件事作简单说明以求达到彼此沟通情况的目的,也要写张字条留给对方。这些作为凭证,进行说明的字条,就是条据。

2. 分类

条据分为两大类:一是说明性条据,如请假条、便条等;二是凭证性条据,如领条、借条等，这类条据又称单据。

3. 结构和写法

1）说明性条据

说明性条据一般不写名称，需要写名称的应写在第一行中间（如“请假条”）。

正文开头空两格简明扼要地写明要说明的事情，交代清楚写给谁、什么事。请假条要有称谓、祝颂语，要求同书信。

右下方写明书写人姓名（代表单位的要写单位名称和经手人姓名），并注明日期。

2）凭证性条据

凭证性条据应在上方中间写条据名称，表明条据性质，如“收条”“借条”“领条”等。

正文开头空两格，写对方的名字或名称、涉及钱物的数量、原因等相关内容，也可在开头直接写“今借到”（“今收到”“今领到”），再另起一行，开头空两格写正文。在正文结尾处，也可以另起一行空两格写“此据”二字。

右下方用“立据人（借款人）：×××”的方式署名（单位加盖公章），再下一行写出条据的日期。

3. 写作要求

（1）对外单位使用的条据，单位名称要写全称。

（2）款项、物件的数字必须大写，数字前不留空白，后面写上计量单位名称，然后写上“整”字，后面或另起一行写“此据”二字，以防添加或篡改。

（3）不可涂改，写错可以重写一张。如果不得不涂改，改后必须加盖图章或手印。

（4）文字要简明扼要，不用讲道理，写明事实即可。

（5）书写时不要用铅笔、易褪色的墨水或红墨水，最好用钢笔或毛笔，字迹应工整清楚，以防误认。

任务六：总结

1. 总结的概念

总结是对前一段的实践活动进行回顾检查、分析评价，从中找出经验教训和规律性认识的一种书面材料。

2. 特点

（1）理论性。总结的过程，就是从感性认识上升为理性认识的过程，在分析事实材料的基础上，比较、归纳、提炼出正确的观点，从而提高认识，发扬成绩，吸取教训，更好地指导今后的实践活动。

（2）客观性。总结是针对本组织或个人所订计划的总结，应该以客观事实为依据，真实、客观地分析情况，解决问题，总结经验，不允许虚构和编造。

3. 种类

总结的种类主要有以下几种。

(1)按性质分,有综合性总结和专题总结。

(2)按内容分,有工作总结、思想总结、学习总结、生产总结等。

(3)按范围分,有地区总结、部门总结、班组总结和个人总结等。

(4)按时间分,有年度总结、季度总结和月度总结等。

4. 结构与写法

总结的结构由标题、正文、落款三部分组成。

1)标题

(1)文件式标题由单位名称、时限、内容和文种构成。

(2)文章式标题用简练的语言概括总结的主要内容或基本观点,标题中不出现文种,即“总结”的字样。

(3)双标题一般由正标题和副标题组成。正标题概括主要内容或揭示主题,副标题补充说明单位、时限和工作内容。

2)正文

正文由开头、主体和结尾三部分构成。

(1)开头也叫前言部分。要求开门见山,简明扼要地概括基本情况。

(2)主体是总结的重点部分,主要写取得的成绩或存在的问题与经验教训。在写法上要求做到观点鲜明、材料典型、叙述和议论相结合。

取得的成绩或存在的问题是总结的主要内容,目的是要肯定成绩,找出问题。成绩有多少,是怎样取得的;问题有多少,是什么性质的,表现在哪方面,都需要讲清楚。在一般情况下,成绩是主流的、本质的,不能因为存在问题,就将总结写得像检查一样。经验和教训是总结的重点和中心。从成绩或问题中分析出经验教训,这是总结的根本目的,将其上升到一定的理论高度,从中提炼出有规律的东西,作为今后工作的借鉴。

总结在写法上有多种方式:①纵式结构,即按时间顺序或工作进程来写,这种顺序能给人以完整的印象;②横式结构,即把经验体会上升到一定理论高度,归纳出几个并列的观点,按照其内部的逻辑关系来安排内容和层次,这种顺序逻辑关系清晰,便于阅读者抓住重点;第三,纵横式结构,综合运用纵式结构和横式结构。

(3)结尾。在总结经验的基础上提出今后的打算,改进意见和设想。

5. 写作要求

(1)指导思想要正确。要写好总结,就必须以正确的观点和党的方针政策为依据来衡量各项工作,才能对工作作出恰当的评价。

(2)态度要实事求是。写总结要从实际出发,实事求是地反映事物的本来面目,概括总结出事物本身固有的,而不是主观臆造的规律性东西。

(3)找出规律。总结的根本任务就在于总结经验,找出规律性的认识,不断把工作推向前进。

“会议类”文书写作

××学院学代会即将召开。为了使这一大型会议顺利召开,作为学院学生会办公室秘书的小吴应该为会议做些什么？小吴到老师那里去讨教。经过梳理，归纳出以下几项工作：

(1)布置工作、告知有关事项、决定具体问题要写一些“通知”；

(2)有些问题自己不敢贸然作出决定，要向老师“请示”；

(3)以会议记录为基础，整理出能反映会议概貌和会议决议的“会议纪要”。

经过小吴近一周的努力，顺利地完成了各项任务，他在实际工作中积累了会议管理能力和应用文写作能力，同时他的出色表现也博得了老师和同学们的一致好评。

任务一：通知

1. 通知的概念

通知适用于批转下级机关的公文、转发上级机关和不相隶属机关的公文，传达要求下级机关办理和需要有关单位周知或者执行的事项，任免人员。

通知的应用极为广泛。下达指示、布置工作、传达领导意见、任免干部、决定具体问题，都可以用通知。上级机关对下级机关可以通知，平行机关之间有时也可以用通知。

2. 种类

根据性质和使用范围，通知可分为批转(转发)性通知、告知性通知、指示性通知等。

1)批转(转发)性通知

领导机关批转下级机关的公文或者转发上级机关、不相隶属机关的公文以及公布某些行政法规时，可使用此种通知。

批转性通知具有严格的等级性。如批转通知只能是上级批转下级机关上报的文件，下级不能批转上级下发的文件。下级机关对上级机关的公文要用转发的形式。

批转性通知是上级机关根据下级机关的来文内容，加上批语，与被批转或转发的文件一起构成的一个新的文件，不仅要答复来文机关，而且要求所属的其他机关借鉴或参考执行，是上级机关实施领导和指挥的一种常用公文。

2)告知性通知

上级机关的有关事项需要下级机关知道或办理时用这种通知。

3)指示性通知

上级机关在对下级机关某一项工作有所指示和安排，而根据公文内容又不适宜用“命令”或“指示”行文时，用这种通知。

3. 结构和写法

通知一般由标题、主送机关、正文与落款组成。

1)标题

通知的标题一般采用公文标题的常规写法，由发文机关、事由、文种组成；也可以省略发文机关，由事由、文种组成标题；三是由发文机关、文种组成；四是只有文种“通知”二字。如果是“联合通知”“紧急通知”“补充通知”，要在标题中注明。

2)主送机关

通知属于下行文,应有明确的主送机关,通知的主送机关可以是一个,也可以是多个。通知的发文对象比较广泛,因此主送机关较多,要注意机关排列的规范性。

3)正文

正文一般由开头、主体、结尾组成。开头写发通知的原因、依据和目的;主体写通知事项,内容多的可采用条款式;结尾要写明要求、希望等,也可以不写结尾。主体是行文的重点。不同类型的通知主体各有侧重。

(1)批转(转发)性通知。要写明被批转或转发的全称和文号,根据不同情况用"现转发给你们,请遵照办理"、或"供参阅"等词语。有些批转、转发性通知在此之后还可以根据本地、本单位的具体情况,说明下发目的,提出进一步的要求或贯彻文件精神的具体方法、步骤、措施等。

(2)告知性通知。要写明告知事项、背景或依据,写明事项的内容,提出要求。表达应准确,通知中涉及的时间、地点、单位名称、人名和活动内容要清楚无误。

(3)指示性通知。正文部分一般由通知目的、通知事项、执行要求三项基本内容构成。缘由和依据在开头第一段话中写出,这部分文字要求简短明确,并用"现将有关事项通知如下"等字句转入通知事项部分。通知事项是通知的主体部分,具体来提要求、讲措施。执行要求是指在通知末尾提出执行本通知的具体要求,也有的指示性通知不写这方面内容。

4)落款

落款包括发文机关名称和发文时间,发文机关名称用全称或规范化的简称,发文时间的年、月、日要完整。

任务二:请示

1.请示的概念

请示是适用于向上级机关请求指示、批准的公文。请示为上行文,具有强制回复的性质。其行文目的是请求上级机关对本机关单位权限范围内无法决定的重大事项以及在工作中遇到的疑难问题给予答复。

2.种类

(1)请求指示的请示。请求上级机关对有关的方针、政策、规定中的疑难之处以及在执行过程中需作变通处理的问题或涉及其他机构职权范围的问题予以答复。

(2)请求批准的请示。请求上级机关批准编制、机构设置、领导班子组成、干部任免以及经费、工作任务等问题。

(3)请求批转的请示。请求上级机关对本部门就全局性或普遍性问题所提出的解决办法予以批转各单位执行。

3.结构和写法

(1)标题主要写明请示的问题,即事由和"请示"二字组成,也可以由发文机关、事由和"请示"二字组成。

(2)主送机关为直属上级机关,即一般只报送一个主管的领导机关。

(3)正文由事由、请示事项和尾语组成。正文的结尾,常以简短的文字概括请示的具体要求,再次点明主题。如"以上意见,请予批示""以上要求,请予批准""如无不妥,请批转……"等。

(4)落款在正文右下方写明发文机关名称和发文日期。

4. 写作要求

(1)请示要求一文一事,一般只主送一个主管的领导机关,不多处主送,不送领导个人;一般不越级请示,需按隶属关系逐级请示。

(2)两个以上单位联合请示时,要在事前确定主办单位,磋商一致后会签、印发。

(3)提出请示事项时,应同时根据本地区、本机关的实际情况,对所请示的问题提出解决的初步意见和方案,供领导批复时参考。

(4)请求批准行政规章的请示要在正文中说明制定此规章的必要性和主要内容,而后将拟制发的规章作为请示的附件一并报送。

任务三:会议纪要

1. 会议纪要的概念

会议纪要适用于记载、传达会议情况和议事事项。它是根据会议的主导思想和会议记录,对会议的重要内容、决定事项进行整理、综合、摘要、提炼而形成的一种具有纪实性、指导性的公文。

2. 结构和写法

会议纪要一般包括标题、正文、落款等。

(1)标题。一般在"纪要"前冠以会议名称,也有的标明召开会议的事由。

(2)正文。开头先介绍会议的组成情况,需要写明会议的时间,会议地点,主持人,会议的出席人员、列席人员、缺席人员和会议记录人等。主体部分,要求写明会议的议题、讨论过程、发言情况和各项决议等。一般按照时间的先后顺序记录,只摘录要点或中心内容,如果要详记,则需对发言人的原话进行记录。结尾一般提出希望、号召,要求有关单位认真贯彻会议精神,努力完成会上提出的任务。也有的纪要没有结尾内容。

(3)落款。记录完毕,会议主持人和记录人需分别在落款处签名,并注明"本会议记录共××页"。

3. 写作要求

(1)突出中心,即突出会议的主要内容和主要解决的问题。

(2)注意吸收正确意见。

(3)要条理化、理论化。

(4)要忠实于会议的实际内容,不能随意增减更换。

"商务"文书写作

小吴即将毕业,打算找工作,他的原则是:能增长经验提升能力的活不给钱都干，不能增长经验提升能力的活给多少钱都不干。带着这个原则小吴应聘到了一家公司做了实习文员。小吴第一天上班公司就要求他负责新产品的推广上市。这下小吴犯了难，经过多方学习，小吴终于总结一套流程：

(1)要把握产品发展前景，需要进行市场调查，会写“市场调查报告”；

(2)提高产品知名度，必须在“广告上有很大的投入”；

(3)与其他单位和个人有业务往来，要签订“合同”；

(4)向消费者介绍商品的性能规格、构造用途、使用和保养方法等，需要写“产品说明书”。

小吴经过不断的学习，不断的积累经验，最终赢得了领导和同事的一致好评，其中他较强的应用文写作能力也助了他一臂之力。

任务一：市场调查报告

1. 市场调查报告的概念

市场调查报告是对商品和服务从厂家到达消费者的过程中所发生的有关市场营销的资料做系统的搜集、整理和分析，以了解产品和服务的现状及潜在市场的可能，并作出结论和决策的书面报告。

2. 结构和写法

1)标题

标题一般是正标题加上副标题或眉题。这类标题形象、生动、醒目，具有强烈的吸引力。尽管标题形式不一，虽然调查区域、文种可以省略，但调查对象一般不能省去。

2)正文

市场调查报告的正文包含概要、主体和结尾三部分。

(1)概要。

概要部分主要为调查的缘起、目的、对象、范围、内容、方法和时间、地点等有关调查活动本身的说明。

(2)主体。

主体部分是市场调查报告的主要内容，一般由情况、分析和建议三部分组成。

①情况部分应对市场调查作归纳。

②分析部分叙述调查得来的材料，有时可加图表说明，必要时还应对市场背景资料，如地理、气候、政治、经济、文化、社会变化趋势、政策和法律法规等作出说明。情况部分和分析部分也可以放在一起写，边介绍情况边进行分析，这种有事实、有分析的写法，较有说服力。

③建议部分依据调查材料及其分析研究，提出解决问题的方法或应采取的措施、对策等。

3)结尾

市场调查报告的结尾没有固定的格式，一般是概括全文的观点，写出总结式的意见,或说明调查中存在的问题及与主要情况倾向等不同的情况,预测可能遇到的风险和提出相应对策等。有的写完分析和建议则自然收尾,不另加结尾。供决策参考的调查报告,还应在结尾处署上撰写人姓名、部门和报告完成日期,以示负责。

3. 写作要求

(1)要突出重点。

(2)要如实反映情况。

(3)要讲求实效。

任务二:广告

1. 广告的概念

广告有广义和狭义之分。广义的广告就是"广而告之"。从这个意义上讲,党政机关、人民团体的公告、启示、声明、通告等都有广告的意思。狭义的广告,即通常所讲的广告,仅指商业广告。它是通过语言、文字、图像等媒介,有目的有计划地介绍、推销商品及提供服务的一种公开宣传形式。

广告通常包含:广告主、信息、广告媒介、目标受众等基本要素。

2. 特点

广告的特点主要有以下几点。

(1)科学性。

(2)真实性。

(3)思想性。

(4)宣传性。

(5)艺术性。

3. 作用

广告的作用主要有以下几点。

(1)推销商品。

(2)指导消费。

(3)扩大交流。

(4)美化环境。

4. 种类

广告的种类主要有以下几点。

(1)按照内容可分为:推销产品的广告、提供劳务服务的广告、公关性的广告。

(2)按照形式可分为:文字广告;美术广告,包括绘画、摄影、录像、雕塑等形式;文字与图画相结合的广告。

(3)按照传播媒介可分为:报纸广告;杂志广告;广播广告;电视广告;邮寄广告;车船广告;现场广告;标牌广告;橱窗广告。其中用得较为频繁的是报纸广告、杂志广告、广播广告和电视广告,俗称"四大媒介"。

5. 结构和写法

一个完整的广告文案,通常包括标题、广告语、正文和结尾(随文)四部分。

1）标题

标题是广告的眼睛。人们看广告，总是先看标题再看内容，所以，标题要在三分钟内起作用，如果标题新颖、醒目、有魅力，就会吸引读者。标题的常见写法有以下几种。

（1）名称式。直接用厂名或品名或两者兼有作为标题。这种标题能直接反映厂家情况和经营性质，让人一目了然。

（2）新闻式。采用新闻体裁标题的写法，给人一种新鲜感，以引起读者注意。

（3）提问式。从消费者的角度，提出“为什么”或“怎么办”的问题，引起思考，加深印象。

（4）祈使式。带有要求或希望人们来购买的语气，或祈求，或通知，或劝勉，或催促等。

（5）感叹式。带有赞扬、祝贺、喜悦、答应的情感，能给读者带来意外的惊喜。

2）广告语

广告语又叫广告口号、广告标语，是为了加强受众对企业、商品或服务的印象，在相当长一段时期内反复使用的固定宣传语句。

广告语按其不同的职能，可以分为产品形象广告语、企业形象广告语、服务性广告语等不同的类型。

（1）产品形象广告语。

产品形象广告语是体现产品的特性、功能，树立产品形象的广告语。如“头屑去无踪，秀发更出众”“康师傅方便面，好吃看得见”。

（2）企业形象广告语。

企业形象广告语是根据企业的纲领、方针、宗旨、历史、现状等情况，以确立企业形象为目的的广告语。如长虹的“长虹以产业报国”，飞利浦的“让我们做得更好”。

（3）服务性广告语。

服务性广告语主要是一些服务性企业的广告语，它根据服务的形式、质量和特色，作出服务承诺或塑造服务形象。如 IBM 的“四海一家的解决之道”，美国通用信用卡的“一卡傍身，世界通行”。

标题与广告语在广告作品中的作用同等重要，但二者又有本质上的不同。就长远效果来看，广告语的重要性无疑超过广告标题，但就一则广告语作品而言，尤其是平面作品，标题远比广告语重要，因为它是文案的关键点，是大多数平面广告最重要的部分。它是决定读者读不读正文的关键所在。它还是文案与创意的纽带，精妙的标题可以一针见血，直指创意核心，让广告的创造性充分展现。

3）正文

正文的写作分为开头、主体、结尾三部分。

（1）开头是引子，是紧接在标题下，对标题提出的问题作简要的解释和说明，以便引出并统摄下文，给人一个总的印象。

（2）主体是广告内容最集中、最丰富的部分，应详细介绍厂家的历史、规模、成就，或产品的品种、规格性能、用途、价格、使用及保养方法，或产品的制作过程、经营范围、信誉情况等内容。

主体的写法有：①陈述体；②目录体；③问答体；④证书体；⑤幽默体。

4）结尾（随文）

结尾是广告的落款，要准确无误地写出厂家的名称、地址、电话号码、电报挂号、联系人等事项。

6. 写作要求

广告的写作要求有以下几点。

（1）遵守纪律，公平诚实。

（2）内容健康，情趣高雅。

（3）实事求是，杜绝虚假。

（4）主题突出，形式活泼。

（5）文理通顺，语言简明。

任务三：合同

1. 合同的概念

《中华人民共和国合同法》（以下简称《合同法》）第二条明文规定："本法所称合同是平等主体的自然人、法人、其他组织之间设立、变更终止民事权利义务关系的协议。"由此可见，合同是签订合同的双方当事人为实现一定目的，经充分协商，对所确认的权利与义务达成的一种文字协议。合同的当事人可以是公民（自然人），也可以是法人或者其他组织。签订合同是一种法律行为，它有利于维护合同当事人的合法权益和明确当事人的权利义务。

2. 特点（订立合同的基本原则）

我国《合同法》明确规定了经济活动的六项基本原则，即平等原则、自愿原则、公平原则、诚实信用原则、遵守法律法规原则和社会公德原则。因此，合同具有以下特点。

（1）合法性。合同的订立和履行，应是当事人受到法律保护和监督的合法行为。当事人任何一方不履行合同，都要承担由此引起的法律后果。订立合同时必须遵守法律和行政法规，如果合同符合当事人双方的意愿，但损害国家利益和社会公共利益，也是违法的。违法合同是无效的。

（2）公平性。合同的公平性首先表现在当事人的法律地位平等，无论是法人还是自然人，无论单位大小，无论是国有经济企业，还是集体或个体经济企业，均有权同对方当事人签订合同享受平等的权利。任何一方均不得把自己的意志强加给对方。显失公平的合同、乘人之危情况下签订的合同、以胁迫手段签订的合同，都存在着被撤销的可能。

（3）合意性（协商一致性）。合同的成立必须是双方当事人相互进行对应的意思表示，并达成双方意志、意愿的一致。只有当事人经过充分协商，将承担的义务和享有的权利充分表达出来并形成文字，合同关系才算真正建立。然后，再将这种一致的意思通过合同的履行变成现实利益。可见，合同是双方当事人意思表示一致的法律行为，合意性（协商性）是其显著特点。

（4）规范性。规范性具有两层含义：其一是依法成立的合同对当事人具有法律约束力；其二是指合同的写法和格式有统一的规范要求。国家工商管理局编著的《中国合同范本》为各类合同的写作提供了依据和统一的文本格式。

3. 作用

随着社会主义市场经济体系的逐渐形成，随着《合同法》的普遍实施，合同必将在我国社会主义建设中发挥重大作用。

（1）有利于市场经济的健康发展，促进经济体制的全面改革。随着社会主义经济体制的建立和逐步完善，越来越多的经济关系和经济活动需要有明确的契约，以保证市场经济在法律的轨道上正常运转。作为受法律保护的经济合同文书，已成为发展市场经济不可缺少的工具，同时，又促进社会主义的法制建设。

（2）有利于加强各部门的专业化协作，提高企业的经济效益。经济合同是促进专业化协作的纽带，它把商品的生产部门、流通部门、销售部门紧紧连接起来。各部门本着平等互利原则签订的合同，在法律的准绳下制约、协调着相互关系，使千万个企业的经济活动通过经济合同联系起来。经济合同一旦签订，就要保质保量如期完成合同所规定的任务，这就促使企业改善经营管理、挖潜节能、提高产品的质量和售后服务，从而提高企业经济效益。

（3）有利于加强主管部门对企业的监督管理，保护当事人的合法权益。企业能否认真履行合同，直接影响经营效果。工商管理部门和企业主管部门可以根据合同规定，督促检查合同执行情况，这就从法律上保护了当事人的合法权益。

4. 种类

合同的种类很多，合同种类划分的角度也很多。《合同法》根据专业特点和涉及的内容把合同分为 15 种。

（1）买卖合同。买卖合同是出卖人转移标的物的所有权于买受人，买受人支付价款的合同。

（2）供用电、水、气、热力合同。供用电、水、气、热力合同是供应人向使用人供应能源，使用人支付费用的合同。

（3）赠与合同。赠与合同是赠与人将自己的财产无偿给予受赠人，受赠人表示接受赠与的合同。

（4）借款合同。借款合同是借款人向贷款人借款，到期返还借款并支付利息的合同。

（5）租赁合同。租赁合同是出租人将租赁物交付承租人使用、收益，承租人支付租金的合同。

（6）融资租赁合同。融资租赁合同是出租人根据承租人对出卖人、租赁物的选择，向出卖人购买租赁物，提供给承租人使用，承租人支付租金的合同。

(7)承揽合同。承揽合同是承揽人按照定做人的要求完成工作,交付工作成果,定做人给付报酬的合同。承揽包括加工、定做、修理、复制、测试、检验等工作。

(8)建设工程合同。建设工程合同是承包人进行工程建设,发包人支付价款的合同。建设工程合同包括工程勘察、设计、施工等。

(9)运输合同。运输合同是承运人将旅客或货物从起点运输到约定地点,旅客、托运人或者收货人支付票款或者运输费的合同。

(10)技术合同。技术合同是当事人就技术开发、转让、咨询或者服务订立的确立相互之间权利和义务的合同。

(11)保管合同。保管合同是保管人保管寄存人交付的保管物,并返还该物的合同。

(12)仓储合同。仓储合同是保管人储存存货人交付的仓储物,存货人支付仓储费的合同。

(13)委托合同。委托合同是委托人和受托人约定,由受托人在委托权限范围内处理委托人事物的合同。

(14)行纪合同。行纪合同是行纪人以自己的名义为委托人从事贸易活动,委托人支付报酬的合同。

(15)居间合同。居间合同是居间人向委托人报告订立合同的机会或者提供订立合同的媒介服务,委托人支付报酬的合同。

4. 结构和写法

合同的种类繁多,内容形式也各有不同。从整体上看它们仍有共同的要求和格式,一般包括首部、正文和尾部。

1)首部

(1)标题。

标题即合同的名称,一般写在合同首页上方居中的位置,有以下几种写法。

①将合同的种类作为合同的名称,如《保管合同》《建设工程合同》。

②将经营范围和合同种类作为合同名称,如《农副产品买卖合同》《建筑施工物资租赁合同》。

③将合同有效期和合同种类作为合用名称,如《2003 年货物储运合同》。

④将签约单位名称和合同种类作为合同名称,如《××公司××××买卖合同》。

⑤将以上四种写法结合起来作为合同的名称,如《××市××公司 2003 年纺织品买卖合同》。

(2)合同当事人的名称或姓名。

在合同标题的左下方,空两格分行并列或一行连写,写明合同当事人双方的单位名称及法人代表人姓名,或自然人姓名,并在名称或姓名后面用括号注明“甲方”和“乙方”。如有第三方,可将其成为“丙方”,如有中介方也须写明。

2）正文

（1）双方签订合同的依据和目的。

主要交代签订合同的目的、依据，是否经过双方充分协商等。例如根据我国《合同法》的规定，存货方和保管方根据委托储存计划和仓储容量，经双方协商一致，签订本合同。

（2）双方协商一致的内容。

①标的。

标的是合同当事人权利和义务的共同指向的对象，一般指货物、货币、劳务、工程项目等。合同的标的可分为有形物（自然财富、人类劳动产品、固定充当一般等价物的货币和等价证券）、无形财产（如技术）和经济行为（为达到一定的经济目的所进行的活动，如完成一定的工作、提供一定的劳务）。

②数量。

它是标的的计量，是衡量标的的指标。没有一定数量，权利和义务的大小就很难确定。合同中的数量除了重量、面积、金额等标的规定数目外，还必须明确规定采用何种计量单位和计量方法。

③质量。

质量是反映标的（产品或劳务）优劣程度的标志，是标的内在质量和外观质量的综合指标，包括名称、品种、规格、型号、款式、技术要求、物理性能、化学性能、使用特性、耗能指标、工艺要求、卫生和安全要求等。质量还应包括验收、检疫的时间和方法以及质量负责期或提出质量异议的期限。质量标准必须具体，严格遵守国家标准、部颁标准、省（市）标准和双方当事人协商确定的标准。

④价款或者报酬。

价款或者报酬是取得合同标的的一方向对方用货币支付的代价。标的为实物的称价款，标的为劳务或智力成果的称报酬。合同的计价货币，除法律或者行政法规另有规定的外，必须用人民币计算。

⑤履行期限、地点和方式。

履行期限，是双方当事人实现权利、履行义务在时间上的约定。一切经济活动都是有时间期限的，一方违背了期限的要求，必然会给对方造成经济损失，要按照违约责任的条款交付违约金。期限应该具体明确，不能使用"……前""……后""……左右"等容易产生歧义的时间概念。履行地点，是指履行合同的具体地点（不同于订立合同的地点），即交付、提取标的的地点。如建设工程合同的履行地点就是建筑工程所在地。如是送货，那么接货地点就是履行地点。履行方式，是指采取什么方法实现合同所规定的当事人双方的权利和义务。一般包括时间方式和行为方式。时间方式，是指合同履行一次性全面履行完毕，或分期履行完毕。行为方式，是指标的的交付方式和价款或者报酬的结算方式。期限、地点和方式是合同中最容易引起纠纷的地方，因此，当事人双方在签订合同时，对这三点规定得越具体越好。

⑥违约责任。

违约责任是指当事人一方（或双方）不履行合同义务或者履行合同义务不符合约定的，应承担的责任。违约责任是保证合同履行的条款，是处理经济纠纷、分清是非责任的书面证据。违约责任应根据国家或有关部门的管理条例约定，也可以由当事人双方议定。对违约责任的追究和对违约责任的处罚，可以事前约定违约时应支付的违约金，或约定因违约产生的赔偿额的计算方法；也可以事后要求过错方继续履行或采取补救措施。

⑦解决争议的方法。

解决争议的方法是指当事人双方如果发生争议拟选择的解决方法。包括当事人协商、和解，第三者调解、仲裁，以上均无效的，法院审理。当事人在订立合同时，应当约定争议解决的方法。

3）尾部

尾部是指合同的结尾和落款部分。主要包括以下几点。

（1）有效期限和文本保存。

合同的有效期限是指合同自什么时候生效，到什么时候失效，即合同具有法律效力的起止日期。合同的有效期限不同于合同的履行期限。文本保存是注明合同文本的保管方式，即合同一式几份及当事人保管的份数。

（2）落款。

这部分是合同特定的内容和格式，即在合同有效期限和保管条款下方，依次写出签订合同的当事人双方各自名称、签章、法定通讯地址、法人代表、银行账号、电话、签约日期、地点等。

有些合同有特殊要求或有附件，也要在尾部注出。通常是在合同正文“其他条款”之后注明：“合同附件、附表均为合同的组成部分，且有同等法律效力。”如工程承包合同要在“附件”中列出工程项目表、工程进度表、工程图纸等。这些附件、附表均标写在合同落款的最下方，即年月日以后的部位。

5. 合同的写作要求

合同是非常严肃的法律文书，一旦订立即不能随意改动。为了使其具有合法性、合理性、规范性，其内容和形式必然有严格的要求。

1）合法、合理、合格

签订合同的双方当事人必须依照有关法律办事，合同内容必须符合国家的法律、方针、政策，任何单位和个人都不能利用合同的形式进行违法活动，损害国家利益和社会公德，扰乱社会秩序，牟取非法收入。不合法律的合同不仅不受法律保护，还要追究法律责任。合同必须坚持平等互利、协商一致、等价有偿的原则。任何一方都不能把自己的意愿强加给对方。合同写作还要合乎合同的一般写作格式和必备的条款，严格按照《中国合同范本》各类合同统一文本格式进行书写。

2）完备、具体、明确

签订合同必须严肃认真，格式和条款要完备，所必备的各部分不得遗漏；合同内容周密具体，即标的、标的的数量和质量、履行的期限、地点和方式、双方的权利和义务以及经济上、法律上的责任都要写明确。同时，每个词句都要仔细斟酌，确保语无歧义。

3）书写清楚、整洁、认真

合同的文面应整齐干净，一般不得涂改。任何一方都不能从自己的经济利益出发，对合同条款擅自修改和终止。如果在执行合同的过程中，发现有不妥之处或漏洞，需要修订或增补删减，应经双方当事人协商并取得一致意见后，签订修订合同的协议书，加盖双方当事人的印章，方能生效。如在原件上修改，应加盖双方印章。为了防止伪造条款或添减页数，可在一式几份的合同上做一个相同记号，如在骑缝处加盖公章，编上页码等。

任务四：产品说明书

1. 产品说明书的概念

产品说明书，也称用户手册，是一种指导用户消费的文书。它必须向消费者介绍产品的性质、结构、使用方法、操作方法及保养、维修等方面的知识，以帮助消费者正确使用、保养产品，有效地发挥产品的使用价值。一般由生产单位编写，印成册子、单页或印在包装、标签上，随产品发出。

2. 作用

产品说明书是指导用户选择产品、使用产品的“路标”和“向导”，帮助用户了解产品特性，确保用户正确、安全地使用产品。

3. 结构和写法

（1）封面。封面要写明商品的商标、规格、型号、名称、图样以及“说明书”字样等。

（2）标题。标题主要包括商品的名称和文种，文种是指“说明书”或“使用说明书”。

（3）目录。目录主要列出说明书的内容条目，方便用户查阅。

（4）概述。概述商品的特点、性能、原理、适用范围、商品的发展史及制作方法等，有的说明书没有这部分内容。

（5）正文。正文包括商品的概况；商品的性能、规格、用途；安装方法和使用方法；保养方法和维修方法；附件、备件及其他需要说明的内容。

（6）封底。封底主要写生产厂家或经销商单位的名称、地址、电话号码和邮政编码等，这是对消费者负责的标志。

4. 写作要求

（1）不能说空话。不能泛泛而谈，要针对产品的设计特点进行介绍。

（2）不说过时话。产品不断更新换代，说明书也应该随之修改和补充。

（3）说好中国话。对一些进口商品必须有准确、完备的中文说明，除了介绍产品的原产地、名称和规格外，还要介绍功能、使用方法、注意事项、禁忌等关键内容，尤其对警示内容更不可掉以轻心。

(4)不说含糊话。要防止以下情况：一是名称或概念混乱，有时产品中涉及的同一个对象有好几种名称，说明书也未加以说明；二是计量不明或计量单位不统一，让人无法正确使用。

(5)说清楚提醒话。诸如药品、电器等与使用者的健康、安全密切相关的产品，一定要说好提醒话，并力求详细、准确、明白。

(6)说好关键话。产品的使用说明，一定要设身处地为消费者着想，如挂衣柜、组合柜等需要安装、开启的产品，应将关键环节的操作方法用通俗易懂的语言讲清楚，以方便消费者使用。

“毕业与就业”文书写作

时间过得真快，毕业季即将来临。小周和其他的同学一样为毕业前一系列功课而纠结。以前不怎么照面的辅导员老师频频把他们召集起来，大会小会一通开，小周也明白当前摆在他面前最重要的有以下几件事。

(1)毕业设计(或毕业论文)。尽管有人说大学三件宝：复制、粘贴、过就好，但是作为毕业前最后一项作业，还是要认真对待。

(2)毕业顶岗实习报告。毕业顶岗实习是高职院校的特色，它的撰写也要讲究相关格式。

(3)经过多次碰壁，终于有一家公司向小周抛出了橄榄枝，有意向接收他去单位工作，和他签订“就业协议书”。

小周马不停蹄地把所有毕业手续办完，顺利毕业，他人生的第一份工作也尘埃落定。

任务一：毕业设计

1. 毕业设计的概念

毕业设计是工科类应届毕业生针对某个具体课题综合运用所学专业知识、理论知识、基本技能作出的解决实际问题的工程设计成果的完整表述，简而言之，毕业设计就是用文字和图示把设计成果表达出来，相当于文科生的毕业论文。毕业设计一般包括工程(工艺)设计、设备(产品)设计及应用方案等。

毕业设计主要是考查学生是否具备工程设计的实际运用能力，这些实际运用能力包括以下几点。

(1)运用原理(机械、电力、电子、计算机等方面)的能力。

(2)查阅资料工程手册、材料手册等方面的能力。

(3)绘制图纸的能力。

(4)分析模型数据的能力。

(5)实验工作的能力。

2. 结构和写法

一份完整的毕业设计应包括封面、标题、目录、摘要、关键词、正文、参考文献、附录等内容。

(1)封面。封面应有院校名称、专业班级、姓名、学号、指导教师、完稿时间等。

(2)标题。标题即毕业设计题目,多用来表明设计的具体内容。原则上毕业设计中的中文题目不宜超过20个字,若确实不能用20个字说明的可采用副标题。

(3)目录。目录可以反映文稿的结构和主要内容,便于读者迅速找到所需的信息。

(4)摘要。摘要是对毕业设计内容的简短陈述,提示设计的主要内容。

(5)关键词。关键词又称主题词,一般书写在摘要下面。关键词主要用来表述论文主题内容信息的词语或术语,目的是为文献检索提供方便。关键词一般为3~8个。

(6)正文。毕业设计种类繁多,项目情况也不完全相同,所以正文撰写没有固定格式,可以多样化,但一般应包括以下内容。

①设计内容的说明。一般简单介绍设计题目或任务,设计的指导思想及特点,设计的先进性及新技术、新工艺,设计的实施意义及经济效益等。

②设计技术。这部分是毕业设计的主体和核心,包括设计思路说明、设计原理的关键技术或核心问题说明、设计技术特点及创新优势等。

(7)参考文献。参考文献是设计中引用文献的目录表,应写清作者、篇目、出版社、出版时间等。

(8)附录。毕业设计未尽事宜可将其列在附录中加以说明。

3. 写作要求

(1)注意独创性与实用性相结合。

(2)内容讲求逻辑性。

(3)注意经济效益。

任务二:毕业顶岗实习报告

1. 毕业顶岗实习的概念

毕业顶岗实习是高职院校教学工作的重要组成部分,其任务是使学生了解与本专业有关的生产过程、生产技术和管理知识,掌握相关职业岗位的基本技能,培养学生良好的职业素质、岗位工作能力和管理水平。毕业顶岗实习报告是高职大学生结合自己所学专业,对自己毕业顶岗实习工作进行充分思考后形成的具有规范格式的书面文字。它是高职学生培养计划的一个重要组成部分,是完成专业培养目标的重要环节,是完全检验学生综合素质与实践能力和培养效果的重要手段和过程,也是对培养计划和培养目标进行的一项综合性检查和考核。

2. 结构和写法

(1)选题。选题既要具有一定的研究深度,又能在规定期限内经过努力完成。

(2)封面。封面应有院校名称、专业班级、姓名、学号、指导教师、实习单位、实习时间等。

（3）正文。具有一定固定格式和内容要求。一般包括标题、摘要和主体三部分，有的在主体后面还附有参考文献和致谢。

①标题。标题应简明突出，概括出报告主旨，不宜超过20个字。

②摘要。摘要要就有概括性和独立性，是以浓缩的形式来概括毕业实习的内容，体现报告主题，字数一般在150～200字之间。

③主体。主体包括毕业顶岗实习的目的，实习内容和过程；实习中遇到的主要问题；问题解决过程；实习收获和体会，可结合岗位特点对所学专业的课程设计、教学过程管理等方面提出建议与意见。

④参考文献。在写作实习报告的过程中如借鉴了他人的技术成果，一般要用参考文献来加以标注。

⑤致谢。在结尾处可以简洁的文字对在实习报告的写作过程中给予自己帮助和指导的人表达谢意。

3. 写作要求

（1）注意写作的真实性和严谨性。

（2）注意报告的创新性。

（3）报告格式要具有一定的规范性。

任务三：就业协议书

1. 就业协议书的概念

《普通高等学校毕业生就业协议书》（以下简称《就业协议书》，俗称《三方协议》）是明确毕业生、用人单位和学校在毕业生就业工作中权利和义务的书面形式。《就业协议书》由教育部高校学生司制定，各省、市、自治区就业主管部门统一制表，一般一式三份，经学校发给，毕业生签字，用人单位盖章后，由毕业生、学校、用人单位各执一份。毕业生可以此作为办理报到、接转行政和户口关系的依据。

2. 写法与注意事项

（1）查明用人单位资格。

（2）注意与劳动合同相衔接。

（3）学院在盖章前校对学生填写是否有误。

（4）《就业协议书》各项内容必须填写全面，用人单位名称和公章要一致。

[阅读拓展]

例文1

社团联合会工作计划范文

过去的一学年里，在学院领导的悉心指导下，在全院学生社团及广大同学的支持下，在全体社团干部的勤苦付出下，我院的社团工作已经在摸索和开拓中取得了很大的发展，从青涩稚嫩到成熟稳重，我们的步伐迈得更加稳健了。

新的学年承载新的梦想，新的学期开启新的希望。在新的一学年里，我们在继续坚实的脚步的同时更要创新。我们执着追求“让每一个人拥有一个属于自己的、所爱的社团”。对于未来一年的社团发展，我们又有了新思路，在接下来的一学年里我们将在总结工作经验和巩固工作成果的基础上，探索新路径，寻求新发展，紧紧围绕学校的中心工作，紧密跟随学院校园文化的发展方向，以“服务于广大学生的全面成才，服务于学生社团的健康发展”为工作宗旨和工作目标，努力为广大同学提供一个充分展示自己的平台。现社团联合会结合自身具体情况和我院实际，制定本学年工作计划如下。

一、狠抓常规工作，完成制度建设到文化建设的顺利过渡

在所有的社团工作中，常规工作是社团工作的主要部分，是培养和锻炼干部的重要途径，同时也是社团工作成果的重要体现。因此，对于常规工作，我们不能掉以轻心。不但要完成，而且要认真、完美、有突破地完成，在普通的工作中，作出不普通的成绩。制度建设是一个组织或团体成长壮大的必经之路。经过了几年的成长和发展，社团联合会的各项制度已经基本完善，并已略显成效。当然，这其中还存在很多不足。如部分社团的制度建设严重不足，社团负责人没有制度建设的意识，没有一套规范的理论制度约束和引导社团干部的工作等，这还需我们在贯彻、执行和引导的过程中不断建立和规范。

事实上，一个组织的健康成长，不光是要有一套完善的工作制度，还必须得注重它的文化建设。文化建设是一个组织底蕴的体现，也是一个团体发展潜力的核心体现。它能增强社团干部的团结合作，提高社团干部的文化素养和工作素质，增长社团成长潜力，改善社团内部的规划，壮大社团自身的力量。

在文化建设上，我们将从文化积累、文化传播和文化继承三方面开展。其中在文化积累方面，要以社团宗旨、社团核心理念、社团核心团队结构三点来创造出社团文化核心，通过社团精品活动，社团特色活动，常规活动，网络论坛等方面融入本社团文化元素，展现社团文化，建设共同的文化氛围，使成员的积极性、主动性、创造性得以最大限度的发挥，从而产生归属感和使命感，形成向心力、凝聚力，把社团文化融入日常工作中去。在文化传播方面，以大众传媒(如会刊、报纸、杂志、社团文化专题栏)和社团活动为文化载体，使广大会员认同社团文化。

二、重视干部队伍的建设，由内而外壮大自我

干部是社团的灵魂和基础，是社团工作得以有序开展的有力保证。因此，干部的吸收和培养，是社团力量壮大发展的前提和保障。若想增强社团联合会的生命力和发展潜力，要从以下三个方面入手。

1. 注重吸收新干部

新的力量，预示着新的成长；新的成长，彰显着新的生命活力。新干部的吸收是一个团体后续力量的必要准备，为了社团的长远发展，要大力注重新干部的发现和吸收，为此，在新会员中，我们将加大宣传力度，打造一个更宽更好的平台，积极开展选拔活动，培养新干部队伍。

2. 加大干部的培养力度

干部的培养是社团工作得以顺利开展的重要保障，社团干部工作能力的高低直接影响到全院社团工作成绩的好坏。因此我们将与社团一起定期开展一系列的干部培训，在相互了解中增强干部的认知感悟能力，促进社联和社团、社团和社团、干部和干部之间的交流。社联、社团在建立良好交流的基础上，开展人才交换机制，互相学习，取长补短。社团可以组织推选部分优秀干部进入社联，与社联干部一起为全院社团发展服务，进一步了解社联，了解全院社团的发展趋势。同时，我们也会照例下放干部深入到社团第一线，为我们的社团活动出谋划策。以此为契机，建立起社团与社联的长期人才交流机制，达到共同交流，共同学习，共同进步的目的。另外，我们也会多为干部提供机会，鼓励和激发干部的工作积极性和主观能动性，在实践中发挥干部的实力，最大可能地做到人尽其才。

3. 重视社联、社团的换届工作

换届过程中，做到制度化、公平化、开放化。换届前进行必要的宣传教育，换届后也要进行必要的引带、学习、交流。最大限度地让更多的人来参与到社团的工作中来。

三、转变职能，坚持以服务广大同学为工作方向

长久以来，我们一直关注的一个工作重点是实现社联工作职能的转变，由单纯的管理职能转化为服务、扶植、监督、管理四位一体的职能运行机制，我们的理念是源于社团、服务于社团，以在维护社团活动正常秩序的前提下，尽可能地为社团提供服务，将给各个社团的承诺落到实处而不单纯是一句口号。社团的作用是丰富同学们的大学生活，为广大同学提供一个平台，鼓励同学们培养课余兴趣爱好。而社联是监督和引导社团开展活动的组织，最根本的宗旨和职能还是服务于广大同学，为同学们营造一个轻松和谐的文化与娱乐共存的校园环境。

四、规范社团机制，努力做到“四个完善”

社团机制的规范化，是提高社团活动质量的一个重要途径。为此，我们将在牵制社团数量发展的同时，提高社团组织机构质量。数量化社团、质量化社团双管齐下，打造出精品社团、品牌社团。在规范社团机制方面，我们将做到四个完善。

1. 奖惩机制的完善

我们逐步规范社团干部的工作行为，通过对表现突出者进行表彰，树立典型等方式来激励社团干部的工作热情。对表现突出的优秀社团、个人进行表彰，并将此意见转达学院有关部门，为学校“优秀社团”的评选提供建议和参考。另外，社联将成立社团发展基金，奖励那些优秀的社团负责人，扶持实力相对较弱的社团。而对于那些不作为、无作为和乱作为的社团，将采取停顿整改，更换社团负责人，撤销社团等方式严惩，对社团违规现象一定严肃处理，同时更希望各社团负责人负起责任，对本社团工作严格把关。

2. 建议、监督、检举和咨询机制的完善

社团联合会各项工作应该做到公开、透明、公平、公正，通过网站、主席信箱、设立主席接待日、会员信息反馈调查等形式，让同学们提出建议、参与监督，并检举违规行为，加深同学们对社团联合会工作的认识和了解。

3. 工作程序的完善

为提高工作效率，减少失误，本学期将简化工作程序和完善工作程序要求，通过多种方式发放通知，常规社团工作责任到人等形式，加强广大会长、会员对工作的全面认识和掌握。

4. 网站建设的完善

网站建设是社联今年的工作重点之一，我们将吸纳相关方面的人才，建设社联网站，并安排干部与网站负责的同志合作专门负责网站的维护工作。我们将及时更新社联的工作进展情况、社团活动情况以及社联章程、社联各项规章条例、社联各部门工作计划，及时发表活动新闻稿件，建立网上论坛等。网站的完善能够更好地宣传我社联，宣传我院的社团文化，同时也能够建立与其他高校社团的联系，让更多的人理解我院的社团发展。

——摘自百度文库

例文 2

北京电影学院迎新生晚会策划方案

一、晚会主题

团结向上，青春健康，气氛活泼，发扬中国传统文化。

二、创意阐述

这是在学生会组织带领下的一次新老学生交流舞会。“迎新生晚会”作为一种极具亲和力的交流方式，在各大校园普遍推广。为使我院的校园迎新晚会更具校园特色，今年的舞会有以下设想。

(1)特色统一性。中华民族拥有悠久的历史和古老的文化，在历史与现实之间，服饰作为中华民族优秀的经济文化、民俗文化和民族精神的标志，铭记着我们中华民族文化的历史演变。因此，参加舞会者在着装打扮上要体现一些中国特色或民族特色。如服饰、包、鞋等任何一个方面都可以有所表现。

(2)加强互动性。每一位入场者会分到一个可粘贴的号码。舞会上穿插几个互动性节目，抽到号的同学上来表演。如“模仿秀”(招募有舞蹈才能者示范几种舞蹈基本功，也可以带简单道具)，模仿最像的有奖。

(3)扩大参与性。很多舞会的组织都忽略了性格内向的同学，因此，在舞会上穿插一种藏族集体舞“锅庄”，动作简单、舒展，团结性强，每个人都可参与。在跳舞过程中，主持人可向各位同学介绍“锅庄”的起源和意义，也可增强知识性。

(4)丰富欣赏性。一些有舞蹈才能的新生、老生，都可以有一个专门展示的机会。个人表演、组合表演都可以。

三、晚会流程

(1)在“幸福拍手歌”歌声中主持人开场(10 分钟)。

(2)模仿秀：东北秧歌、新疆舞(15 分钟)。

(3)带领跳锅庄舞(20 分钟)。

(4)才能展示(10 分钟)。

(5)模仿秀:街舞、傣族舞(20 分钟)。

(6)带领跳锅庄舞(20 分钟)。

(7)才能展示(10 分钟)。

(8)新老生自由交流(可以放一些舞曲)(20 分钟)。

(9)在“幸福拍手歌”歌声中结束晚会(5 分钟)。

四、奖品资助

中央电视台《综艺快报》资助奖品——江西景德镇瓷盘。

晚会策划小组

××××年××月××日

——摘自《文秘基础》

例文 3

邀请书

××同志:

为纪念毛泽东同志诞辰一百周年,定于××××年××月××日在湘潭大学举行“毛泽东诞辰一百周年学术讨论会”,敬请您届时光临。现将有关事项通知于后。

一、会议以十七大精神为指导,内容为以下两点。

(1)宣读学术论文。

(2)交流教学、科学研究经验。

二、出席会议的代表原则上应向大会提交学术论文。

三、会议的住宿费、伙食补助费、往返交通费由大会负担。

四、接到通知后,请立即向大会筹备组寄回代表登记表(在会前七天不见寄回登记表,即视为不出席会议,不再安排食宿)。

五、报到时间:××××年××月××日。

六、报到地点:湘潭市湘潭宾馆(××路×号)。

七、代表登记表请寄:湖南省湘潭大学××研究所×××同志。

联系电话:××××××××

传真:××××××××

网址:××××××××

——摘自《公文写作格式与范例大全》

例文4

国务院办公厅关于2013年部分节假日安排的通知

国办发明电【2012】33号

各省、自治区、直辖市人民政府,国务院各部委、各直属机构:

根据国务院《关于修改〈全国年节及纪念日放假办法〉的决定》,为方便各地区、各部门及早合理安排节假日旅游、交通运输、生产经营等有关工作,经国务院批准,现将2013年元旦、春节、清明节、端午节、中秋节和国庆节放假调休日期的具体安排通知如下。

一、元旦:1月1日至3日放假调休,共3天。1月5日(星期六)、1月6日(星期日)上班。

二、春节:2月9日至15日放假调休,共7天。2月16日(星期六)、2月17日(星期日)上班。

三、清明节:4月4日至6日放假调休,共3天。4月7日(星期日)上班。

四、劳动节:4月29日至5月1日放假调休,共3天。4月27日(星期六)、4月28日(星期日)上班。

五、端午节:6月10日至12日放假调休,共3天。6月8日(星期六)、6月9日(星期日)上班。

六、中秋节:9月19日至21日放假调休,共3天。9月22日(星期日)上班。

七、国庆节:10月1日至7日放假调休,共7天。9月29日(星期日)、10月12日(星期六)上班。

节假日期间,各地区、各部门要妥善安排好值班和安全、保卫等工作,遇有重大突发事件发生,要按规定及时报告并妥善处置,确保人民群众祥和平安度过节日假期。

国务院办公厅

2012年12月28日

——摘自《应用文写作》

例文5

南方黑芝麻糊电视广告脚本(《怀旧篇》)

画面

遥远的年代,麻石小巷,天色近晚。一对挑担的母女向幽深的陋巷走去。

(叠画)悬在担子上的小油灯摇摇晃晃——

(画外音,叫卖声):

“黑芝麻糊哎——”(音乐起。民谣式的朴实、亲切、怀想、悠远及具有歌唱性。)

深宅大院门前,一个小男孩使劲拨开粗重的樘拢,挤出门来,深吸着飘来的香气。

(画外音,男解说):“小时候,一听见芝麻糊的叫卖声,我就再也坐不住了——”

挑担的一头,小姑娘头也不抬地在瓦钵里研芝麻。另一头,卖芝麻糊的大嫂热情地照料食客。

(叠画)大锅里,浓稠的芝麻糊不断地滚腾。

小男孩搓着小手,神情迫不及待。

大铜勺被提得老高,往碗里倒着芝麻糊。

(叠画)小男孩埋头猛吃,大碗几乎盖住了脸庞。

研芝麻糊的小姑娘投去新奇的目光。

几名大人背后,小男孩大模大样地将碗舔得干干净净。

小女孩捂嘴讪笑了起来。

大嫂爱怜地给小男孩添上一勺芝麻糊,轻轻地抹去他脸上的残糊。

小男孩默默地抬起头来,目光里似羞涩、似感激、似怀想,意味深长——

(叠画)一阵烟雾掠过,字幕出:"一股浓香,一缕温暖。"(画外音男解说):"一股浓香,一缕温暖,南方黑芝麻糊。"

(叠画)产品标牌

字幕:南方黑芝麻糊

广西南方儿童食品厂

——摘自《应用文写作》

例文6

用工合同(范本)

聘用单位(甲方):__________

受 聘 人(乙方):__________　　身份证号码:__________

受聘人的担保人(丙方):__________　　身份证号码:__________

单位(甲方)__________决定聘用乙方(受聘人)__________从事相关工作,经甲、乙双方协商一致,达成如下协议:

一、聘用期限:

自__________年__________月__________日至__________年__________月__________日止,共__________年__________月,其中试用期自__________年__________月__________日至__________年__________月__________日止,共__________月。

二、乙方应服从甲方工作安排,在聘用期内履行以下义务。

1. 工作岗位:__________。

2. 职责范围和要求:__________。

3. 遵守国家的法律法规、甲方的各种规章制度,接受甲方的安全教育、遵守安全规章制度和操作规程,确保安全生产。

三、乙方完成本合同规定的岗位工作职责后,甲方应向乙方支付以下待遇:

1. 甲方以现金的形式按月支付乙方工资,月工资标准为人民币__________元;

2. 甲方支付乙方的其他待遇;

3. 甲方支付乙方必要的劳保用品和工作工具。

四、出现以下情况之一,甲方可以提前解除本合同。

1. 乙方在试用期内不符合聘用条件的；

2. 乙方违反国家法律法规和甲方规章制度，情节较为严重的；

3. 甲方因工作原因必须撤岗，又无法重新安排工作的；

4. 乙方因病或非因工负伤，医疗期满后，不能从事原岗位工作的；

5. 照国家有关规定和《__________》有关条款可以解除劳动合同的。

五、有关乙方聘用期间的因病、非因工负伤、因工负伤等保险福利待遇按相关法律法规执行。

六、有关因本合同的履行而产生的争议由甲方人事部门和工会组织共同负责调解；调解不成，任何一方可提请__________仲裁机构进行仲裁。

七、甲、乙双方违反本合同，按国家现行有关规定承担违约责任。丙方自愿为乙方提供担保，并对乙方因本人原因给甲方造成的经济损失承担连带赔偿责任。

八、其他甲、乙双方商定的事项：__________。

九、本合同经甲、乙、丙三方签（章）后生效，合同期限届满，合同即行终止，甲乙双方自然终止劳动关系。

十、本合同一式四份，甲、乙、丙三方，劳动服务公司各一份。

甲方（盖章）：__________　　　　乙方（签字）：__________

__________年____月____日　　　　__________年____月____日

丙方（签字）：__________

__________年____月____日

——摘自百度文库

例文 7

电工顶岗实习报告

一、实习目的

毕业实习是我们大学期间的最后一门课程，不知不觉我们的大学时光就要结束了，在这个时候，我们被学校安排来到××光电实习，实习结束后我非常希望通过实践来检验自己掌握的知识的正确性。在这个时候，我来到××煤矿，在这里进行我的毕业后的顶岗实习。

二、实习单位及岗位介绍

××光电是我刚刚进入社会的第一项工作，是学校安排的实习，我在里面做电脑组装和物料管理，××煤矿建于2001年，具有现代化管理，我在这里当电工。

三、实习内容及过程

2011年的7月，我离开了生活了两年的轻工学院，被学校安排到厦门实习，在此期间我学到了与在学校中的不同经历，2012年2月23日，我在××煤矿中找到了自己的岗位，在机电组当一名小小的电工。在工作中我遇到很多难题，但是都在老师的指导下完成了，通过在实际中学习，我学会了很多在学校里没有学到的东西，2012年5月4日，我在写这份实习报告。回顾将近一年的实习，有过欢笑有过泪水，酸甜苦辣尽在心头。在这一年脱离学校的锻炼中，我在社会中不断努力，渐渐得以立足，并得到了快速的成长。

四、实习总结

我怀着美好的期盼来到××煤矿开始为期一年的实习生活。每一天、每一周、每一月都能在工作中学到很多。这次实习给我最大的收获是我发现很多工作需要我去摸索和探讨，要不怕吃苦，勇于激流勇进，有的工作虽然单调又重复，但这是磨炼意志最有效的方法，我告诫自己要认真完成，对每项工作都要认真对待，做到若遇到困难，一定要争取不放弃，坚持到最后。只要希望还在，胜利一定属于我。作为一名刚毕业的学生，理论是我的优势，但是怎么样把理论结合到实践中成了我面对的最大困难之一。而经理平时对我的不断教导让我学会在工作中将理论融合进去，从而提高了工作效率。看着那些同事忙忙碌碌地来来去去，坚定的态度就那样一点一滴地铸就起来了，一个被人认可的人首先一定是一个认真负责的人，一个认真负责的人无论到哪里都可以站得正。相对于经验和技术而言，这些都是可以积累的，可以日久能熟，但能否有正确的态度是因人而异的。我从来没把现在的工作当作实习，我认定了这就是我的工作，而不是专门来学习东西的。我是在工作中学习，在学习中能更好地完成工作。现在的努力并不是为了现在的回报，而是为了未来；艰难的任务能锻炼我们的意志，新的工作能拓展我们的才能，与同事的合作能培养我们的人格，与客户的交流能训练我们的品性。人生并不是只有现在，而是有更长远的未来。总体来说我的这一次实习是成功的。我能在矿里学习到很多校园里、课堂上、课本中学不到的东西，也了解很多的做人的道理，特别是体会到了生活中的艰辛和找工作的不容易。感谢学校给了我自己实习的机会，感谢矿里的实习指导教师给予我指导，感谢领导对我的关心。我相信通过这次实习，一定会令我的人生走向新的一页。

五、实习体会

出来社会一年，已经是半个社会人了。不能再像学生时那样，可以随心随意了。校外企业顶岗实习为我们提供了一个很好地实践机会，可以让我们更好地把理论应用于实践，在实践中领悟理论，更可以学习到很多书本上学习不到的，甚至比理论知识更实用的业务知识。而且这些实习经验，无疑是我们毕业后就业的一大筹码，我们与其他大专生相比，就赢在了起点上。作为一个成年人，作为一个社会职业人，任何时候都要守规矩，做好自己的本分，承担起自己所需要承担的责任。经历了两份不同的工作，我逐渐认识到，每一份工作或每一个工作环境都无法尽善尽美，但每一份工作中都有许多宝贵的经验和资源，如失败的沮丧、自我成长的喜悦、温馨的工作伙伴、值得感谢的客户等等，这些都是工作成功者必须体验的感受和必备的财富。如果每天怀着感恩的心情去工作，在工作中始终牢记“拥有一份工作，就要懂得感恩”的道理，你一定会收获很多。在你收获的同时，你会发现自己已经在锻炼中变得勇敢、坚强、乐观、豁达。这样的你，是不断前进，走在成功的路上的。

最后，感谢这一段曲折的时光，感谢每个我所在的企业，感谢矿领导以及老师对我的重视和栽培，感谢我所遇到的同事们，你们一路给我帮助和支持，让我在前进的路上充满着激情和勇气！感谢××煤矿，让我在短短一年的时间里认识了很多良师益友，让我在知识的海洋中不断吸取知识，不断地完善自己，感谢院领导的英明政策，让我有机会将自己所学的知识充分运用到实践中，并在实践中检验所学的真理，感谢各位辅导老师的辛勤付出与教导，给我无微不至地呵护，让我在工作中振作起来，并且找到迷茫的出口。

六、对学校的建议

希望经常与实习单位进行沟通，共同做好校外实习工作。

我发现很多职业学校在安排学生参加校外实习时，抱着一种"放羊式管理"的心态，认为学生参加实习就应该接受实习单位的管理，学校不用再去管了，其实这是一种很错误的想法。因为对职校学生来说，失去了学业和纪律的双重约束，在社会大环境的熏陶下，是否能保持学生本色，不因各种诱惑而动心，确实不容小视。

在这种情况下，学校一方面要加强对学生的管理，注意对外出实习学生的思想教育；另一方面也要多与实习单位沟通，定期走访、了解实习生的思想动态和实习表现，及时处理有关问题。

七、结语

总的来说，职业学校的学生校外实习工作，既是日后学生参加就业、走上工作岗位的一个预演，也是拓展学校品牌、增大发展空间的关键，我们要本着为学生负责、为学校发展负责的态度，与时俱进，认真做好校外实习工作。

[思考与实训]

(1)请你为你家乡的一种特产写一份营销策划方案。

(2)你所在社团拟于近期召开一次全体社员会议，请你代写一份会议通知。

第十讲 构架畅通交流的虹桥——口语秘籍

[经典案例]

20 世纪 50 年代，在一次记者招待会上，一位西方记者问周总理："中国人民银行有多少基金？"这是涉及国家机密且带挑衅性的问题，问意显然是嘲讽我国贫穷。如实相告，很不得体，冒说充足，不合事实，此问实难回答，而总理从容不迫地回答说："十八元八角八分"。随后又不慌不忙地说，我们的人民币票面币值是十元、五元、二元、一元、五角、二角、一角、五分、二分、一分，合计是十八元八角八分，同时画龙点睛地说明，我们的人民币是以人民的信任、拥护为后盾的。这迂回委婉地似答非答既堵了记者的口，维护了国家利益，又活跃了交际气氛，还暗含戏谑对方之意，可谓一石四鸟。

【思考】：以上案例体现了周总理口语交际中怎样的智慧？我们能从中学到什么？

【分析】：周总理具有的旺盛的精力，紧张时超人的自制力，从不同渠道搜集消息的卓越心理能力、洞察力，令人信服的能力，合情合理地阐述自己观点的能力，使自己与社会准则协调的能力等等，这些都是值得我们去学习的。

[知识导航]

普通话

有一外地游客初到北京，在北京站感慨了半天后，决定搭乘最熟悉最廉价的交通工具——公交车，去朋友指定的接头地点——建国门。

上了车后，要付一元钱的车费。可他掏了半天也找不到零钱，只得拿出一张崭新的十元人民币对售票员说了声："建国门。"谁知那售票员大姐就用眼睛的余光瞟了他一眼，说白了，就是给了他一个白眼，就转身向其他乘客收钱去了。

可是这个大哥是个憨人，心想着：你咋不收我钱呢？这不是违反规定嘛！于是，他迈开脚步，排除万难，终于又挤到售票大姐的身旁，摇了摇手中的钱，又说道："建国门！"这次声音大了点儿，引起了周围群众的注目。这售票大姐，也不好意思不搭理他了。只见她"嗖"的一声，从钱袋里掏出一张崭新的百元大钞，朝着我们憨直的大哥扬了扬，大声地说了声："你见过吗！"

原来，我们这位大哥的普通话不太标准，把"建国门"给说成了"见过吗？"难怪售票大姐气愤了。

那么,我们应该怎么学习普通话,说好普通话呢？下面我们就来介绍一下。

1. 普通话概况

我国历史悠久,幅员辽阔,汉语方言的种类繁多。除华北、东北、西南几省和少数民族自治区外,我国东南各省说的是完全不同的方言,且各省间的方言差异大到完全听不懂,这严重阻碍了人们之间的交流。因此,确定一种规范的汉民族的共同语言是十分重要的。

汉民族共同语言由来已久,春秋时期的"雅言"、汉朝时期的"通话"、明朝时期的"国语",都是汉民族共同语在不同历史时期的称呼。

新中国成立后,为了更好地发挥世界上使用人数最多的语言在社会主义现代化建设中的作用,1955 年 10 月在现代汉语规范问题学术会议上将现代汉民族共同语定名为"普通话",并确定了普通话的定义,即"以北京语音为标准音,以北方话为基础方言,以典范的现代白话文著作为语法规范的现代汉民族共同语"。其中,"普通"二字的含义是"普遍"和"共通"的意思。

这个定义从语音、词汇、语法三个方面明确规定了普通话的标准。在语音标准方面,普通话"以北京语音为标准",是指以北京话为普通话的语音系统,包括声韵调及其相关规律、特点,但不包括北京话的土语土音,这也是历史发展的必然,是早已为大多数人所公认的。在词汇标准方面,普通话"以北方话为基础方言",是指北方话词汇是普通话词汇的基础和主要来源,但不包括北方话中的土语。在语音标准方面,普通话"以典范的现代白话文著作为语法规范",典范的现代白话文著作是指现代优秀的作家、理论家的优秀作品和国家发布的各类书面文件,这些书面语言经过提炼加工,流传广泛,影响深远,具有语法规律的代表性。

目前,普通话作为现代汉民族的共同语言,正在全国各地广泛使用。普通话是民族荣誉、国家精神的重要文化载体,说好普通话是每个中华儿女义不容辞的责任。作为一名大学生,流畅地使用普通话,也是个人综合素质的体现。因此,练习说好普通话具有重要意义。

2. 汉语方言区现状

方言是共同语的分支,它在一定地域内起到了地方共同语的作用,作为低级形式服从于作为全民共同语的高级标准语形式。但是,方言在特定的环境下使用,可以增加人们之间的认同感和亲切感,有助于现代人了解不同地区的历史文化、风俗习惯、民族特点等情况。

汉语有七大方言区即北方方言区(以黄河流域为中心分布于东北和长江流域中部以及西南各省);吴方言区(分布于上海、江苏省东南部及浙江省大部分地区);赣方言区（江西省大部分地区及湖北省东南部地区）；湘方言区（湖南省大部分地区）；闽方言区（福建、台湾、广东潮汕一带及海南省部分地区）；粤方言区（广东中部及西南部地区、广西东南部地区）；客家方言区（广东、广西、福建和江西部分地区）。

在学习普通话的过程中，找出自己生活中常见的方言与普通话之间的差异，能帮助我们更好地掌握普通话的规律，但推广普通话并不等于消灭方言。

3. 学习普通话的现实性

我们的高职学生，不管是走向社会生活的哪个领域，哪个社会岗位，我们与社会沟通的重要方式之一就是口语水平。如果一个人在他的工作领域，满口方言俚语，那么可以想象，他与别人沟通交流将会面临怎样的尴尬和被动；为了更好地参与到社会生活与工作中去，他必须摒弃自己的语言方式，努力地向普通话靠拢。反而言之，如果一个人在工作岗位上，早已具备了准确流畅、标准优雅地运用普通话的能力，那么，对于工作的开展和社会生活的进一步参与，将是一件游刃有余的事情。他拥有了普通话表达的能力和素质，激发了对方进一步和彼此交流的兴趣。由此可见，一个社会意义上的人，能否拥有一口标准流利的普通话，对于社会生活的参与，将是一件多么重要的事情。另外，就是得体的谈吐。而得体的谈吐，往往表现在与人的交谈上。

交谈技巧

一家饭店刚招来一个服务员，第一天上班，饭店来了一拨食客。服务员招呼他们落座后，为首的客人道："服务员，茶！"

服务员开始数人："1、2、3、4、5、6、7、8、9、10。"然后回答："十个。"说完侍立一旁。

等了一会，客人见茶还不上来，又喊："倒茶！"

服务员倒着数了一遍人数："10、9、8、7、6、5、4、3、2、1。"答道："还是十个！"

客人感觉很纳闷，问："我让你倒茶，你数啥？"

服务员以为客人问她属相，便脱口而出："我属（数）猪！"

这个服务员先把"茶"听成"查"，"倒茶"理解为倒着查，又把数数的"数"理解为属相的"属"，让客人啼笑皆非。可见交谈也是需要技巧的。

1. 交谈的概念

交谈，是表达思想及情感的重要工具，是人际交往的主要手段，在人际关系中有着十分突出的作用。强化语言方面的修养，学习、掌握并运用好交谈的技巧，是至关重要的。随着人类社会的高度发展，交谈已成为政治、外交、科学、教育、商贸、公关等各个领域中重要的、不可缺少的一项语言活动。

交谈除了"听"和"说"两个意思以

外，还包含了人与人之间的“交流和沟通”，这是一种互动关系，作为交谈双方，一是必须具有交谈的意识、能力和习惯；二是必须认真倾听，并作出适时的回答，不断应变、分析、归纳、评价。交谈就是通过双向交流，来达到沟通的目的。

2. 交谈的作用

交谈是一门艺术，而且自古就有“一人之辩重于九鼎之宝，三寸之舌强于百万之师”的说法，在人类历史上，交谈作为一种社会现象，是和人类劳动、生活、交际活动一同发展起来的。交谈的艺术性体现在：尽管人人都会，然而效果却大相径庭。所谓“酒逢知己千杯少，话不投机半句多”，正说明了交谈的优劣直接决定着交谈的效果。与人进行一次成功的谈话，不仅能获得知识、信息的收益，而且感情上也会得到很多补偿，会感到是一种莫大的享受；而参与一场枯燥无味、死气沉沉的交谈，除了是时间上的浪费之外，还会有一种受折磨的感觉。

交谈是建立良好人际关系的重要途径，是连接人与人之间思想感情的桥梁，是增进友谊、加强团结的一种动力。“良言一句三冬暖，恶语伤人六月寒”，说明交谈在交往中的作用是举足轻重的。随着中国市场经济的不断发展，人们社交活动空前广泛、活跃和频繁，因此，学会与人和谐相处，培养合作精神，化解人际矛盾，就显得尤为重要。

高职学生是有理想、有抱负、有文化、有素质的国家栋梁，其与人交谈水平的高低，必然会对未来的前途产生影响。因此，高职学生更要学习并掌握交谈技巧，为今后生活增添更广泛的空间和更多的渠道与机会。

3. 交谈的原则

没有规矩不成方圆，与人交谈也有固定的原则，在日常交谈中要严格按照这些原则说话，将会使你立于不败之地，相反，违背这些原则说话，则将使你处处碰壁，寸步难行。

1）互相尊重

交谈的核心在于对别人的尊重。只有尊重自己交谈的对象，交谈的对象才会尊重你。在互相尊重的氛围下，交谈才能顺利进行。比如，在会见领导或重要客人时，任何人都必须关掉自己的手机。如果我们在会见刚开始之际，当着对方的面关机，就会明确地表达自己对对方的尊重。对方会打心底感谢你的尊重，交谈就会顺利很多。

2）适度原则

交谈的适度性原则，主要是根据不同对象把握言谈的深浅度，根据不同场合把握言谈的得体度，根据自己的身份把握言谈的分寸度，包括体态语等都要恰到好处。说在该说时，止在该止处，这才叫适度。

4. 交谈的技巧

技巧一：如何与别人交谈。

与别人交谈时他们最感兴趣的话题就是他们自己，尽量要学会引导别人谈论他们自己。

技巧二：如何令别人觉得他们重要。

赞许和恭维他们，关心他们的家人会使别人感到自己重要。

技巧三：如何赞同别人。

学会赞同和认可（培养成一个自然而然赞同别人和认可别人的人）。当你赞同别人时，一定要说出来。当你不赞同别人时，请万万不可告诉他们，除非万不得已。当你犯错误时，要敢于承认。

技巧四：学会聆听。

聆听时，要注视说话者，不要打断他的话题，并巧妙、恰如其分地提问。用心聆听，了解对方脾气、性格，同时可发掘对方的需求，发现别人想要的东西，然后告诉他们你愿意帮助其达成目的以及会如何帮助他。

技巧五：如何说服别人。

当你说一些有利于自己的事情时，人们通常会怀疑你和你所说的话，所以，不要直接阐述，而是引用他人的话，让别人来替你说话，即使那些人并不在现场或那个人并不存在。因为人们通常很少怀疑你间接描述的事实的真实性，会认为你是站在他一边看待和分析问题的。然而，当你直接说出来时，他们就会深表怀疑，没什么原因，仅仅是因为那是你说的。因此，要通过第三者的嘴去讲话。

技巧六：如何赞美别人。

要真诚，倘若这种赞扬不真诚，还不如不说。赞扬行为本身，而不要赞扬人。赞扬要具体、实在，不宜过分夸张。

技巧七：如何批评别人。

在批评别人时，必须在单独相处时提出，不要放声大叫，不要把门打开，不要被更多的人听见，要给对方留点面子。在批评别人前，必须略微地给对方一点赞扬，或说点恭维的话，在创造了一个和谐的气氛后，再展开批评。对事不对人，批评别人所做的错误行为，而不要批评当事人。在批评别人时，告诉他正确的方法，在你告诉他做错了的同时，应告诉他怎样做才是正确的，这样，会使批评产生积极效果。

技巧八：如何感谢别人。

表达谢意时态度要真诚，要清晰、自然地表达。要注视着你要感激的人，致谢时要说出对方的名字。

实战演讲

丘吉尔关于成功的著名一分钟演讲

那是在1948年，英国牛津大学举办的一个题为“成功秘诀”的讲座，特意请来了大名鼎鼎的丘吉尔来为大学生们演讲。牛津大学的大学生们听说丘吉尔要来大学演讲，就都报了名，准备到那天来聆听这位名人的演讲，发自内心地想听听丘吉尔这位伟人对“成功秘诀”的真知灼见。

丘吉尔演讲那天，大厅里已经是人山人海，大学生们都提前来到了会场，就连世界各大媒体的许多记者也早早赶到了会场，准备采写一篇篇关于丘吉尔演讲的报道。在大家的翘首期盼之中，丘吉尔这位威震欧洲，身材魁梧的首相，准时来到了演讲会场，然后迈着军人的步伐走上了演讲台。

随着丘吉尔登上演讲台，看到丘吉尔那魁伟的形象，台下的大学生们情不自禁地响起了热烈的掌声，丘吉尔见之挥了挥手，用手势制止了大家的掌声，说："我的成功秘诀有三个：第一是，决不放弃；第二是决不，第三是，决不、决不、决不能放弃！"演讲完后，丘吉尔就走下了讲台！

丘吉尔的这次演讲，在国外被称为是著名的一分钟演讲，也是众多外国政治家中，最成功、最有影响力的一次演讲，虽然时间短暂，但在世界演讲史上却堪称"经典之作"。

丘吉尔的一分钟演讲完成了，在会场沉寂了片刻之后，台下的听众突然爆发出了热烈的掌声！

"决不放弃，决不，决不放弃！"

就这少而又少的十多个字，却体现了演讲的魅力和力量，也体现了人性的魅力和力量之所在。

演讲不同于平时的交谈，它是在较为隆重的公共场所发表的讲话文稿。演讲的内容要言之有物、言之有情、言之有序，同时演讲者要面对几十人甚至成百上千人时侃侃而谈，抒发情感。而演讲就是感召听众、说服群众、教育听众并促使其行动的一种现实信息交流活动。

下面就详细介绍一下演讲的有关内容。

1. 演讲的选题与内容

选题就是选择和确定演讲的论题。演讲的成功与否，关键看选题。虽然在社会生活中演讲可选择的范围十分广泛，但是内容的广泛并不代表选题的随意性。由于演讲受到主客体等多方面的制约，因此，具体到某一演讲时必须遵守以下选题原则。

1）符合切身实际

演讲者选择的题目必须是自己熟悉且有兴趣的内容。因为熟悉、有兴趣才能展开深入的分析。演讲者的选题还要符合自己的年龄、身份与气质，否则生硬呆板，无法感人。

2）体现时代精神

演讲的目的在于宣传、教育、激励听众。因此，选题一定要体现时代精神，必须要紧紧围绕人们普遍关注的话题，来讲出时代感，对所讲的问题给予科学的全面的解释。

3）切合场合需要

演讲是演讲者在特定的场合中面对听众发表的讲话，所以演讲的内容要与演讲的环境气氛相统一。

4）考虑听众的要求

演讲的对象是广大听众，只有听众听得懂、喜欢听，才能实现演讲的目的。因此，演讲者要考虑不同类型听众的需要，根据不同年龄、不同职业、知识水平、风俗习惯等来确定选题。

2. 演讲前的思想准备

做好一次精彩的演讲，除了要做好材料内容方面的准备之外，还要有充分的精神准备。精神上的准备主要包括思想上、心理上及态度上都要有充足的准备。

1）要充满自信心

演讲者要对自己演讲内容和演讲效果充满信心，更要在精神上去鼓励自己取得成功。演讲者可以通过自我暗示的方法反复刺激自己："我已经准备得非常充分，听众一定会喜欢"等。

2）放松心情

演讲者一定要将自己的心情在登台演讲前调整到最佳状态，以饱满的情绪登台演讲。而且饱满的精神更能感染听众，因此在登台之前要调整好自己的状态，给听众留下深刻的印象。

3）记忆演讲材料

演讲者只有对演讲内容做好充分的准备，才能充满自信。单纯的背诵记忆是初学演讲者的一种准备方式，这种方式不但耗费大量时间，还可能因为某种意外打断思路，更丧失了演讲的激情。所以在大多数的演讲中采用提纲要点记忆法，将主题、论点、事例和数据整理成一份演讲提纲，这样就不会因为一时的意外而忘记下面所有内容。

3. 演讲稿的写作技巧

演讲稿也称演说词，这是一种实用性比较强的文体，是为演讲准备的书面材料，是演讲用的文稿，也是演讲的依据。演讲稿是演讲的基础，它能梳理演讲者的思路，提示演讲内容，消除紧张心理，引导听众，使听众能更好地理解演讲内容，增强演讲感染力。

1）演讲稿的特点

（1）有声性。演讲稿是口头传播的文稿，是说给听众听的，所以要求通俗易懂，顺畅上口。

（2）鼓动性。演讲稿是理、事、情的交融统一，具有鼓动性。要求演讲者要层层剖析，高度概括哲理，生动形象叙事，辅之以感染力，赋之以鼓动性，营造热烈的气氛。

（3）临场性。演讲稿的内容可根据听众的反映和要求稍作调整。所以既要有简单的提纲，又要有详细的内容。事先准备几个能说明问题的事例，以便必要时使用。

2）演讲稿的结构

演讲稿的结构分为开头、主体、结尾三个部分，其结构原则与一般文章大致相同。

（1）开头。演讲的开头，也叫开场白。它在演讲稿的结构中起着非常重要的作用。演讲稿的开头通常有以下几种常见方式。

①提问式。以提问式开头，可吸引听众的注意力，引导听众积极思考问题，积极参与到演讲内容中去。

②故事式。故事本身具有形象性、生动性、趣味性，演讲如以故事开头，能够立即把听众的注意力吸引过来。

③悬念式。演讲伊始，在听众毫无防备的情况下，就提出悬念，调动听众的好奇心，激发观众的兴趣。

④开门见山式。直截了当地说明演讲主题。这种开头方式的优点是突出中心、干脆利落。

⑤名言警句式。利用内涵深刻、发人深省的名言警句，引出演讲的主要内容。

(2)主体。演讲稿要在开头后迅速转入主体部分，这是演讲的核心部分，也是演讲稿的高潮所在，能否写好直接关系到演讲的质量和效果，所以在内容安排方面要注意以下问题。

①确定结构形式。演讲稿的形式多种多样，或旁征博引，或引经据典，或就事论事。不管结构形式怎样变化，都要求重点突出，反复解释要点，加强综合性的阐述。

②认真组织材料。演讲稿的理论依据和事实依据的组织安排要适当。必须要保证事例的真实性、典型性。

③精心构筑高潮。演讲中的高潮，是演讲者就某一论题，经过一番举例、分析、说明、论证后，对于肯定什么、否定什么所作出的最鲜明的回答。它体现了三个特点：一是思想深刻，态度鲜明；二是情感强烈；三是语句精练。演讲稿者具备这三个特点，必定具有强大的感染力。

(3)结尾。演讲内容的自然结尾，是演讲稿的有机组成部分。结尾给听众留下的印象，往往将代表整个演讲给听众的印象。干脆有力、余音绕梁，能使听众精神振奋，并促进听众的思考。虽然结尾没有固定的格式，但是忌讳草草收兵或是画蛇添足。一般以号召性、鼓动性的话收尾，也可以诗文、名言、幽默俏皮的话结尾。

3)演讲稿的写作要求

(1)了解对象，有的放矢。

(2)观点鲜明，感情深厚。

(3)行文变化，富有波澜。

(4)语言流畅，深刻风趣。

(5)控制时间，不宜过长。

论辩之道

中日甲午海战后，日相伊藤博文到中国游历，在武昌时，与张之洞有过一些接触。辜鸿铭当时是张之洞的幕僚，作为见面礼，他送了伊藤博文一本自己刚出版的英译本《论语》。

伊藤博文早知道辜鸿铭是中国的先锋大将，便趁机调侃道："听说你精通西洋学术，难道还不清楚孔子之教能行于两千年，却不能行于20世纪的今天吗?"

辜鸿铭见招拆招，回答道："孔子教人的方法，就好比数学家的加减乘除，在数千年前，其法是三三得九，如今20世纪，其法仍然是三三得九，并不会三三得八。"伊藤博文听了，一时无言以对。

辜鸿铭用"社会科学的方法和自然科学方法一样"做大前提，以"自然科学的加减乘除不会变"做小前提，隐晦含蓄地得出了"孔子教人的方法也一样适用"的结论，不但驳斥了伊藤博文关于孔教过时的谬论，还给伊藤博文留了面子，可谓一举两得。

辩论，是一门语言的艺术，在日常生活中应用十分广泛。人们既可以通过辩论提升自身的逻辑演绎、归纳和科学分析的能力，又能提高演讲与口才水平，增强个人素质，更能为今后的学习生活注入无限生机与活力。

1. 什么是辩论

关于辩论，《墨子·经上》中有这样一种说法："辩，争彼也，辩胜，当也。"意思是说，辩论就是互相争论、讨论，而最后胜利的就是观点正确的。而《墨子·经下》中也提到："俱无不胜者不辩也，辩也者，或谓之是，或谓之非。当者，胜也。"则是说没有对错的分别就没有辩论，之所以有辩论，就是因为对事物的认知产生不同的看法，这些持不同看法的人进行辩论，最终观点正确的一方胜出。在《现代汉语词典》中，解释为："彼此用一定的理由来说明自己对事物或问题的见解，揭露对方的矛盾，以便最后得到正确的认识或共同的意见。"可见辩论的艺术，不仅是语言上的魅力，也是思想上的魅力。辩论是能让人明辨是非，促进双方沟通的语言交流形式。

2. 辩论的特点

1）针对性

辩论的针对性主要表现为：辩论总是围绕双方都重视并感兴趣的同一事物进行，并且双方的观点是针锋相对的。

2）严密性

辩论双方都必须尽量使自己的论据充分有力，阐述合乎逻辑；同时还要善于从对方的言语中寻找破绽，打开辩论的突破口。

3）机敏性

辩论是当场进行的语言活动，即使准备得再充分，也不可能完全准备到，应该根据临场辩论的情况及时调整自己的材料、方法、策略等。

3. 辩论的类型

一般来讲，辩论可分为六大类，即学术辩论、决策辩论、法庭辩论、专题辩论、模拟辩论和日常辩论。

1）学术辩论

学术辩论是辩论中最常见的一种形式。我们由于立场、客观环境的限制，认识是很不平衡的。在各种科学领域中,必然存在着各种不同的观点和理论体系。展开辩论就能更好地明辨是非优劣。学术争辩的目的在于探寻真理,正确地认识和掌握主观自我以及客观世界的本质和规律,并不是争名逐利。因此,双方必须以理服人。

2)决策辩论

决策是人类的基本活动之一,也是一种重要的领导行为。决策辩论的内容一般包括目标选择和方案选择两大部分。参与决策辩论的主要是领导集团的决策系统。在西方,经常会围绕内政外交政策的出台,发生"口舌"之争。在新中国,围绕社会主义改造,建立社会主义市场经济体制的重大方针政策的制定,三峡工程动工等,都曾开展过不同程度的辩论。

3)法庭辩论

法庭辩论是法律活动中一个重要组成部分。诉讼活动包括两个方面:诉,就是告诉,控诉;讼,是辩论是非。现代法庭审判中辩论是法定的重要程序之一。辩论的目的就是在于确保审判的公正性,防止冤、假、错案的发生。

4)专题辩论

专题辩论是指在专门场合进行的有特定议题的辩论,如毕业答辩、外交谈判、联合国大会辩论等。这种辩论形式的形成,标志着当今人类文明已经跨入一个激烈竞争的时代。

5)模拟辩论

模拟辩论是专题辩论的模拟。模拟辩论是一项侧重于人们言辞表达能力的比赛,被称为唇枪舌剑的竞赛。比赛前,先确立一个辩题,辩题可以涉及社会、道德、法律、伦理、政治等人们所关心的问题。比赛双方分为正题方和反题方,正题方支持这一辩题,反题方则反驳这一辩题。评分以参赛人员的立场、辞令和演讲风度三项为标准,总分最高者为优胜。

6)日常辩论

日常辩论是指人们在日常生活中发生的争辩。它一般是在双方都没有准备的情况下,由眼前突然触发的一切而即兴式地引起的。日常辩论通常采用当场辩论、摆事实、讲道理的方式。

4.辩论的技巧

在辩论赛中,往往会出现被动的局面,这也是失败的先兆。辩论中如何反客为主,通俗地说,就是在论辩中如何变被动为主动,是我们需要掌握的。下面向大家介绍几种反客为主的辩论技巧。

1)"借力打力"

武侠小说中通常有一个招数,叫"借力打力",是说内力深厚的人,可以借助对方的攻击之力反击对方。这种方法也可以运用到辩论中来。

如在关于"知难行易"的辩论中,有这么一个回合。

反方:每个人都知道"杀人者偿命"的道理,可见"知"是如此的容易。那么,为什么还是有那么多人要去杀人呢?这就表明"行难"啊!

正方：对啊！那些人正是因为上了刑场死到临头才知道法律的威力，法律的尊严，可谓“知难”哪！

这里，正方之所以可以借反方的例证反治其身，是因为他有一系列并没有表现在口头上的、重新解释字词的理论作为坚强后盾，有效地回击了反方，使反方构建在“知”和“行”浅层面上的立论框架崩溃了。

2)“移花接木”

“移花接木”顾名思义就是去除对方论据中存在缺陷的部分，替换成对我方有利的观点或材料，往往可以收到以柔克刚奇效。

如在“知难行易”的辩论中曾出现过这样的例子。

反方：古人说“蜀道难，难于上青天”是说蜀道难走，“走”就是“行”嘛！要是行不难，孙行者为什么不叫孙知者？

正方：孙大圣的小名是叫孙行者，可对方辩友知不知道，他的法名叫孙悟空，“悟”是不是“知”？

这是一个非常漂亮的“移花接木”的案例。这种方法要求辩手勇于接招，勇于反击，因而也是难度较大、对抗性很高、说服力极强的论辩技巧。

3)“顺水推舟”

为使对方观点在所增设的条件下不能成立，或得出与对方观点截然相反的结论，我们在表面上认同对方的观点，顺应对方的逻辑进行推导，但在推导中根据我方需要，设置某些符合情理的障碍。

如在“愚公应该移山还是应该搬家”的辩论中。

反方：我们要请教对方辩友，愚公搬家解决了困难，保护了资源，节省了人力、财力，这究竟有什么不应该？

正方：愚公搬家不失为一种解决问题的好办法，可愚公所处的地方连门都难出去，家又怎么搬？可见，搬家姑且可以考虑，也得在移完山之后再搬呀！

从上面的案例来看，反方就事论事，理由充分，正方则利用一系列理论节节贯穿，丝丝入扣，以势不可当的攻击力把对方的就事论事打得落花流水。正方先肯定对方的观点，继而以“愚公所处的地方连门都难出去”这一条件，自然而然得出“家又怎么搬”的疑问，最后顺理成章地得出“先移山，后搬家”的结论。

4)“正本清源”

“正本清源”这种技巧恰是反其思路而行之，从其比喻义而言，是指出对方论据与论题的关系不紧密或背道而驰之处，从根本上矫正对方论据的立足点，把它拉入我方“势力范围”，使其观点恰好为我方所用。

如在“跳槽是否有利于人才发挥作用”的论辩中，有这样一个例子。

正方：张勇，全国乒乓球锦标赛的冠军，就是从江苏跳槽到陕西，对方辩友还说他没有为陕西人民作出贡献，真叫人心寒啊！

反方：请问到体工队可能是跳槽去的吗？这恰恰是我们这里提倡的合理流动啊！对方辩友带着跳槽眼镜看问题，当然天下乌鸦一般黑，所有的流动都是跳槽了。

正方举张勇为例，他从江苏到陕西后，获得了更好的发展的空间，这是事实。反方马上指出对方具体例证引用失误：张勇到体工队，恰恰是在公平的原则下“合理流动”去的，不可能是通过“跳槽”这种人才流动方式去的，这种说法可信度高、说服力强，收到了明显的反客为主的效果。

5)“釜底抽薪”

辩论中，对方要使其论点成立，一般会提出相应的论据加以支撑证明。而“釜底抽薪”就是抓住对方论据中的最主要的纰漏，集中火力打击，其论点自然就站不住脚，这样就能击溃对方，顺利取得辩论的胜利。

如在“思想道德应该适应(超越)市场经济”的辩论中，有如下例子。

反方：我想问雷锋精神到底是无私奉献精神还是等价交换精神？

正方：对方辩友您错误理解了等价交换，等价交换是说所有的交换都要等价，但并不是说所有的事情都是在交换，雷锋还没有想到交换，当然雷锋精神谈不上等价了。

反方：那我还要请问对方辩友，我们的思想道德它的核心是为人民服务的精神，还是求利精神？

正方：为人民服务难道不是市场经济的要求吗？

在这个案例中，我们可以看到反方反倒由主动变得被动，从两个预设选项中没能抽出“等价交换”的概念。当然，辩场上的实际情况要复杂得多，要想在论辩中掌握主动权，不仅要靠技巧还要凭借即兴发挥，这一点是没有技巧的。

6)“攻其要害”

在辩论中常常会出现这样的情况：双方在一些细枝末节的问题上纠缠不清，结果表面上争论得很激烈，实际上早已跑题，这是辩论的大忌。辩论中一个重要的技巧就是要在对方一辩、二辩陈词后，迅速地找出对方立论中的要害问题，然后紧紧抓住这一问题，一攻到底，以便从理论上彻底地击败对方。

7)“利用矛盾”

由于辩论双方均有四位队员，辩论过程中队员间往往会出现矛盾，即使是同一位队员，在自由辩论中，由于出语速度非常快，很有可能出现前后矛盾的情况。一旦出现这种情况，就应当马上抓住其矛盾并竭力扩大矛盾，使之自顾不暇，无力进攻我方。

8)“引蛇出洞”

若在辩论中出现胶着状态，即不管我方如何进攻，对方死死守住其立论，只用简单几句话回应，这时若采用正面进攻的方法，必然收效甚微。在这种情况下，要尽快调整辩论手段，采取其他方法，从表面上看无关紧要的问题入手，诱使对方离开立论，以便达到打击对方的目的。

9)“李代桃僵”

在辩论中，当碰到一些在理论上或逻辑上都比较难辩的辩题时，不得不采用“李代桃僵”的方法，引入一种新概念来化解眼前的困难。这种方法的意义在于引入新概念与对方辩论，从而确保我方立论中的某些重要概念隐藏在后面，不会直接受到对方的攻击。

辩论是一个非常多变的过程，在这一过程中，可以施展多种技巧。只有使知识积累和辩论技巧相互配合，才能在辩论赛中取得佳绩。

［阅读拓展］

例文 1

奥巴马当选演讲稿

芝加哥的市民们，你们好！

如果还有人对在美国是否凡事皆有可能这一点存疑，还有人怀疑美国奠基者的梦想在我们所处的时代是否依然鲜活，还有人质疑我们的民主制度的力量，那么今晚，这些问题都有了答案。这是设在学校和教堂的投票站前排起的前所未见的长队给出的答案；是等了三四个小时的选民所给出的答案，其中许多人都是有生以来第一次投票，因为他们认定这一次肯定会不一样，认为自己的声音会是这次大选有别于以往之所在。

这是所有美国人民共同给出的答案——无论老少贫富，无论是民主党还是共和党，无论是黑人、白人、拉美裔、亚裔、原住民，是同性恋者还是异性恋者、残疾人还是健全人——我们从来不是"红州"和"蓝州"的对立阵营，我们是美利坚合众国这个整体，永远都是。

长久以来，很多人一再受到告诫，要对我们所能取得的成绩极尽讽刺、担忧和怀疑之能事，但这个答案让这些人伸出手来把握历史，再次让它朝向美好明天的希望延伸。

已经过去了这么长时间，但今晚，由于我们在今天、在这场大选中、在这个具有决定性的时刻所做的，美国已经迎来了变革。

我刚刚接到了麦凯恩参议员极具风度的致电。他在这场大选中经过了长时间的努力奋斗，而他为自己所深爱的这个国家奋斗的时间更长、过程更艰辛。他为美国做出了我们大多数人难以想象的牺牲，我们的生活也因这位勇敢无私的领袖所作出的贡献而变得更美好。我向他和佩林州长所取得的成绩表示祝贺，我也期待着与他们一起在未来的岁月中为复兴这个国家的希望而共同努力。

我要感谢我在这次旅程中的伙伴——已当选美国副总统的拜登。他全心参与竞选活动，为普通民众代言，他们是他在斯克兰顿从小到大的伙伴，也是在他回特拉华的火车上遇到的男男女女。

如果没有一个人的坚决支持,我今晚就不会站在这里,她是我过去16年来最好的朋友,是我们一家人的中坚和我一生的挚爱,更是我们国家的下一位第一夫人:米歇尔·奥巴马(Michelle Obama)。萨莎(Sasha)和玛丽亚(Malia),我太爱你们两个了,你们已经得到了一条新的小狗,它将与我们一起入住白宫。虽然我的外祖母已经不在了,但我知道她与我的亲人肯定都在看着我,因为他们,我才能拥有今天的成就。今晚,我想念他们,我知道自己欠他们的无可计量。

我的竞选经理大卫·普劳夫(David Plouffe)、首席策略师大卫·艾克斯罗德(David Axelrod)以及政治史上最好的竞选团队——是你们成就了今天,我永远感激你们为实现今天的成就所作出的牺牲。

但最重要的是,我永远不会忘记这场胜利真正的归属——它属于你们。

我从来不是最有希望的候选人。一开始,我们没有太多资金,也没有得到太多人的支持。我们的竞选活动并非诞生于华盛顿的高门华第之内,而是始于得梅因、康科德、查尔斯顿这些地方的普通民众家中。

我们的竞选活动能有今天的规模,是因为辛勤工作的人们从自己的微薄积蓄中拿出钱来,捐出一笔又一笔5美元、10美元、20美元。而竞选活动的声势越来越大则是源自那些年轻人,他们拒绝接受认为他们这代人冷漠的荒诞说法,他们离开家、离开亲人,从事报酬微薄、极其辛苦的工作;同时也源自那些已经不算年轻的人们,他们冒着严寒酷暑,敲开陌生人的家门进行竞选宣传;更源自数百万的美国民众,他们自动自发地组织起来,证明了在两百多年以后,民有、民治、民享的政府并未从地球上消失。这是你们的胜利。

我知道你们的所作所为并不只是为了赢得大选,我也知道你们做这一切并不是为了我。你们这样做是因为你们明白摆在面前的任务有多艰巨。因为即便我们今晚欢呼庆祝,我们也知道明天将面临我们一生之中最为艰巨的挑战——两场战争、一个面临危险的星球,还有百年来最严重的金融危机。今晚站在此地,我们知道伊拉克的沙漠里和阿富汗的群山中还有勇敢的美国士兵醒来,甘冒生命危险保护着我们。会有在孩子熟睡后仍难以入眠的父母,担心如何偿还按揭月供、付医药费或是存够钱送孩子上大学。我们亟待开发新能源、创造新的工作机会;我们需要修建新学校,还要应对众多威胁、修复与许多盟国的关系。

前方的道路会十分漫长且艰辛。我们可能无法在一年甚至一届任期之内实现上述目标,但我从未像今晚这样满怀希望,相信我们会实现。我向你们承诺——我们作为一个整体将会达成目标。

我们会遭遇挫折和不成功的开端。对于我作为总统所做的每项决定和政策,会有许多人持有异议,我们也知道政府并不能解决所有问题。但我会向你们坦陈我们所面临的挑战。我会聆听你们的意见,尤其是在我们意见相左之时。最重要的是,我会请求你们参与重建这个国家,以美国221年来从未改变的唯一方式——一砖一瓦而成、胼手胝足相续。

21个月前那个寒冬所开始的一切不应该在今天这个秋夜结束。今天的选举胜利并不是我们所寻求的改变——这只是我们进行改变的机会。而且如果我们仍然按照旧有方式行事，我们所寻求的改变不可能出现。没有你们，也不可能有这种改变。

因此，让我们发扬新的爱国精神，树立新的服务意识和责任感，让我们每个人下定决心全情投入、更加努力地工作，并彼此关爱。让我们铭记这场金融危机带来的教训：我们不可能在金融以外的领域备受煎熬的同时拥有繁荣兴旺的华尔街——在这个国家，我们患难与共。

让我们抵制重走老路的诱惑，避免重新回到令美国政治长期深受毒害的党派纷争和由此引发的遗憾和不成熟表现。让我们牢记，正是伊利诺伊州的一名男子首次将共和党的大旗扛到了白宫。共和党是建立在自强自立、个人自由以及全民团结的价值观上，这也是我们所有人都珍视的价值。虽然民主党今天晚上赢得了巨大的胜利，但我们是以谦卑的态度和弥合阻碍我们进步的分歧的决心赢得这场胜利的。林肯在向远比我们眼下分歧更大的国家发表讲话时说，我们不是敌人，而是朋友……虽然激情可能褪去，但是这不会割断我们感情上的联系。对于那些现在并不支持我的美国人，我想说，或许我没有赢得你们的选票，但是我听到了你们的声音，我需要你们的帮助，而且我也将是你们的总统。

那些彻夜关注美国大选的海外人士，从国会到皇宫以及在这个世界被遗忘的角落里挤在收音机旁的人们，我们的经历虽然各有不同，但是我们的命运是相通的，新的美国领袖诞生了。那些想要颠覆这个世界的人们，我们必将击败你们。那些追求和平和安全的人们，我们支持你们。那些所有怀疑美国能否继续照亮世界发展前景的人们，今天晚上我们再次证明，我们国家真正的力量并非来自我们武器的威力或财富的规模，而是来自我们理想的持久力量：民主、自由、机会和不屈的希望。

这才是美国真正的精华——美国能够改变。我们的联邦会日臻完善。我们取得的成就为我们将来能够取得的以及必须取得的成就增添了希望。

这次大选创造了多项"第一"，也诞生了很多将世代流传的故事。但是今天晚上令我难忘的却是在亚特兰大投票的一名妇女：安·尼克松·库波尔(Ann Nixon Cooper)。她和其他数百万排队等待投票的选民没有什么差别，除了一点：她已是106岁的高龄。

她出生的那个时代奴隶制度刚刚结束；那时路上没有汽车，天上也没有飞机；当时像她这样的人由于两个原因不能投票——一是她是女性，另一个原因是她的肤色。

今天晚上，我想到了她在美国过去一百年间所经历的种种：心痛和希望；挣扎和进步；那些我们被告知我们办不到的世代以及那些坚信美国信条——是的，我们能做到的人们。

曾几何时，妇女没有发言权，她们的希望化作泡影，但是安·尼克松·库波尔活了下来，看到妇女们站了起来，看到她们大声发表自己的见解，看到她们去参加大选投票。是的，我们能做到。

当30年代的沙尘暴和大萧条引发人们的绝望之情时，她看到一个国家用罗斯福新政、新就业机会以及对新目标的共同追求战胜恐慌。是的，我们能做到。

当炸弹袭击了我们的海港、独裁专制威胁到全世界，她见证了美国一代人的伟大崛起，见证了一个民主国家被拯救。是的，我们能做到。

她看到蒙哥马利通了公共汽车、伯明翰接上了水管、塞尔马建了桥，一位来自亚特兰大的传教士告诉人们：我们能成功。是的，我们能做到。

人类登上月球、柏林墙倒下，世界因我们的科学和想象被连接在一起。今年，就在这次选举中，她用手指触碰屏幕投下自己的选票，因为在美国生活了106年之后，经历了最好的时光和最黑暗的时刻之后，她知道美国如何能够发生变革。是的，我们能做到。

美国，我们已经走过漫漫长路，我们已经历了很多。但是我们仍有很多事情要做。因此今夜，让我们自问如果我们的孩子能够活到下个世纪；如果我们的女儿有幸活得和安一样长，他们将会看到怎样的改变？我们将会取得怎样的进步？

现在是我们回答这个问题的机会。这是我们的时刻。这是我们的时代，让我们的人民重新就业，为我们的后代敞开机会的大门；恢复繁荣发展，推进和平事业；让"美国梦"重新焕发光芒，再次证明这样一个基本的真理：我们是一家人；一息尚存，我们就有希望；当我们遇到嘲讽和怀疑，当有人说我们办不到的时候，我们要以这个永恒的信条来回应他们：是的，我们能做到。

感谢你们。上帝保佑你们。愿上帝保佑美利坚合众国。

——摘自百度文库

例文2

乔布斯用"话语之智"补"苹果之缺"

美国苹果公司的创始人、前CEO史蒂夫·乔布斯近日去世。乔布斯带领苹果公司创造了iPod、iPhone、iPad等诸多产品，一次次革命性地改变了世界。如果说，他创造的那个带有缺口的苹果形象意味着一种缺憾的话，那么，他的睿智口才无疑让他的生命趋于完美。如今，巨星陨落，但那些富有灵性的声音犹响耳畔……

妙语激人才——"卖一辈子糖水还是改变世界？"

苹果公司创业之初，公司营销人才匮乏，乔布斯便极力邀请时任百事可乐公司总裁的斯卡利加盟。但乔布斯提供给斯卡利的薪酬和其他条件很是一般，斯卡利丝毫没有动心。他俩站在阳台两侧，面对着哈得孙河沉默了许久。最后，乔布斯非常直接地问斯卡利："你会来苹果公司吗？"斯卡利说："我很欣赏你现在从事的事业，但是这对我而言没有意义，我真的无法到苹果公司任职，只能成为你的顾问。"

听到斯卡利这样的答复，乔布斯停顿了片刻，然后向斯卡利提出一个“像幽灵一样困扰心灵”的问题：“你是想卖一辈子糖水呢，还是想改变世界?”斯卡利陷入了沉思，这个问题使他大为震动。深思熟虑之后，斯卡利最终接受了乔布斯的邀请。

一句话也许会改变一切，斯卡利因薪酬等问题拒绝了乔布斯，并提出了“当顾问”的折中办法。乔布斯高屋建瓴，设置了一个“非此即彼”的选择性提问，因为与“卖一辈子糖水”相比，“改变世界”实在要宏大、有意义得多，让斯卡利不得不重新审视自己的抉择，正是这句话激发他接受苹果公司董事长的工作。关键时刻，乔布斯的一句话改变了斯卡利的职业轨迹，并由此开启了乔布斯缔造神话的历程。而这次谈话也成了美国企业历史上最有名的片段。

智言论成长——“请听从内心的召唤。”

一次，乔布斯接受美国《商业周刊》采访，记者问了一个广大青年学子普遍存在的成长困惑：究竟该为谁而活?

对此，乔布斯侃侃而谈：“每个人的时间都是有限的，所以不要将他们浪费在重复其他人的生活上；不要被其他人的所作所为所束缚，那意味着你会和其他人思考的结果一起生活；不要被其他人喧嚣的观点掩盖了你内心的真实声音，请鼓起勇气听从你的直觉和内心的想法，因为他们知道你究竟要成为什么样子。你拥有绝对的自主权来决定如何生活，给自己一个机会，过自己选择的生活，做自己的老板!”

人生在世，究竟该为谁而活? 每个人的回答仁智互见。乔布斯的观点很明确，而且比较符合当今青年人的成长规律和心理特点。他的表述看似“闲庭信步”，实则匠心独运，以“不要”为关键词组成排比句，层层递进，水到渠成地亮出“要遵从内心的召唤，过自己选择的生活”的观点。这是人性的一种本质展现，精辟独到，睿智而深刻，也处处呈现出说话者的亲身体验，显得血肉丰腴，对渴望成功、渴望成才的青年学子有着积极有力的指导作用。

淡泊看财富——“在巨富中死去毫无意义”。

一次，在《华尔街日报》组织的“后数字化会议”上，乔布斯和比尔·盖茨非常难得地同时出现在舞台上进行对话。在回应关于比尔·盖茨的“第二伟大的事业——做一名慈善家”的问题时，乔布斯先是赞颂盖茨使世界变得更美好，然后话锋一转，说：“我相信盖茨的初衷和我是一样的，不是要成‘坟墓里最富有的人’。我们都在中低收入阶层的家庭长大，但我从未真正关心过财富的多少。于我而言，钱并不是最具意义或最有价值的东西，在巨富中死去对我并没有意义，而临睡前能告诉自己做了多美妙的事情，这才是最重要的。我觉得我们两个是这个星球上最幸运的两个家伙，因为我们三十年如一日地跟一群最出色的专业人员一起，从事我们所热爱的事业。因此，我认为我们已经很难比现在更幸福了。”

幸福是一种心灵体验，跟财富的多寡无关。在乔布斯的这段话中，你听不到他对财富的渴求，也听不到股票期权或私人飞机之类有着明显财富符号的东西，你所能听到的是他对财富的淡泊以及对现实生活的感恩。他告诉我们，享受当下，从事自己热爱的事业，要比在“巨富中死去”，成为“坟墓里最富有的人”要有意义得多，因为,与志同道合的人一起做喜欢做的事才是最美妙、最幸福的事情。

豁达对人生——“把每一天当作生命的终点。”

2004 年,乔布斯被诊断出患有胰腺癌,然而在病魔面前他的人生反而愈挫愈勇。一次,在出席斯坦福大学毕业典礼时,他跟即将毕业的学子进行了一场“心灵”对话。

面对死亡,他坦诚相见,说:“死亡是我们每个人的终点,没人能够逃脱,其实死亡本身就是生命最好的一个发明,它将旧的去除以便给新生让路。‘记住你即将死去’是我一生中最重要的箴言,也是我所知道的避免陷入患得患失困境的最好方法,因为几乎所有荣誉、所有骄傲、所有对难堪和失败的恐惧,都会在死亡到来之时消失。如果把每一天都当作生命的终点,那么,你就没有理由不去跟随自己的心一起跳动,求知若饥,虚心若愚,惜时如金。”

生命是宝贵的,谁也不愿意面对死亡。乔布斯用他的才华改变了人们的生活,甚至影响了世界,却撼不动死神。正因为如此,他才得出“把每一天当作生命的终点”的彻骨感悟,这种“置之死地而后生”的人生态度,既表现了他思想的超脱和豁达,也对病魔发出了有力的回击和嘲讽。试问,一个有勇气面对死亡的人,还有什么让他惧怕呢?也正是在他被查出患有绝症的这七年里,乔布斯争分夺秒相继推出了iPod、iPhone 等震撼全球的顶级产品,引来拥趸无数,使他的生命大放异彩。

虽斯人已去,但“苹果教父”那些发自肺腑、源自心灵的声音依然响彻寰宇。如果认真领悟每一句话,你将会发现一个全新的自我,活出闪亮的人生!

——摘自《演讲与口才》

例文 3

人格是最高的学位

白岩松

很多年很多年以前,有一位学大提琴的年轻人去向本世纪最伟大的大提琴家卡萨尔斯讨教:我怎样才能成为一名优秀的大提琴家?

卡萨尔斯面对雄心勃勃的年轻人,意味深长地回答:先成为优秀而大写的人,然后成为一名优秀和大写的音乐人,再后就会成为一名优秀的大提琴家。

听到这个故事的时候我还年少,老人回答时所透露出的含义我还理解不多,然而随着采访中接触的人越来越多,这个回答就在我脑海中越印越深。

在采访北大教授季羡林的时候,我听到一个关于他的真实故事。有一个秋天,北大新学期开始了,一个外地来的学子背着大包小包走进了校园,实在太累了,就把包放在路边。这时正好一位老人走来,年轻学子就拜托老人替自己看一下包,而自己则轻装去办入学手续。老人爽快答应。近一个小时过去,学子归来,老人还在尽职尽责地看守。谢过老人,两人分别!

几天后是北大的开学典礼,这位年轻学子惊讶地发现,主席台上就座的北大副校长季羡林,正是那一天替自己看行李的老人。

我不知道这位学子当时是一种怎样的心情,但在我听过这个故事之后却强烈地感觉到:人格才是最高学位。

这之后我又在医院采访了世纪老人冰心。我问先生，您现在最关心的是什么？老人的回答简单而感人：是年老病人的状况。

当时的冰心已接近人生的终点，而这位在“五四”爆发那一天开始走上文学创作之路的老人心中对芸芸众生的关爱之情历经近80年的岁月而依然未老。这又该是怎样的一种传统！

冰心的身躯并不强壮，即使年少时也少有飒爽英姿的模样，然而她这一生却用自己当笔，拿岁月当稿纸，写下了一篇关于爱是一种力量的文章，然后在离去之后给我们留下了一个伟大的背影。

今天我们纪念“五四”，80年前那场运动中的呐喊、呼号、血泪都已变成一种文字留在典籍中，每当我们这些后人翻阅的时候，历史都是平静地看着我们，这个时候，我们觉得80年前的事已经距今太久了。

然而，当你有机会和经历过五四运动或受过五四运动影响的老人接触后，你就知道，历史和传统其实一直离我们很近。

世纪老人在陆续地离去，他们留下的爱国心和高深的学问却一直在我们心中不老。但在今天，我还想加上一条，这些世纪老人所独具的人格魅力是不是也应该作为一种传统被我们向后代延续？

前几天我在北大听到一个新故事，清新而感人。一批刚刚走进校园的年轻人，相约去看季羡林先生，走到门口，却开始犹豫，他们怕冒失地打扰了先生。最后决定，每个人用竹子在季老家门口的土地上留下问候的话语。然后才满意地离去。

这该是怎样美丽的一幅画面！在季老家不远，是北大的博雅塔在未名湖中留下的投影，而在季老家门口的问候语中，是不是也有先生的人格魅力在学子心中留下的投影呢？只是在生活中，这样的人格投影在我们心中还是太少。

听多了这样的故事，便常常觉得自己是只气球，仿佛飞得很高，仔细一看却是被浮云拖着；外表看上去也还饱满，肚子里却是空空。这样想着就有些担心了，怎么能走更长的路呢？

于是，“渴望年老”四个字对于我就不再是幻想中的白发苍苍或身份证上改成60岁，而是如何在自己还年轻的时候，便能吸取优秀老人身上所具有的种种优秀品质。

于是，我也更加知道了卡萨尔斯回答中所具有的深意。怎样才能成为一个优秀的主持人呢？心中有个声音在回答：先成为一个优秀的人，然后成为一个优秀的新闻人，再然后是自然地成为一名优秀的节目主持人。

我知道，这条路很长，但我将执着地前行。

——摘自《大学生实用口才训练教程》

例文 4

1997 年国际大专辩论赛经典辩词(自由辩论环节)

辩题：真理越辩越明/真理不会越辩越明

正方：首都师范大学 真理越辩越明

反方：马来亚大学 真理不会越辩越明

……

主席：谢谢周同学，经过正反两方前 3 位代表的陈词之后，接下来又是他们施展辩才的时刻了。在自由辩论开始之前，让我提醒双方代表，你们各队有 4 分钟的发言时间，那么正方须先发言。一方发言之后，另外一方要马上发言，否则时间照计。好，现在我宣布自由辩论正式开始。

正方四辩：请问在定比定律的发现过程中难道不是真理越辩越明吗？

反方一辩：对方辩友那么推崇辩，那么就请你们以辩来论证地球是以 3.5 度来绕着太阳转的。

正方一辩：对方辩友，看来你是无法解释我方提出的这段科技史上的佳话，请问对方辩友，你们如何解释波普尔的猜想反驳定理呢？

反方二辩：对方告诉我们辩论是一种充分条件，对方是不是告诉我们辩论必然带来真理呢？那么请对方以辩来论证地球是以 23.5 度环绕着太阳运行的。

正方三辩：对方今天错误地理解了我们的辩题，我们说充分条件是说既有真理又有辩存在的情况下，真理越辩越明，对方根本排除辩的存在。请问这又如何论证你方的观点呢？我再一次问对方辩友，在《诸子舆论大全》中说道，朱熹和他的学生往复诘难。其越辩越祥，其艺越精，请问这难道不是越辩越明吗？

反方三辩：如果必须有其他的条件配合，那么辩论如何还是追求真理的充分条件呢？再请问对方辩友，遗传之父曼德尔他是通过豆苗的实验还是豆苗进行辩论来找到遗传的定律呢？

正方二辩：我不得不提醒对方注意，今天我们讨论的是辩能不能真理明的问题。可是对方举出了各种实例都没有辩的参与，根本就没有辩，如何论证你方观点呢？

反方四辩：谢谢对方辩友，终于退出了一步，我们知道许多的真理根本不用靠辩，就好像曼德尔找出遗传的真谛是没有经过辩这个过程的啊！

正方四辩：既然对方辩友都不承认有辩，那我们今天的命题你们又怎么论证真理不会越辩越明！

反方二辩：谢谢对方辩友终于承认了辩不是一个充分条件，因为在许多条件之下辩是不需要存在的。再请对方辩友解释一下星球之间的距离轨道之间的引力是如何通过辩来论证的呢？

正方三辩：对方辩友并没有回答我方刚提出的问题，我想请问，难道所有的真理都不要辩了吗？我们今天打个比方，我方认为人越长越胖，对方说人不会越长越胖，今天你根本说没有人，根本就不会长，那又如何论证今天的命题呢？

反方一辩：对方辩友一再逃避我方的问题，那么如何把真理给辩明呢？刚才对方辩友还提出维新论法，维新论法是一种规律，它不是一种辩的方法，请你不要混淆了。既然辩友的所谓辩不能在科学方面辩出来，那就请问对方辩友上帝爱世人，如何越辩越明啊！

正方二辩：对方老说事实是很重要的，难道我们说事实能解决一切吗？要让人相信人是由猿猴进化来的，是不是要牵来一只猴子把它变成人我们才相信呢？

反方二辩：对方辩友搞错了，今天我们由猿进化到人的过程当中，我们是要用科学的检验来答之，而不是辩。对方辩友请您论证我方主辩所提的上帝爱世人这个神圣的命题是如何通过您方的辩论辩出来的呢？

正方四辩：我倒想问对方辩友，你是如何通过科学检验人是由猿进化来的呢？

反方四辩：让我们谈谈造神论的命题吧，对方辩友还没有回答刚才我方问的一个问题，就是上帝爱世人，上帝的存在是不是靠辩出来的呢？

反方三辩：按照对方辩友说法，真理的相对面就是谬误，说上帝不存在，是否说全世界的基督教徒都在相信一个谬误呢？

正方一辩：我更知道在宣传圣经的过程中，人们是提倡辩论的，请问对方辩友你们是怎么样用科学的方法告诉我们猴子是怎么变成人的呢？

反方二辩：对方辩友搞错了，上帝爱世人这个是不证自明的辩理，难道还要通过辩来答之吗？我们再请问对方辩友，佛家讲求顿悟为什么不讲求辩悟呢？

正方三辩：刚才台下的一片嘘声就说明了对方的观点到底是不是一个真理。那么，这个姑且不谈。对方辩友刚才说得好，不证自明，这是一个不证自明的真理，那么我们现在要谈论在有证情况下如何是明还是不明。对方刚才说国家，我们也来谈国家。敦煌壁画中著名的维摩诘经变图，讲述的就是文殊菩萨和维摩诘辩论佛法的道理。连佛都在辩呀，对方辩友。

反方一辩：那不是要告诉我们所有的出家人都不用敲木鱼不用念弥陀了，拿着麦克风搞搞辩论就算了。

正方二辩：对方说真理不会越辩越明，那么我请问我们在学校里要开展师生之间的讨论，难道这讨论来讨论去就是让我们越讨论越糊涂吗？

反方二辩：对方首先就搞错了辩论，把辩论等同于讨论，(这是)对方辩友概念上的错误。真理怎么会越辩越明呢？对方说辩论是一种充分的条件，又告诉我们许多情况下不需要辩论，对方这个逻辑上的矛盾是如何建立起来的呢？

正方三辩：我方说的是有辩的存在的情况下真理会越辩越明，这就是我方的立论基础。我倒要请问对方假如说真理越辩越不明的话，而对科学史上许许多多真理辩明的例子你们又是如何解释的呢？

反方四辩：对方辩友刚才终于承认了，有辩的情况下真理一定会搞出来，但是我想请问对方辩友，白马黑马也是有辩的情况，真理搞出来没有？

正方四辩：难道在座的各位有谁相信白马不是马吗？

反方一辩：所以这就论证了辩论不一定会带来真理，你方的充分条件就已经不能成立了呀！对方辩友不断告诉我们进化论，我只听过达尔文是环绕世界的时候经过经验的累积发现进化论的，可不是辩论辩出来的啊！

正方一辩：请问达尔文在探索真理过程中，有没有思想的争辩呢？如果没有那可是全盘接受的呀！

反方三辩：这关键还在于考古学呀。对方辩友刚才提到权力，我们知道权力的介入使真理不会越辩越明。赵高能够指鹿为马，连鹿都可以变成马，真理如何越辩越明呢？

正方三辩：对方辩友刚才将辩推到了极致，那么有必要我们就要天天辩。那么我举个例子，我们今天人们需要吃饭，难道说我们就要每时每刻都要去吃饭吗？岂不要撑死大家啊！

反方一辩：对方辩友这么说原来把思辨也等同于辩，那么今天我在想，我要吃饭还是吃面，也是你方所谓的辩了！

正方二辩：我们说对方狭隘地把辩仅仅以为是诡辩和狡辩，我们一再说，我方的观点可是以事实为基础的。请问对方辩友，关于克隆人是利大还是弊大的问题，难道用事实真的去克隆一个人吗？让我们看看利大还是弊大。我们今天还讨论什么克隆人利大还是弊大呢？

反方四辩：对方辩友告诉我们思辨也是辩，那么板桥神经病院里的神经病人时常也跟自己讲话，请问你是说他们自己辩论吗？

正方四辩：对方辩友说诡辩也是一种辩，那么我倒想请问了，你能说《笑傲江湖》里的桃谷六仙，喋喋不休，纠缠不清也是辩论吗？

反方二辩：对方说为真理而辩就能带来真理，为诡辩就不能带来真理，对方辩友不要忘记你们今天是一个全称性的问题。有时辩会带来真理，有时辩不会带来真理，你方的立场能够成立吗？

正方一辩：我们一再强调，为真理而辩真理越辩越明。医生告诉我们吃水果有利健康。而对方辩友却说了运动才能使身体健康，所以吃水果使身体健康就不对呀！

反方三辩：对方要来谈水果，我们就来谈水果吧。你要分辨一个苹果是甜的还是酸的，你是要尝一口还是辩一口啊？

正方三辩：有人说苹果是甜的，也有人说苹果是酸的，要不要辩呀？对方辩友刚才告诉我们只要辩，不辩就不明。那么我要请问对方辩友……

反方三辩：苹果之甜，苹果之酸，辩了3天3夜苹果都烂了还不知道，还不如吃一口就知道苹果是甜酸了。对方辩友在语言表达的极限之下道理怎么会越辩越明呢？

主席：谢谢，非常谢谢正反两方。经过了精彩刺激的自由辩论之后，我们稍微休息一下，稍后再辩。欢迎大家再次回到辩论会的现场，现在我们请反方的第四位代表叶纹豪同学总结陈词,他的时间是4分钟。

……

——摘自新浪爱问知识人

例文5

柴静妙语劝姚晨

姚晨作为当下人气颇高的女艺人,不仅影迷无数,还是一位拥有近千万粉丝的微博女王。但她无论做什么,都没有明星的架子,给人留下亲切、朴实的感觉。然而,在镁光灯下活泼开朗的姚晨,在2011年,忽然变成了一个沉默寡言的人。

2011年,对姚晨而言注定是刻骨铭心的一年,她经历家庭带来的伤痛,而通过微博帮亲人抵抗强拆的事件,也被很多人斥责为凭借名气"办事",这让她的情绪一度跌到谷底。由于压力过大导致她严重失眠。

好友柴静见姚晨消沉的样子,十分心疼却又无能为力。柴静深知姚晨的倔脾气,再多的痛苦都习惯一个人去扛。于是,柴静只好邀请姚晨去家里做客。姚晨在婉拒多次后,终于答应了。

那天,姚晨身着休闲装,素颜打扮,去了柴静家里。一进客厅,姚晨就发现柴静家里布置得很温馨,阳台上的君子兰也开得满室飘香。

姚晨惊讶地问柴静:"前段时间,你也遭受事业上的打击,没想到你生活这般不如意,还有如此心态。我真服你。"

柴静浅浅地笑道:"你爱惜,花儿努力地开;你厌恶,花儿也努力地开。花儿总是努力地开,美好的生活也总是在继续,何不珍惜所拥有的每一天呢?"

姚晨笑笑,无奈地摇摇头。

柴静看了看瘦削的姚晨,建议道:"吃饭还有一段时间,不如咱去下面的花园散散步?"

姚晨点点头。

时逢夏季,花园里各式各样的花尽情绽放,到处弥散着扑鼻而来的香味儿,和周围的香樟的气息混合之后,显得分外清雅。

"你看那路旁有许多高悬着的吊兰,太美了。"柴静故意提高嗓门。

"哪里?"姚晨有些发愣。

柴静伸手朝南面一指,果然,吊兰惊艳的花束,显示了它独特的美丽和雅致。

"不知道这是真花还是假花,要是假花就没什么意思了,美丽也是虚假的,"姚晨叹了口气说道,"要不咱去摸摸?"

"不用,"柴静说,"这是真花。"

“你就这么肯定?”姚晨疑惑地问。

“你看,个别叶子边缘已微黄,有萎蔫和衰败的迹象,就说明它们是真的,因为真的东西都是有伤痕和瑕疵的。”

姚晨咋着舌,一副惊讶的样子,她领悟到了柴静的良苦用心,用低哑的声音说道:“曾经我以为自己是一朵花,芬芳美丽,但是今年的遭遇,让我心生卑微。这么多事,我都无能为力,让我丧失了信心与再爱的能力。”

“人生就是那样,有很多意外。上天是一个非常烂的编剧,他没有缘由地写什么,所以,当他要你预演挫折的时候,你得信任自己能演好。任何时候,你都不该做情绪的奴隶,而应该反过来控制情绪,那是做演员的基本。你是一个真实而朴素的人,那也是粉丝喜欢你的原因。所以,无论境况多么糟糕,你应该努力去做一个朝阳的花,即便有瑕疵,但只要扎根在真实的土壤里,你就会有再爱的能力。”

姚晨的泪水忍不住流了下来,说:“谢谢你的点拨,给我时间,我会重新站起来。”

2011 年 8 月 7 日晚,姚晨作为首期嘉宾,做客央视《看见》栏目,与观众坦诚地分享自己的经历。节目播出后,众多网友表达了对姚晨的支持,高呼看到了一个“真实温暖”的大姚。

事后,姚晨接受采访时说:“能够自信地回归,我得感谢柴静的睿智劝解,她把我从黑暗中拯救出来,让我不仅有勇气面对挫折,还让我决心做一朵有瑕疵却真实、朝阳的花。”

——摘自《演讲与口才》

[思考与实训]

(1)试述朗诵与演讲的差异。

(2)准备一篇 3 分钟的演讲稿。

参考文献

[1] 贺亮明.文学鉴赏[M].成都:西南交通大学出版社,2011.

[2] 黄卓越.文化的血脉[M].北京:中国人民大学出版社,2004.

[3] 王小舒.中华传统文学精要[M].济南:山东大学出版社,2002.

[4] 黄鹤.文学经典读本[M].广州:华南理工大学出版社,2003.

[5] 夏中义.中国大学生读本[M].北京:北京大学出版社,2008.

[6] 罗素.哲学问题[M].何兆武,译.北京:商务印书馆,2009.

[7] 冯友兰.中国哲学简史[M].北京:北京大学出版社,2013.

[8] 王芳.哲学原来这么有趣:颠覆传统教学的18堂哲学课[M].北京:化学工业出版社,2013.

[9] 星汉.世界上最经典的哲学故事大全集[M].北京:中国华侨出版社,2011.

[10] 叶朗.美学原理[M].北京:北京大学出版社,2009.

[11] 宗白华.美学散步[M].上海:上海人民出版社,1981.

[12] 陈韵鹦.美学其实很好玩[M].长沙:湖南文艺出版社,2011.

[13] 朱良志.中国美学十五讲[M].北京:北京大学出版社,2006.

[14] 朱光潜.谈美[M].桂林:漓江出版社,2011.

[15] 李彬.民俗知识[M].北京:北京燕山出版社,2009.

[16] 柯玲.中国民俗文化[M].北京:北京大学出版社,2011.

[17] 王伟光.图说民俗全书2800例[M].长沙:湖南美术出版社,2011.

[18] 王衍军.中国民俗文化[M].广州:暨南大学出版社,2008.

[19] 张建霞.中华民俗常识一本通[M].北京:中国三峡出版社,2011.

[20] 黄盼盼.中华民俗故事[M].北京:中华书局,2013.

[21] 黎明.新编中华文化知识全知道[M].北京:海潮出版社,2010.

[22] 李彬.艺术知识[M].北京:北京燕山出版社,2009.

[23] 王辉.日常礼仪的300个关键细节[M].重庆:重庆出版社 2011.

[24] 海英.礼仪的力量:海英老师的33堂礼仪课[M].北京:北京师范大学出版社,2011.

[25] 金正昆.职场礼仪[M].北京:中国人民大学出版社,2008.

[26] 陈弘美.用刀叉吃出高雅:西餐礼仪[M].北京:生活·读书·新知三联书店,2012.

[27] 尹忠恺,肖文学.大学生心理健康教育[M].北京:清华大学出版社,2012.

[28] 刘树林.高职院校大学生心理健康教育体验式教程[M].北京:北京理工大学出版社,2012.

[29] 李红.大学生幸福课:高职学生心理健康自助读本[M].北京:北京大学出版社,2013.

[30] 顾承麟,毛建勇.心灵氧吧:高职学生心理行为障碍及解析[M].北京:中国铁道出版社,2010.

[31] 薛晓妹. 高职大学生心理健康导航[M]. 合肥:中国科学技术大学出版社,2012.
[32] 俞国良,文书锋. 心理健康教育案例集[M]. 北京:高等教育出版社,2009.
[33] 来新夏. 天津历史与文化[M]. 天津:天津人民出版社,2008.
[34] 雷穆森. 天津租界史(插图本)[M]. 许逸凡,赵地,译. 天津: 天津人民出版社,2009.
[35] 由国庆. 老天津的风俗[M]. 天津:天津人民出版社,2010.
[36] 马宇彤. 全景天津[M]. 天津:天津教育出版社,2005.
[37] 殷谦. 求职者的圣经[M]. 北京:光明日报出版社,2009.
[38] 汪莉. 我的职业我做主[M]. 北京:中国华侨出版社,2007.
[39] 李云海. 大学生职业发展规划与就业指导[M]. 北京:航空工业出版社,2010.
[40] 耿彦君,赵素云,翟建北. 大学生就业与创业指导教程[M]. 北京:高等教育出版社,2010.
[41] 张晓丹,何代忠. 大学生就业指导案例汇编[M]. 北京:清华大学出版社,2010.
[42] 谭多幸. 文秘基础实训教程[M]. 广州:暨南大学出版社,2009.
[43] 迪敏. 公文写作格式与范例大全[M]. 北京:国家行政学院出版社,2012.
[44] 高玲. 应用文写作[M]. 北京:化学工业出版社,2013.
[45] 毛燕敏,李永宏. 应用文写作[M]. 北京:高等教育出版社,2012.
[46] 方凤玲. 演讲与口才[M]. 北京:北京师范大学出版社,2009.
[47] 朱彩虹. 大学生实用口才训练教程[M]. 北京:清华大学出版社,2010.
[48] 张洁, 王世红. 人文素养[M]. 天津:天津大学出版社 ,2012.
[49] 邹渝,刘明华. 学生人文与科学素质教育读本:高职高专版[M]. 上海:复旦大学出版社,2011.
[50] 周仲强. 人文素质教程[M]. 北京:清华大学出版,2010.